华章经管

HZBOOKS | Economics Finance Business & Management

华章经典 · 金融投资

在股市大崩溃前抛出的人 巴鲁克自传

BARUCH: MY OWN STORY

|典藏版|

［美］伯纳德·巴鲁克 著　张伟 译

机械工业出版社
China Machine Press

图书在版编目（CIP）数据

在股市大崩溃前抛出的人：巴鲁克自传（典藏版）/（美）伯纳德·巴鲁克（Bernard M. Baruch）著；张伟译 . —北京：机械工业出版社，2018.6

（华章经典·金融投资）

书名原文：Baruch：My Own Story

ISBN 978-7-111-60070-1

I. 在… II. ① 伯… ② 张… III. 巴鲁克（Baruch, Bernard 1870—1965）- 自传
IV. K837.125.34

中国版本图书馆 CIP 数据核字（2018）第 116312 号

本书版权登记号：图字 01-2008-2961

在股市大崩溃前抛出的人：巴鲁克自传（典藏版）

出版发行：机械工业出版社（北京市西城区百万庄大街 22 号 邮政编码：100037）

责任编辑：杜若佳　　　　　　　　　　　　　　责任校对：李秋荣
印　　刷：北京市兆成印刷有限责任公司　　　　版　　次：2018 年 9 月第 1 版第 1 次印刷
开　　本：170mm×230mm　1/16　　　　　　　　印　　张：21.5
书　　号：ISBN 978-7-111-60070-1　　　　　　　定　　价：69.00 元

谨以此书纪念
我的母亲、父亲及我的妻子

| 目 录 |

我等在车上，父亲走进屋里。不一会儿，我看见他急忙跑出来。他拿着一把斧子，朝木窗板一阵猛砍，一边大声叫着："没有新鲜空气，这个男人快要死掉了！"

我小时候认识了外祖父，当时他正挣扎着重置自己的家产。他拥有的好几座种植园这时都在恢复往日的兴盛，但自南北内战以来压在身上的旧债实际上使他所有的财产都丧失了。尽管奋力拯救家业，他在84岁去世时仍是穷困潦倒。

一种负罪的感觉几乎立即袭上心头。甜蜜的薄荷糖味儿在嘴里好像是酸苦的。很奇怪，在我后来的人生中，这件微不足道的事情一次又一次浮现于我的脑海中。

高，是从本国内获取，还是从成本可能较低的外国获取？

　　进入新世纪，金融竞技场变得过于宏大，任何一个个人或个人集团再也无法对之施加控制。如果说1907年像摩根之类的人尚且可以阻遏一场金融恐慌，那么当1929年的洪水决堤而出时，谁也无法阻挡洪水一泻千里。

最重要的是人性

中国投资者非常熟悉格雷厄姆——巴菲特的导师、证券分析之父、价值投资鼻祖。

中国投资者对巴鲁克非常陌生，我告诉你，格雷厄姆非常佩服巴鲁克。

巴鲁克 1870 年 8 月出生，19 岁进入华尔街，25 岁就成为华尔街证券经纪公司的合伙人，在 32 岁就已通过投资成为百万富翁。

不要小看当年的百万富翁，1900 年美国实行金本位，当时 1 盎司黄金价值 20.67 美元，而现在的金价已远高于当年的价格，也就是说，当年的百万富翁相当于现在的亿万富翁。

格雷厄姆生于 1894 年 5 月，1914 年 20 岁时进入华尔街，这时巴鲁克已经是华尔街的大腕，身价百万了。可以说，巴鲁克是美国第一个通过投资而不是做实业成为百万富翁的最有名望、最成功的人。格雷厄姆在约 26 岁时读了巴鲁克自传的第一卷，对其巨大的成功投资印象深刻。

当时的百万富翁巴鲁克绝对是格雷厄姆的老前辈和偶像，就像亿万富翁老摩根是巴鲁克的老前辈和偶像一样，格雷厄姆称巴鲁克为大人物（Great Man）。

巴鲁克一生遗憾没有和摩根合作过，格雷厄姆对自己没能和巴鲁克合作，不仅仅是遗憾，甚至是悔恨。

这可不是我的猜测，而是格雷厄姆在自传中亲口所说。

格雷厄姆和巴鲁克有一点完全一样，他们都是先从证券经纪公司的小职员做起，后来成为合伙人，再后来都决心独立管理投资。

1927年，格雷厄姆出人意料地开始和巴鲁克交往。格雷厄姆按照自己的价值投资理念，向巴鲁克推荐了一些有长期稳定盈利记录，价值却被严重低估的股票。让他没想到的是，这位大人物不但屈尊认真听了他的分析，还十分认可，大量买入他推荐的股票，这让他深感自豪。从此，两人有了更多的交往。巴鲁克曾经两次帮助格雷厄姆进入两家上市公司的董事会，还把他介绍给当时的艾森豪威尔将军和英国首相丘吉尔。

巴鲁克根据格雷厄姆的建议赚了不少钱，他越来越赏识这个年轻人，于是出现了格雷厄姆在自传中描述的一幕：

> 1929年，巴鲁克让人传信，说他想在办公室里见我。我来到他的办公室……他说，他要向我提出一个他以前从未向任何人提过的建议——希望我成为他的投资合伙人。"我现在已经57岁了，"他说，"是时候了，我该轻松一下，来让像你这样的年轻人分挑我的担子，也分享我的利润。"他又说，我应该放弃自己现在手头上的业务，全身心地投入我们俩新的合伙事业中来。我回答道，他的建议让我受宠若惊。事实上，我对他的建议感到无比震惊，但我认为我不能如此突兀地结束与现有朋友和客户间的融洽关系。由于这个原因，这件事就告吹了。如果当时我不考虑其他人就接受他的条件的话，我随后7年的遭遇将会多么不同，又将会多么美好啊！

为什么格雷厄姆这样说呢？

因为他俩谈后不久，股市开始大跌，进入了历史上最大的大熊市，从1929 年 9 月牛市最高的 386 点，跌到 1932 年 6 月最低的 41 点，跌幅为89%。

巴鲁克及早撤离股市，而格雷厄姆却没有撤离，结果亏到几乎倾家荡产，7 年之后，直到 1935 年 12 月，才把所有亏损弥补完毕。这 7 年对于格雷厄姆来说是一生中最大的失败，也是最痛苦的日子。

为什么巴鲁克会成功逃过 1929 年的大熊市呢？

有两个原因，一是巴鲁克分析基本面认为股价实在被高估得离谱。

格雷厄姆在自传中回忆道，在 1929 年牛市到达高峰前，他和巴鲁克有过一次交谈，他们都认为股票市场实在高得太离谱了。巴鲁克说，银行为股票投资提供的定期贷款利率为 8%，而股票市场的股息收益率却只有 2%，这绝对是非常荒唐可笑的。

二是巴鲁克分析市场群体行为，发现投机实在疯狂得离谱。

巴鲁克在自传中说："在华尔街我以前的公司外面，过去总是有个老年乞丐在那里行乞，我经常给他点儿小钱。在 1929 年股市疯狂飙升期间，有一天他突然叫住我说：'我有个很好的内部消息要告诉你。'要是乞丐、擦鞋童、理发师和美容师之类的人也能告诉你如何发财，这时你就该提醒自己，再也没有比相信毫无付出却能有所收获更加危险的幻想了。"

巴鲁克如此回忆他卖出的经过：当 1928 年多次卖出股票时，他总觉得行情突发逆转下跌就迫在眉睫，结果却发现市场继续攀升。1929 年 8 月，他在苏格兰度假，得到消息，有人提议用若干只老铁路公司的股票交换新组建的两家控股公司的股票，这次交换很有可能将相关公司的股票提升至极高的价位。他发电报给三个关系密切的人，问他们对时下行情做何判断。一位在美国金融界拥有极高职位的人士在评价整体工商业形势时说它"就像是风向标，表明将会出现一阵狂风似的繁荣发展"。这种过度乐观让他深感忧虑，于是他决定乘船回国。在纽约上岸不久，他决定卖出一切能卖出的股票。

其实在基本面分析上，格雷厄姆要远远超过巴鲁克，而且他在两人交谈时就预言股市肯定会大跌，跌到相反的情形，贷款利率是2%，股息收益率是8%，而且后来的事实证明的确如此。同样做出了正确判断，为什么巴鲁克成功逃离大熊市，而格雷厄姆却没有呢？

只有一个原因，巴鲁克在分析人性方面，远远超过格雷厄姆。

阅读巴鲁克的自传，能够深刻体会到，其实这本书都是对人性的深刻分析和思考。

> 股票市场产生波动，所记录的不是事件本身，而是人类对这些事件做出的反应，是数以百万计的男人和女人如何感知这些事件可能会对将来产生什么样的影响。

> 换句话说，最重要的是，股票市场就是人，是人们在努力阅读未来。而且，正是因为人类具有这种孜孜以求的特性，股票市场才变成一个戏剧化的竞技场，男人、女人在场上拿他们相互冲突的判断进行较量，让他们的希望与恐惧相互竞争，用他们的优点和弱点彼此对抗，以他们的贪婪之心与抱负理想进行比拼。

> 后来，随着转向公共生活领域，我发现，自己从过去作为投机者的岁月里学到的关于人的东西，同样适用于其他所有人类事务。无论我站在股票报价机旁俯身查看股票报价，还是在白宫发表演说；无论我是出席战时理事会，还是参加和平会议；也无论我是关心赚钱，还是设法控制原子能的使用，我发现人性毕竟还是人性。

巴鲁克在自传中深刻反思1929年股市崩盘的人性原因：为什么崩盘之前市场中的人们会不计后果狂热地高价追涨买入呢？

巴鲁克读了麦基 1841 年出版的书《非同寻常的大众幻想与群众性癫狂》[⊖]才明白，这种疯狂表现在很大程度上反映了人类历史上一次又一次展现出的非同寻常的大众心理，他在自己的一生中目睹了一次又一次类似的狂热表现，例如 20 世纪 20 年代佛罗里达州出现的地产繁荣和导致 1929 年崩盘的股市投机，希特勒在德国政坛的崛起也可以部分归因于此。他总结出群体疯狂行为的两个特点。

一是高重复性："这些群体疯狂行为在人类历史上一再重现，发生的频率如此之高，说明它们一定反映了人类天性中具有某种根深蒂固的特质。人们无论试图做成哪件事，似乎总会被驱动着做过了头。"

二是高传染性："这些群体性疯狂行为还有令人奇怪的一面，无论受过的教育多么高，也无论职位多么高，都不能让人获得不受这种病毒传染的免疫力。"

怎么利用群体疯狂行为这种人性的弱点来战胜市场呢？

巴鲁克提出以下三个投资成功之道。

一是实事求是。

> 我的亲身经历教会自己的两大教训——在采取行动之前获得关于某个形势的事实至关重要；获得事实是需持之以恒努力为之的工作，且需对事实随时保持警惕。

> 有一句古老的格言——知之较少是一件危险的事情，在投资领域比在其他任何领域都更为有效、更加正确。在评估单个公司时，应仔细考察三个主要因素。第一，一家公司的真实资产、手头所持现金占其负债的比例、物质财产价值几何。第二，一家公司持有的经营业务的特许权，换个说法就是公司制造某个产品或提供某种服务，

⊖ 机械工业出版社出版的《投机与骗局》一书收录了这部经典著作。

人们是否想得到或必须拥有其产品或服务。第三，也是最重要的一点，就是一家公司管理层的品格和智慧。我重申一遍，关于不同公司的这些基本经济事实，必须持续不断地加以检查、再检查。有时，我已犯下错误，但通过及时放弃自己的立场，仍然能够赚到利润，全身退出投资。

一个真正意义上的投机者会观察那些预示未来前景的当前事实，并在未来情况出现之前即采取行动。他必须像外科医生那样，能够在一团复杂的肉体组织和相互抵触的细节中搜寻出有重要意义的事实。然后，他还得像外科医生那样，必须能够以自己眼前的事实为依据，冷静、思路清晰、技巧娴熟地进行操作。寻找事实的工作非常困难，之所以如此，是因为在股票市场中，当任何形势的相关事实来到我们面前时，都是透过一重人类情感的帷幕。驱动股票价格上涨或下跌的因素，并非没有人情参与的经济力量或不断变化的事件，而是人类对这些发生的事情做出的种种反应。股票投机者或分析者始终要面对一个问题：就像解开盘缠错杂的绳结一样，需要分清哪些是冷冰冰的确凿的事实，哪些是人们面对这些事实时展现出的热烈情感。相形之下，没多少事情做起来比这更为棘手。不过，主要障碍还在于能否让我们自己从深陷其中的情感中解脱出来。

当希望高涨之时，我总是再次告诫自己："二加二仍然等于四，谁也不曾发明过什么方法，可以做到没有任何付出却可以有所收获。"而当展望前景陷入悲观之际，我又会提醒自己："二加二依然等于四，谁也不能让人类长期消沉下去。"

二是知足常乐。

知足常乐，其实更准确的是老子《道德经》中的名言：知足不辱，知止不殆，可以长久。

中国股市上一波大牛市，从 2005 年 6 月的 998 点涨到 2007 年 10 月的 6124 点，那两年多非常流行一首歌《死了都不卖》。可是股市短短一年就从 6124 点跌到了 1700 点以下，在大跌 70% 之后，也许有些人才明白：不卖都死了。

巴鲁克将自己财运长久的原因归于能够知足常乐，及时获利抛出："我在股市操作中，一次又一次当股票尚在上升途中便抛出股票，这也是我一直能守住财富的一个原因。太多的时候，倘若继续持有某只股票，我本来可能挣到多得多的钱，不过话又说回来，当某只股票崩盘时，我本来也会恰逢不幸，惨遭巨亏。如果说由于这种习惯做法使我错失了一些赚钱机会，那么我同时也避免了陷入'破产'的境地，而我看到其他很多人正是因此而不名一文。"

三是逆向投资。

股市中大部分人是追涨杀跌的盲从者，都是想随大流赚上一票，结果却完全相反。顺势而为看起来很容易，但股市大众的疯狂之势永远无法预料。要想战胜市场，更好的办法是远离市场的疯狂，冷静思考投资价值，逆势而为，在市场疯狂上涨时及早卖出，在市场疯狂下跌时及早买入。

巴鲁克从不相信逃顶抄底，只相信高抛低吸，不是涨了就买、跌了就割，而是价值投资，过于高估时卖出，而过于低估时买入："有些人自吹自擂，说什么可以逃顶抄底——我绝不相信谁能做到这一点。东西看起来价钱足够便宜，我就买入；看起来价钱足够高，我便卖出。正因为如此行动，我才成功避免被市场波动中出现的极端狂野的情形冲昏头脑，才不至于随波动的大潮一道颠簸起伏而葬身水底；事实证明极端狂热和极端悲观的氛围必将招致灾难。"

巴菲特的概括最为精辟：在别人贪婪时恐惧，在别人恐惧时贪婪。

战胜市场，就是战胜人性，就是战胜自己，难，难，实在是难。

巴鲁克也感叹："我该犯的错误全都犯了——因为雄心勃勃，因为精力充沛，很可能所犯的错误还超过了我应该犯下的。所以你不妨说，我在华尔街的整个生涯实际上就是一个在人性方面接受教育的漫长过程。"

阅读本书，就是一个在人性方面接受教育的过程，幸运的是，这位老人用一本书为我们浓缩了他95年人生的过程，浓缩了一个自称为投机者实际也是投资者一生的成功三要素，即寻找事实、分析预判和及时行动。

> 我把投机者定义为：评判未来并在未来情形出现之前即采取行动的人。要成功地做到这一点（这是人类在处理一切事务包括缔造和平和发动战争中一种最无价的能力），有三件事必不可少：第一，你必须获得关于某种形势或某个问题的事实；第二，你必须就这些事实所预兆的前景形成判断；第三，你必须及时行动——免得为时已晚，再行动已于事无益。我听到很多人在谈到某件事时颇有见地，甚至是聪明绝顶——结果，当需要按照自己的信念实施行动时，却看到他们弱而无力。

学习巴鲁克，付诸行动吧。

请一定要在行动时牢记巴鲁克的十大投资原则。

（1）不要投机，除非你可以把投机当作一份全职工作。

（2）谨防理发师、美容师、侍应生，实际上要谨防任何人给你带来"内部"信息或"特别消息"这样的好东西。

（3）在买入某只证券之前，必须弄清楚一切可以弄清楚的关于这只证券的公司、公司管理和公司竞争对手的情况，以及公司的盈利状况和未来发展前景。

（4）不要企图在底部买入、顶部卖出。谁也不可能做到这一点——除了骗子。

（5）学会如何迅速地接受损失，干净利落地处理损失。不要指望能做到一贯正确。如果已犯下错误，那么尽可能快速止损。

（6）不要买入太多不同的证券，最好仅持有几只可以持续关注的证券。

（7）定期重新评估所有投资，看看不断变化的情况是否已改变这些投资的前景。

（8）研究自己的纳税情况，了解何时卖出股票可以获得最大的税收优势。

（9）始终以现金储备的形式保留一部分适量资本，永远不能将所有资金投资出去。

（10）不要试图做个万事通，什么投资都想做。坚守自己最熟悉的领域。

刘建位

一位白手起家的犹太富翁，一位具有传奇色彩的股市投资者，一位开拓崭新领域的风险资本家，一位辅佐威尔逊、罗斯福、杜鲁门、艾森豪威尔从而被美国工商界誉为"多位总统顾问"的政治家。总之，一位在华尔街和华盛顿叱咤风云的人物。

将这些集于一身者唯有一人，他就是巴鲁克。巴鲁克活在美国投资界人士的心中，无论是流传数十年的《股票大作手利弗莫尔回忆录》[⊖]，还是经典畅销书《漫步华尔街》[⊜]和《对冲基金风云录》都有对巴鲁克投资理念的引述和赞赏。

巴鲁克之所以成为巴鲁克，在很大程度上是因为他喜爱思考、善于思考，并基于思考形成判断，依据合理的判断毫不迟疑地实施行动。

"我并不聪明，但我喜欢思考。无数的人看到苹果从树上落下来，只有牛顿才问为什么。"巴鲁克在别处如是说。然而，巴鲁克20岁出头刚在华尔街打拼的时候，并非喜欢思考的人。因为精力充沛，因为雄心勃勃，他在最初

⊖⊜ 此书中文版已由机械工业出版社出版。

的几年里急于取得成就，常常通过保证金交易赌一只股票上涨或下跌，根本不做深入思考，多次遭遇痛心疾首的挫败。

一次又一次通过信用交易进行投机操作遭遇挫败之后，巴鲁克终于痛定思痛，领悟到思考与基于思考的判断和行动如何重要。于是，巴鲁克说："我开始养成一个习惯，一个从此永不摈弃的习惯——就是分析自己为何失败，认清都在哪些方面出了差错。随着我在市场上操作的规模越来越大，我后来把这个习惯做得更加全面深入。每当我操作完一次重大交易——尤其当市场形势已转向萧条时，我便抽身离开华尔街，到某个安静的地方，让自己能够回顾所做的一切，检讨在哪些方面出了纰漏。这时候，我绝不会寻找借口原谅自己，心里只思虑着要防止再犯同样的错误。"

巴鲁克主要思考两类问题。一是思考关于某只证券、某个市场、某种经济形势的事实。有人说巴鲁克一直是投机大家，但巴鲁克给投机者的定义是：评判未来并在未来情形出现之前即采取行动的人。他认为，要成为这样的成功投机者，有三件事必不可少：

第一，你必须获得关于某个形势或某个问题的事实。

第二，你必须就这些事实所预兆的前景形成判断。

第三，你必须及时行动——免得为时已晚，再行动已于事无益。

巴鲁克所定义的投机者和他身体力行的投机者正是真正意义上的投资者。听消息、随大流的短期投资者，因市场下跌无可奈何而长期捂住投资的所谓长期投资者，却在不折不扣地投机。

就投资股票而言，巴鲁克说，业余投资者多半对股票所属公司了解得不确切，对公司所处行业、经营管理、财务状况和盈利能力、未来前景所知甚少。而这其中最重要的一点，就是要了解公司管理层的智慧和品格。他宁愿投资善于经营管理而资金较少的公司，也不愿去碰拥有大量资金而管理人员却很糟糕的公司。由于个人能力和其他条件所限，要了解很多必须了解的事实很难做到，因此巴鲁克认为，个人投资者"不要买入太多不同的股票，最好仅持有几只可以持续关注的股票""不要试图做个万事通，什么投资都想做；要坚守自己最熟悉的领域""不时地重新评估所有投资，看看不断变化的情况是否已改变这些投资的前景"。

杰出的基金经理彼得·林奇所撰经典著作《彼得·林奇的成功投资》[⊖]出版后不久，林奇接到一个电话："我是奥马哈的沃伦·巴菲特，我刚刚读完你的书，我非常喜欢。"林奇著作的主旨在于：业余投资者作为消费者在日常消费中会发现经营表现良好的公司，进而全心研究公司的有关情况，便可能发掘出大牛股；而身处某个行业的业余投资者更有可能较早地发现业内的优秀公司；因此业余投资者的投资业绩完全有可能胜过专业投资者。巴菲特说，投资不是简单地购买股票的活动，而是一个理解企业商业模式和内在价值的过程。对于难以理解的"新经济"公司，巴菲特不为新经济大潮所动，而对于自己能理解和持续关注的股票却长期持有，如吉列、可口可乐、华盛顿邮报、百威啤酒等，他40余年来投资的股票总共仅有20余只，而正是这些他了解的为数不多的股票让他成了"巴菲特"。林奇和巴菲特建议和恪守的投资策略与巴鲁克不谋而合。其实，这也是常识，买股票好比嫁娶，你不了解、不能了解那个人，跟他或她能结秦晋之好吗？

巴鲁克思考的另一类问题就是人性。他是人性研究爱好者，经常在当时华尔街几乎所有重要人物都常光顾的华尔道夫酒店观察、研究人性，也曾拿100万美元的保付支票做人性实验。更重要的是，他认为股票市场实际上可被称作总体反映社会文明的晴雨表。股票价格以及商品、债券等价格会受到世界上发生的任何事、一切事的影响，但是这些发生的事在证券市场又并非以无人情参与的方式表现出来。股票市场产生波动，所记录的不是事件本身，

⊖　此书中文版已由机械工业出版社出版。

而是人类由于人性对这些事件做出的反应，是无数的男人和女人如何感知这些事件可能会对将来产生什么样的影响。换句话说，股票市场就是人，是人在努力阅读未来。正因为人类具有这种孜孜阅读未来的特性，股票市场才变成了一个戏剧化的竞技场，人们在场上拿他们相互冲突的判断进行较量，让他们的希望与恐惧相互竞争，用他们的优点和弱点彼此对抗，以他们的贪婪之心与理想抱负进行比拼。

巴鲁克认为群众永远是错的，他说："有两件事对心脏不利，一是跑步上楼，一是顺着人群奔跑。"由于人性的贪婪与恐惧、希望与绝望，像小米诺鱼一样喜爱群游，人们往往集体走向疯狂，股市牛角持续上顶，但不断推进的牛市背后的预期上涨思维若突然被某个事件折断，很多人就又会变成裸泳者，随着熊爪不断下抓，人们往往悲观失望，以为好时光永不再来了，从而踏上步履维艰的漫漫熊途。而巴鲁克在华尔街经历了最初几年的青涩苦痛后，常常逆势而为，反向操作。巴鲁克有个雅号叫"1929 年崩盘前卖出股票的人"。其实，从 1928 年美国股市开始加速上扬、投机之风愈演愈烈时，巴鲁克因坚守"永远不要随大流""东西价格足够高时，我就卖出"的行动原则（股价便宜与否的参照标准，按当今的说法就是对历史的、现在的和预期将来的市盈率这种最重要的指标进行评估的结果），便开始卖出股票。巴鲁克对人性研究得很透彻，他知道人们无论试图做成哪件事，似乎总会被情绪和情感驱动着做过了头。所以，当希望高涨之时，他总是告诫自己："二加二仍然等于四，谁也不曾发明过什么方法，可以做到没有任何付出却可以有所收获。"但是，当市场多次出现一片萧条、股票变得如出一辙地便宜、人们提心吊胆不敢介入时，他又会提醒自己："二加二依然等于四，谁也不能让人类长期消沉下去。"巴鲁克思考人性的心得与近几年来西方学界和投资界热情关注的行为金融学两大研究范畴之一的心理偏差完全一致。行为金融学认为，人性中存在根深蒂固的心理偏差，从而导致行为偏差，如羊群效应、处置效应等，而这些行为偏差又对证券定价产生了重大影响。

巴鲁克对事实和人性的思考同时又是结合在一起的。他认为寻找事实的工作非常困难，之所以如此，是因为在证券市场中，当任何形势的相关事实来到我们面前时，都是透过一重人类情感的帷幕。因此，投资者始终要面对一个问题：就像解开盘缠错杂的绳结一样，需要分清哪些是冷冰冰的确凿的事实，哪些是人们面对这些事实时展现出的热烈情感。投资者在厘清事实之后，应以事实为依据，冷静、思路清晰地进行操作。

世界是复杂的，因此无论你如何努力思考事实也不免犯下错误。巴鲁克认为，如果你发现事实与先前了解的不相符合，就要迅速接受损失，干净利落地处理损失。任何人都不能做到一贯正确。实际上，要是某个投资者在一半时间里做到正确无误，他就已经达到很不错的水平了。十次中即便有三四次正确，如果对于已出现失误的投资具有快速止损的意识和行动，他也能赚到很多钱。人性也是复杂的，所以即便巴鲁克是身经百战的投资者，也犯过重大错误。比如，虽然他20多岁基于对事实的清晰思考和准确判断，冒着人身遭受伤害的危险对抗股市大佬，赚到了第一桶金70万美元，但是，因为一位好友在咖啡交易中是首屈一指的领军人物，又具有人们求之不得的商业判断力，30多岁的巴鲁克便轻信好友而参与巴西咖啡交易，这次交易让他损失了七八十万美元。

巴鲁克通过叙述亲身经历的挫败，希望其他人可以从他的错误中获得有益的启发，但他说："我又必须坦白，我对于可以给出的任何建议会有多大效果还是有些怀疑。不管怎样，只有当我们自己也犯下同样的错误时，那些错误的教育意义才会充分显现出来。"毕竟，了解正确理念与实践正确理念之间有着巨大的鸿沟，人们不经历鏖战和挫败也很难真正掌握正确的投资理念。然而，孩童固然是在跌跤中成长起来的，事先了解哪儿容易摔着、怎么容易碰着，至少是有提醒意义的。

巴鲁克自传共有两卷，本书是第一卷，也是与第二卷完全独立、自成一体的一卷。本书主要叙述了巴鲁克的成长经历，在华尔街的成功与挫折，他的投资哲学和为人处世的行为准则，他叙述的这些或者点到即止的小故事，或者细致描述的交易实例，令人读来兴味盎然。本书也涉及巴鲁克在华盛顿的政界经历，但多半透着他在华尔街的历练对他在公共生活中的影响。巴鲁克自传第二卷主要讲述他在华盛顿担任公职和数届总统顾问的经历，该书的英文书名叫 *Baruch*: *The Public Years*。

最早是我的几个孩子极力劝说我写下自己的人生经历。他们渐渐长大成人，常常问我："生活刚刚起步的年轻男士或年轻女士，现在仍然能做到您在过去做到的那些事吗？"或者问我："在这不断变化的世界中，有什么东西是固定不变且持久存在的吗？"

其他人一直要我讲讲在华尔街的职业生涯——我暗自揣测，他们是希望我揭示某个不为人知的致富捷径和某个必然成功的发财魔法。另外一些人更为关心的，是我对自己熟悉的从威尔逊到艾森豪威尔这7任总统都有什么看法和评价。

还有一些人一直催促我回顾自己在两次世界大战和两次缔造和平期间的经历——我得坦白他们的强烈要求对我影响最大，他们想看看我的观察和观点是否会给解决今日世界面临的生存问题带来一些指导性思考。

实际上，我在20世纪30年代末便已着手撰写回忆录，但一拖再拖始终无法完稿。随着希特勒的崛起，我将大部分时间用于国家备战，力图使我们国家得到最佳的战争保障。第二次世界大战爆发后，我全身心投入其中，帮助国家加速动员战争资源以赢得战争胜利，同时也竭力避免重演我们在第一次世界大战中犯下的错误。第二次世界大战结束后，我不禁发现自己还在奋力解决战争遗留下的诸多困难以及如国际核能控制之类的问题。

身负这些职责，虽然让我无暇顾及写作回忆录，但给了我更多可写的材料。这些经历赋予我新的眼光和对事物的理解，因此我也需要将以前写下的很多内容加以改写。

我最初打算直到自传写作完毕才付诸出版，但一部叙述起始于南北战争后重建时期、延展于原子弹成功研制之后的自传要压缩进一卷书中并非易事。另外，我始终觉得一个人的回忆录理应趁自己尚在人世便公开发表，如此一来，对回忆录中所写内容可能提出反对意见的人，就能拿自己的观点来与作者当面对证。

因此，在年届 87 岁的我看来，似乎不应再等到以后才出版这本第一卷回忆录。我希望不久之后接着出版终卷本，目前我正在努力撰写。

或许，回忆录格外关注我的个性和人格形成阶段的那些岁月，会特别有益处。我们所有人在成年之后，谁也不会真正脱离年少时代留在身上的印迹。我们在成人生活中解决种种问题的那些方式，通常与我们如何处理成长中遇到的问题不会偏离太远。

孩提时代，我既腼腆又胆小，在公众场合说话总是感到恐惧。我控制不住脾气，常常爆发些无名之火。随着年岁渐长，我喜欢上了赌博——如今，观看马赛、球赛或拳击赛，我依然感到紧张刺激，感到自己又年轻了。

无论看到别人做什么事情，取得什么成就，我都满怀动力设法亲身体验。在付出很多努力之后，我才领悟到该如何控制自己的情感，认识到自己如何才能做到最佳而将无法做好的事留给他人。

如果说这种成长的过程有什么"关键之处"，就在于，为让自己受到严厉的自我审视和自我评估，我付出了系统性努力。而当我逐渐认识自己时，我便能更好地理解他人。

　　事实上，我在华尔街和商界度过的那些岁月成了我在人性方面接受教育的一个漫长历程。无论是在证券交易所还是在其他交易中遇到的问题，几乎总是如何将关于某个形势的众多客观事实与伴随这些事实而来的人类心理因素抽丝剥茧般地剥离开来。在离开华尔街进入公众生活后，我发现自己面临同样永恒的谜题——就是如何让我们生活于其中的这个世界的事物的性质与人类的天性保持平衡。

　　毋庸置疑，人类天性的变化较之我们所处外部环境的变化要缓慢得多。当新形势出现时，有些人尽管你苦苦相劝也要自以为是地坚守过去，宣称我们必须固守以往的规则和惯例；另外有些人则视过去的事情毫无价值，仿佛新形势要求采取全新的处理办法，必须依赖试错法反复试验。

　　为了有效地治理自我，这两种极端做法均须摒弃。真正的问题是，要知道何时应恪守古老的真理，何时应以新的实验性方法坚定地走下去。我在回忆录中阐明了我的行动哲学，我一直以来设法根据我的行动哲学，将随时准备冒险尝试新行动与采取预防措施以免重蹈过去的错误和谐地结合在一起。

　　我所做的事情有些可能会引来非议和责难。然而，我之所以叙述自己的错误和失败，只是因为我发现，与成功相比，错误和失败给人的教育意义要远远大得多。

　　在准备本卷回忆录材料的过程中，我得到了哈罗德·爱泼斯坦、萨缪尔·卢贝尔和赫伯特·斯沃普几位朋友的大力帮助，在此深表感谢。亨利·霍尔特出版公司的罗伯特·莱施尔也提出了很有价值的编辑建议。

第 1 章

我的父亲：南方邦联的医生

1870 年 8 月 19 日，我出生于一座两层木结构的房子里，房子位于南卡罗来纳州卡姆登镇那条主街上。不过，当时住在这儿几乎像是住在空旷的乡间。房子后面有菜园、马厩和谷仓，再往后面便是伸展开去的一块 3 英亩⊖的田地，父亲将这块地变成颇像"试验农场"一样的地方。我现在还记得，有一年地里种上了甘蔗，父亲为栽培甘蔗不辞辛劳，仿佛这块地是一个赚钱的棉花种植园，值得那么辛苦。

父亲经常在他的这个"农场"里劳作，而母亲以为，他本该把花在地里的时间用于给人看病疗伤。可不，他当时是本州最成功的医生之一。南卡罗来纳州医疗协会推举他担任会长时，他才 33 岁。他还在州健康局任职，是那里的头儿，在南北内战后重建时期，他积极参与时而纷扰时而充满血腥的政治活动。

最近一段时间，我在翻阅父亲早年行医时的一本病例记录。看着那一页页潦草的字迹，就知道他当时在社会上所起的作用。他给黑人看病，也给白人看，不管是小病微恙还是意外受伤，他都给予治疗；有小孩腿上扎进鱼钩

⊖　1 英亩＝4 046.86 平方米。

的，有贫苦的老年黑人在主人死后拒绝吃喝 18 天几近饥渴而死的，什么样的伤病都有。

父亲穿行于乡野给人治病，常常带着我坐上他那辆两座轻便马车一道前往。有时我会把着缰绳，他坐在旁边读书看报或是打盹儿。有一回，我们来到一个粗陋的小木屋前停下来。我等在车上，父亲走进屋里。不一会儿，我看见他急忙跑出来。他拿着一把斧子，朝木窗板一阵猛砍，一边大声叫着："没有新鲜空气，这个男人快要死掉了！"

父亲在他那"试验农场"里耕作，这反映了他有兴趣改善本地区的生活，这种对社会生活的关注他矢至不渝。我 10 岁零 6 个月的时候，我们举家迁至纽约，他开风气之先，在布满拥挤不堪的公寓楼的城区开设公共浴室。我们住在南卡罗来纳州的时候，州里尚未建立州办农业服务机构来试验更好的耕作方法，但父亲看到有必要进行这样的试验。尽管先前没受过任何农耕培训，但他很快就成了这方面的行家里手。

在父亲的诊所里，医学书籍的旁边整齐地叠放着一摞黄色封皮的农业杂志。他从杂志中吸取了一些理论，将理论应用在那 3 英亩田地上做试验。他收获的棉花、玉米、燕麦和甘蔗还在县农贸展会上获得了头等奖。

父亲把作物种子赠送给别人，再怎么忙碌也会帮助农夫解决具体问题。有一次，父亲买了几英亩低洼处的土地，想表明可以通过铺设砖瓦来给田里排水。我想这在当时是我们那个地区所进行的第一次同类试验。

父亲是个标致的男人，看上去挺养眼——身高 6 英尺[⊖]，挺拔而有军人的英气，蓄着黑黑的络腮胡子，一双蓝眼睛温和又不失坚毅。他的穿着相当正式，我现在怎么也想不起见过他衬衫袖子露在外面的样子。可他举止友善，嗓音柔和，从口音里一点儿也听不出他出生于外国的痕迹。

⊖　1 英尺＝0.304 8 米。

* * *

西蒙·巴鲁克（Simon Baruch）是父亲的名字。1840 年 7 月 29 日，他出生于一个名叫什未森的村庄，这个村子靠近波森，那时候属于德国。他难得说起自己的祖先。当有人提到这一点时，他总会说一个人来自何处并不比现在去向何方更为重要。

我 20 岁时，父亲带我去欧洲看望他的父母，直到此时我才对巴鲁克家的祖先有所了解。伯恩哈德·巴鲁克（Bernhard Baruch）是我的祖父，从他的名字中就可以看出我的名字。他有一件老旧的家族遗物，那是一个颅骨，上面记录着家族谱系。看起来，虽然巴鲁克家族在世代繁衍中曾混有波兰人或俄罗斯人的血液，但它最初还是源自一个拉比家族，有着葡萄牙裔西班牙人的血统。

祖父也声称，自己是古代编纂档案的巴鲁克的后裔，此人曾编辑过《耶利米预言》一书，多卷本的《次经》（Apocrypha）中有一卷名字就叫《巴鲁克》。对于祖父的说法，父亲沉默不语，不置一词。

祖父巴鲁克和我成了极为要好的朋友。他不会说英语，但我的德语相当熟练，我们相处得很融洽。他的身高超过 6 英尺，棕色的头发纤纤细细，面颊红红润润的，厚厚的眼镜使黑眼睛显得更加幽深。祖父颇有学者和空想家的气质，喜欢坐在某个露天花园的啤酒屋里，抽着雪茄，与人谈天。我们大部分时间就这样度过了，这时候父亲就待在家里陪着他的母亲。

祖母则是另外一类人——勤劳、节俭、做事要求高、讲究实际。她身材矮小，有一双很蓝的眼睛，父亲和我都继承了这一特点。她的头发从中间分开，纹丝不乱地梳向两侧。她做姑娘时的名字叫特雷莎·格伦（Theresa Gruen），我想她的祖先是波兰人。

父亲于 1855 年来到美国，目的是逃避普鲁士军队的征兵。半遮半掩地启程前来美国的时候，他仅有 15 岁，是波森皇家体育学校（Royal Gymnasium）的一名学生。只身来美国是要有点儿勇气的，他当时在这儿举目无亲，只认识一个人，这个人叫曼内斯·鲍姆（Mannes Baum），也是什未森村人，在卡姆登镇开了一家小杂货店。

曼内斯·鲍姆成了父亲的保护人。年纪轻轻的父亲给曼内斯干活，做记账的工作，同时还在手边放着本翻译词典，通过阅读美国历史自学英语。鲍姆先生的妻子是母亲的姨妈，正是通过她，父亲和母亲才相互认识。母亲的姨妈很快就意识到父亲这个聪明男孩会有前途，非常赏识他。她劝说曼内斯把他送到位于查尔斯顿的南卡罗来纳医学院去读书，后来又劝说曼内斯送他到位于里士满的弗吉尼亚医学院。

父亲从来没忘记过曼内斯·鲍姆的友善仁爱。我的中间名就是曼内斯，我对此感到自豪。曼内斯身材矮小，按当地人的说法，他有着"尤利乌斯·恺撒（Julius Caesar）的勇气"。

父亲喜欢讲一个故事，说一个恃强凌弱的家伙如何跑到杂货店里逼迫曼内斯收回曾经说过的话。曼内斯拒绝了，那家伙就用锄头的铁头打他。曼内斯的头被打破，流着血，但他仍然拒绝收回自己的话。那个恶棍把曼内斯掀翻在地，两只手的大拇指紧紧抵住曼内斯的双眼，威胁着要抠出他的眼睛。

"你收不收回？"那个欺负人的家伙声色俱厉地问道。

"不收回！"曼内斯喊道。

那个欺负人的家伙动手抠他的眼睛，果真将威胁付诸实施。曼内斯痛苦地扭动着身体。挖人眼睛的家伙两根大拇指滑脱开来，曼内斯趁机咬到一根，一直咬住不放，那个恶棍嗷嗷大叫，要他松开嘴巴。这可能是一只眼睛交换一根大拇指的一个事例，但那个恶棍可不愿意接受对《摩西律法》（Mosaic Law）的这一不对等修改。

父亲给我讲这个故事，是有他的用意的。为了捍卫个人尊严和荣誉，如有必要，哪怕是决斗也在所不辞，这种传统行为在那个时候的南卡罗来纳州依然盛行不衰。父亲赞赏曼内斯的勇敢，建议我说："孩子啊，绝不能忍辱负屈。"

1862 年 4 月 4 日，父亲加入南卡罗来纳州步兵第三营，这天他穿在身上的制服和别在腰间的佩剑都是曼内斯·鲍姆送的。父亲刚刚从医学院毕业，被任命为助理外科医师。他过去常说，这时候的他"连疖子都未曾切开过"。

对父亲来说，报名参加南方邦联军队是自然而然的事情，有人性的人都会这样做。包括罗伯特·李（Robert E.Lee）将军在内的其他很多人既不拥有奴隶，也不赞成奴隶制，但像他们一样，父亲第一次感到要对自己选择居住的州心怀忠诚。另外，他在卡姆登镇认识的年轻人几乎全在报名应征。

父亲身着戎装开赴北方前严肃地告诫 17 岁的弟弟赫尔曼（这时他已经从德国过来），叫他远离战争，不要沾边儿。9 个月之后，兄弟俩又见面了，赫尔曼已是南方邦联军队的一名骑兵。父亲呵责赫尔曼，赫尔曼解释说："我再也受不了了。那些娘儿们的脸上挂着鄙视，我看都不敢看一眼。"

作为一名外科医生，父亲看到了战争中最悲惨、最恐怖的一面。他很少谈到他在军队里的经历。当我和三个兄弟央求他"给我们说说打仗的事儿"时，他通常会打发我们去学习，或者给我们布置些家务杂活。

不过，当四个儿子围挤在父亲身边的时候，父亲有时也会追忆往昔的军旅生涯。有个故事我们最爱听，说的是他如何在塞达河试图阻止南方邦联军队退却，谢里登（Sheridan）将军从温彻斯特驰马赶来，这使故事更加难以忘怀。

"我看见厄尔利（Early）将军挥着一面旗子，恳求士兵不要再四散溃逃，"父亲回忆说，"我一面快马加鞭向前疾驰，一面高声呼喊：'振作起来！伙计们！看在上帝的份儿上，振作起来！'北方佬的炮弹在四面八方隆隆炸响。有一颗在我头顶上方爆炸。我骑乘的那匹母马执意不听使唤，驮着我跑开了。

我身后的那些人大喊大叫：'见鬼！你怎么不振作起来？'"

还有一个我们最爱听的故事，说到父亲第一次作为战地医生在马纳萨斯第二次战役中的经历。父亲到达野战医院报道时，正赶上一名资格老的外科医生准备给一个伤员做截肢手术。这位外科医生估量父亲没有经验——他还真没猜错，把手术刀拿出来捏在手上，阴阳怪气地挖苦说："医生，或许你想来操刀。"父亲接受挑战，实施了手术——这是他第一次拿刀动真格儿的。父亲做的手术很成功，足以赢得这位外科医生的称赞。

尽管父亲亲临了战争中伤亡最为惨重的一些战役，但他常常评说的是战争双方展现出的如同中世纪骑士般高尚仁慈的品质。第一次世界大战爆发后，他评价说，相形之下，美国的南北内战属于"绅士之间的战争"。有一个例子说明了战场上这种高尚仁慈的精神，给父亲留下了极为深刻的印象，他在1921年临终弥留之际都还记得起来。

在怀尔德尼斯战役阵亡的北方联盟军人中就有詹姆斯·沃兹沃斯（James S. Wadsworth）少将，他的孙子后来成了来自纽约州的国会参议员。沃兹沃斯少将头部中弹身亡。南方邦联的李少将递信给北方联盟防线，说乐意送还如此英勇的敌军的尸首。当救护车插着飘扬的休战旗载着沃兹沃斯少将的尸体穿过南方邦联防线的时候，穿着破烂灰军装的军人都摘下了帽子。

* * *

在回忆战争中的点点滴滴时，父亲从未对北方联盟表示过强烈敌意。这也许说明他每次被俘后受到的待遇对他产生了影响。

父亲第一次被俘是在安蒂特姆战役中。在南山发动初步猛攻时，南卡罗来纳州第三营伤亡惨重，三营的指挥官乔治·詹姆斯（George S.James）上校战死沙场。南方邦联部队蜂拥着如潮水般向后撤退，父亲受命负责在布恩斯伯勒的一个教堂墓地照顾伤员。一扇门板被匆忙卸下来权当手术台，下面支着两个炮管用来保持平衡，一个伤势严重的军人被抬上台子。伤员正在接受三氯甲烷麻醉剂注射，父亲刚刚拿起手术器具，这时一阵弹雨呼啸而来，打断手术前的准备工作。伤员被转移进教堂接受手术。

父亲还没做完手术，教堂外面的路上就挤满了北方联盟的骑兵。父亲和给他打下手的医护人员继续做着手术，而在几英里[⊖]之外的夏普斯堡，猛烈的炮火连续不断，震得天摇地动。北方联盟的一位外科医生顺路走过来，问父亲是否需要帮忙。这一主动提出的援助实在出人意料，给父亲留下了深刻印象，直到 50 多年之后他仍然记得这个人的名字，他叫戴利（J.P.Daly）。

接下来，助理外科医师巴鲁克成了军事囚犯，但他知道很快就会获得释放，因为南北交战双方尽快交换被俘军医是两军定下的规矩。他在布恩斯伯勒差不多滞留了两个月——他一直说这两个月是他在北方联盟军队中度过的最自在的日子。随后他和另外好几个医务人员被带上开往布恩斯伯勒的火车。在火车行驶途中，这些军事囚徒得到消息，在前方小车站同情南方邦联的人会迎接他们，安排他们到声誉杰出的平民家中寄宿，等待交换。

但是，负责押送的北方佬中尉军官不喜欢这样的亲善安排，强拉硬拽着把他拘押的囚徒带去见宪兵司令。结果，宪兵司令就没那么谨小慎微，他给父亲和同行的一位军医官放行，同意他们在城中自由活动，但条件是他们得发誓保证第二天来宪兵司令部报到。这两个南方邦联的年轻人被带到一个富有的平民家中，他们在舞会上受到款待，舞会一直进行到深夜两点。

用过早餐，他们在许多年轻女士的要求下，乘坐一辆没有围护的马车前往一个摄影师的照相馆，在那里，每位女士都摆了个姿势与父亲合影。在仰慕父亲的这些异性付钱拍的照片中，有一张还挂在我幼时的卡姆登家里。第

⊖　1 英里≈1 609.344 米。——编者注

二天，这些被俘的南方邦联外科军医踏上前去弗吉尼亚州的路途，在那里他们将被交换。

10个月之后，父亲在葛底斯堡第二次被俘。我长大成人后，父亲和我去了一趟葛底斯堡，他根据自己的亲身经历将那场战役做了一番描述。父亲一边谈着战况，一边拿着一顶黑帽子打着手势比比画画，长长的白发在风中拂动。他描绘的皮克特（Pickett）将军部队向皮奇奥查德推进的画面真是惊心动魄。父亲回忆说，几乎所有的伤员都被北方佬的纵射火力击中身体的侧面，之所以如此，是因为南方邦联部队接到命令改变了进攻冲锋的方向。

南方邦联的野战医院先前已设在黑马酒馆。父亲指给我看位于马什一带的地方，说当年医院里的勤务兵就是从那儿给外科医生取水的。他告诉我，自己连续两天两夜都在做手术或是密切照看伤员。

后来，当南方邦联部队开始令人心碎的撤退时，传来李将军的指示，他命令父亲和另外两名医生留守医院直到接悉下一步通知——这个命令意味着留下来的人必被敌军俘获。

在等待北方联盟部队过来的同时，父亲和另外两名医生忙着烤一只雄孔雀吃，这只孔雀此前一直在附近的一块草地上招摇地走来走去。这可是父亲他们三天里第一次好好地大吃一顿。他们刚把最后一块骨头啃干净，北方联盟的一队骑兵就出现了。

北方佬对待父亲的方式让他惊得目瞪口呆。几乎不一会儿工夫，一个名叫温斯罗的文书模样的人文质彬彬地顺便过来见父亲，主动要提供急诊医药用品。然后，他指给父亲看设在葛底斯堡的公共卫生委员会的仓库，仓库里的军需用品多得漫到了街上——在南方军人的眼里，这真是罕见的景象，他们在部队里过的日子可是温饱不保。

这位文书建议父亲向军需官申请一辆马车。父亲将信将疑地去了军需官总办事处，在那里受到的待遇又一次让他感到大为惊讶。

"坐吧，医生，"一位年轻军官礼貌地说，"这是一份《纽约先驱论坛报》，上面可以看到李将军的近况。看吧，等我们的一辆马车过来。"

不久，一辆骡拉的马车停在那里，任由父亲使用。他往车上堆满医疗和军需用品，足足可以维持一个月。这些东西里还有一桶埋在锯屑里的鸡蛋、一些葡萄酒、柠檬和放在冰块中的黄油。

两位马里兰州妇女和一位年长的英国护士过来看护伤员。布恩斯伯勒的一名医生给父亲带来了一套精良的外科手术器械，装器械的箱子上面还刻着父亲的名字。后来父亲把这些器械寄到卡姆登镇，他想等战争结束之后，凭这些东西开始行医生涯。

六个星期就这样以战俘的身份度过了。突然间，父亲与其他南方邦联军事囚犯一起被带上一架牛车，拉到位于布恩斯伯勒的麦克亨利堡。原来，由于战争形势的发展，父亲和其他南方邦联医生要作为人质扣留在那儿。

西弗吉尼亚州的查尔斯顿有位名叫拉克尔（Rucker）的医生同情北方联盟，此前已被判犯有谋杀罪，将被处以绞刑。他的妻子申诉到联邦当局，声称丈夫未受到公正审判。华盛顿方面已中止交换南方邦联的被俘军医官，直到拉克尔获得释放，交换才能重新开始。

父亲总是很肯定地对我们说，拘押在麦克亨利堡并没有想象中的那样恼人。事实上，他经常把这次拘押的经历称为"在海边度假胜地度过了一个夏天"。他和其他医生可以在要塞内自由活动。他们踢球、下棋、教语言课、开展辩论。而最能提起精气神儿的事，就是每天都有年轻女士来要塞，为他们这些俘虏加油鼓劲，逗他们乐；他们为了外表更好看，会讨价还价要买新做好的纸质衬领。

要塞看守队的一名军士得到贿赂，允许一些囚犯在夜间去布恩斯伯勒。这样一直相安无事，直到好几个医生一天早晨未能赶回报到才出了事。其他的被囚军医想替外出未归的人喊到，但这个伎俩很快就露了馅。于是拘禁更加严厉了；最后，留下的军医官信誓旦旦地保证不企图逃跑，拘禁才松下来。两个月以后，南北双方政府之间的僵局因拉克尔医生逃脱而得以打破。麦克亨利堡的囚犯均被遣返南方。

在麦克亨利堡期间，父亲撰写了一篇论文，文章后来以《胸部两处刺刀穿透性刺伤的救治》为题公开发表。第一次世界大战时，美国军方公共卫生部的部长梅里特·艾尔兰（Merritte W. Ireland），告诉我父亲写的论文对外科军医仍然有价值。

* * *

还有一个故事讲的是父亲最后一次也是最为艰难的一次战争经历。1864年7月，他晋升为外科医师。次年3月，他被派往北卡罗来纳州的托马斯维尔，为南方邦联军队准备野战医院设施，此时南方邦联军队正努力阻止谢尔曼将军的部队向北推进。

作为外科医师的父亲组织了一个由半职军人构成的独立小分队，指导他们将两个小型工厂的厂房和一家旅馆改建成医院病房。当传来消息说280名在埃弗里伯勒战役中负伤的军人正赶往这里时，父亲派出一名武装警卫到附近寻找人员帮忙，只要是男人和半大男孩都要强制来干活。让他们干的活就是赶紧将两座教堂里的长木椅拆除，以便给伤员腾出更多的空间，同时收集松树枝和松树节。松树枝塞进麻布袋中当作床垫；松树节则点燃起来，伤员在夜间乘火车抵达临时医院时好为他们照亮路面。

伤员的伤势令人怜悯，他们躺在车厢里痛苦地呻吟、诅天咒地，身下松散的棉花和着血凝成了污块。

这天早些时候，父亲已经挨家挨户地请妇女给伤员烘焙面包、准备黑麦咖啡和熏猪肉。他思虑周到，确保每个能进食的伤员都有人喂食、所有的伤员都尽量被照顾得舒坦。父亲的睡了两个小时后便开始做手术。

无论是父亲还是两位协助他的医生都一直忙碌着，直到每个伤员都包扎好才歇下来。这是整个战争期间父亲度过的最精疲力竭的一次经历。所有手术都做完后，父亲给战区医疗首长拍电报。他感到头部阵阵作痛，难以忍受，请求暂时告假休息。拍完电报，他就昏厥了。

结果查出来，父亲昏倒是因为伤寒突然发作；其实，他先前已染上了此病，只是一直在做手术没有意识到。两个星期后，父亲苏醒过来，战争也结束了。父亲在病倒躺着神志不清时，北方联盟军队穿过医院所在地区——父亲"被俘"了，并得到正式假释，这些他都一无所知。

父亲能动身上路时立刻就返回曼内斯·鲍姆在卡姆登的家中，这是父亲一直以来在美国熟悉的唯一的家。父亲的伤寒症突然发作，身体非常虚弱，回到家时不得不拄着拐杖。与南方邦联其他成千上万的人一样，此时他已非常贫困。为了让自己开始乡间的行医生涯，他本指望布恩斯伯勒那位朋友送的医疗器械能派上用场，但谢尔曼的部队把这些东西都洗劫了。

战争对父亲产生了刻骨铭心的影响，在此后的人生中他一直未能释怀。要是有乐队奏响南方"迪克西爵士乐"，无论身处何地，他都会蹦跳起来，声嘶力竭地发出反叛者似的呐喊。

旋律一响起，母亲就知道会发生什么，我们几个男孩子也知道。母亲总会抓住父亲手中的鸡尾酒杯，恳求说："安静，医生！安静！"但这从来都不管用。父亲平素是个不苟言笑、庄严自持的人，可我曾见过他在大都会歌剧院里纵身跳跃、扯着嗓子尖利地嘶叫。

第 2 章

北美殖民地的几位母系先祖

从父亲那边来说，我是移民的后代，在母亲这边却是另一回事，我是 17 世纪 90 年代来美国的一个家族的后裔。

母亲的祖先中第一个抵达北美海岸的人是伊萨克·罗德里格兹·马奎斯（Isaac Rodriguez Margques），在过去的文件中，他的姓也有写成马奎兹、马奎伊斯、马奎赛的。他大约于 1700 年之前的某个时候来到纽约，作为船主确立了地位，他的船只往来于三个大陆从事海运生意。他与富有传奇色彩的威廉·基德（William Kidd）船长身处同一时代，这位船长因海盗行为被处以绞刑，不过现在很多人认为他被判处绞刑是因为有人伪造了证据。基德的遗孀居住的地方与马奎斯的家仅为一街之隔。她受到上流社会交际圈的接纳，最终再婚，嫁给了一位家资殷实、受人尊敬的市民。

马奎斯选择居住在纽约这个城市并从事海运生意，说明他有着敏锐的商业判断力。当时的纽约城区在其木板城墙的北边只有两三条街道。不过，这可是个熙攘喧闹的所在，有居民 3500 人。纽约所具有的蓬勃发展的特征，在很大程度上是英国皇家任命的该殖民地总督本杰明·弗雷切尔（Benjamin Fletcher）对海上生意包括海上抢劫采取自由放任态度的结果。

弗雷切尔欢迎每一位海员，其中包括著名海盗托马斯·图（Thomas Tew）。

弗雷切尔曾在行政公馆款待过他，还美其名曰"一个和蔼可亲、与人为善的人"。托马斯·图投桃报李，实际上放弃了纽波特（Newport），而将纽约作为自己的常驻港口。

在弗雷切尔总督的治理下，纽约逐渐发展起来，成了纽波特和查尔斯顿的有力竞争对手，人们在这里处理海上贸易事务极为便捷，不会有人问起货物原产何地之类令人尴尬的问题。一直有传说，弗雷切尔在位期间，几乎每个在纽约城之外经营的船主都有从事海盗的嫌疑。

如果我可以说自己是某个海盗的后代，一定能为家族历史增添光彩。甚为可惜，迄今为止我收集到的所有文件都不能让我声称自己是海盗后裔。所有可以获得的证据均表明，马奎斯把他的海上冒险生意都限制在法律允许的范围之内。

还有一点儿间接证据支持上面的结论，证据源自一个事实，即在马奎斯成为纽约城的自由民一年之后，海盗行为突然间不再时兴了。海盗行为之所以偃旗息鼓，是因为新来了一位叫贝勒蒙伯爵的总督，这位总督推翻弗雷切尔的政策，发起强有力的反海盗运动。基德船长便是这场运动的一个牺牲品。

贝勒蒙的改革措施，挫伤了纽约一些最杰出市民精心架构起来的商业组织，这些市民包括我的祖先马奎斯的好几位朋友。但马奎斯本人似乎并未受到影响，他的财富增长了，进行改革运动的贝勒蒙的黑名单中也未出现他的名字，通过这些你可以判断出他没受到牵连。

马奎斯的确切出生日期和出生地都没有记录可查，家族里传说他原是丹麦人，也传说他是牙买加人，后面一种说法可能更切实些。不管怎么说，他的祖先是西班牙裔葡萄牙犹太人。

关于第一个在美国的这位先祖，我至今能找到的最早文件所记载的日期是 1697 年 9 月 17 日。这一天，马奎斯登上市政厅的台阶，经过适当审查之后，站在市长和市政委员会委员的面前，成了纽约市的自由民。有了这一身份，他在当地选举中便享有投票权，同时也有在军队服役的义务。

马奎斯在接受自由民的这些权利和义务之前在纽约居住了多长时间，现在仍不清楚，但看来他走这一步可能并未拖延太久。那时，人们尽管并非市民身份，还是可以居住在这个城市，但法律明文规定："除自由民之外的任何其他身份的个人或集体在上述城市不得……不得从事任何……行当，不得出售或致人得知出售任何类型商品。"而在马奎斯成为自由民之前，他就已经在忙碌地从事海上生意这种"行当"了。

据说马奎斯拥有三只海船。我已发现的记录是一只，即"海豚号"；看上去它有两条常规航线——一条往返于纽约和英国，另一条从纽约到英国，然后至装运非洲奴隶的西印度群岛海岸，最后返航纽约，这是著名的三角贸易航线。有时马奎斯也会辟出从非洲至纽约的直达航线，因为奴隶劳动力当时正大规模地引入纽约殖民地。

值得一提的是，"海豚号"至少在一次海上航行途中载有一名外科医生，这表明其关心海员和奴隶的健康状况，而这种关心在商人和奴隶贩子当中是不常见的。还有一点也值得一说，无论马奎斯通过非法而残酷的贩运奴隶的贸易获得了多少财富，他的子孙后代在南北内战中都为此付出了惨重代价，他们在南方和北方都遭到了人身折磨和侵害，财产遭受损失。

马奎斯成为自由民一年之后，妻子拉切尔（Rachel）产下一子，取名雅各布（Jacob）。此前他已有一个女儿，叫伊斯特尔（Easter），马奎斯自己是这样拼写女儿名字的。

当马奎斯发达起来时，他花费550英镑在女王街上购置了一处房产，房契上将其描述为"一座大砖房"，房子所占土地一直延伸到东河。这座房子所在的位置现在已变成了珍珠街132号。

我查看了记录，看到那个时代治理纽约的一些规章制度，觉得非常有意思。纽约城市管理条例上载明，在没有月光的夜晚，女王街需用灯笼提供照明，每隔六座房子须在房前的杆子上悬吊灯笼，由居民按实际接受的照明服务支付费用。夜间，一名看守人手执铃铛沿街巡逻，报告天气状况和钟点。每隔一段时间，烟囱和壁炉会接受官方检查，以防发生火灾事故。

马奎斯遗留下来的文件显示，他生活在一个富裕又有影响力的社交圈子里。他在女王街的家与以前的一位市长亚伯拉罕·德佩斯特（Abraham Depeyster）的府邸只有一个街区之遥。食糖进口商尼格拉斯·罗斯福（Nicholas Roosevelt）是这一城区的市政委员会委员。

在马奎斯遗嘱上签名的见证人有如下几位：市长伊本内兹·威尔森（Ebenezer Wilson）、第一位出生于美国任纽约殖民地总督的里普·万·达姆（Rip Van Dam）、威廉·皮尔特雷（William Peartree）。皮尔特雷本是一名水手，发家后拥有一只海船从事奴隶贸易，再后来成了纽约市长，在市长任上建了第一所免费学校。

亚伯拉罕·德·卢塞纳（Abraham de Lucena）是海狸街上（Beaver Street）犹太教堂的拉比⊖，鲁伊斯·高梅兹（Luiz Gomez）也是一位杰出的犹太市民，他们两位似乎是我的祖先马奎斯特别信任的朋友，因为马奎斯在自己的遗嘱中指定他们俩协助其妻子管理遗产。

这份遗嘱上注明的日期是 1706 年 10 月 17 日，遗嘱开篇用令人好奇的花体字写道："由于……由于航海前往西印度群岛的牙买加，鉴于生死的不确定性以及死亡到来时间的不确定性……"

接下来便是清楚记述的马奎斯遗嘱正文。他指示为他母亲购买一个女奴作为佣人，他母亲也分割了他的遗产。遗产剩余部分由他的妻子和两个孩子伊斯特尔和雅各布等额继承。另外，伊斯特尔需"享有 50 英镑，年届 18 岁或婚嫁时经其母亲同意购买一件珠宝"。

⊖ 相当于西方的神父。

文件记载，马奎斯在立好遗嘱之后就突然去世了。我一直未能了解到他的孩子伊斯特尔和雅各布及妻子拉切尔的任何信息。

我常常想起马奎斯，当乘坐的轮船进入纽约港而我站在栏杆边的时候，更会想起他。抬眼眺望整个海湾，看见纽约在天空下轮廓发生了惊人的变化，与马奎斯当年在此登陆所见的木板城墙已迥然不同，我便慨然惊叹世间的沧桑巨变。

然而，在城市轮廓的背后，没有发生变化的是这个国家的象征意义。在马奎斯的心中，这是一片自由的土地，一个充满机会的地方；250 余年来，这片土地也一直保持着自身的本色未变。

这个国家所代表的象征意义保持得如此长久——即使面临巨大的物质变化亦未嬗变，我相信这正是美国国民性经久不衰的明证。我们的物质生活发生了一次又一次变革，而我们的这片土地仍是自由的岸边。

* * *

根据我持有的记录，在马奎斯之后，我接下来的母系祖先便是伊萨克·马科斯（Isaac Marks），他本人就是这样拼写自己的名字的。在记录上，他被列为马奎斯的儿子，但因他出生于 1732 年，所以更可能是马奎斯的孙子。

在独立战争期间，当大陆军撤出纽约城开往阿尔巴尼时，马科斯跟随军队走了。他在阿尔巴尼加入了阿尔巴尼县民兵第四团。

马科斯的儿子萨缪尔（Samuel）正是母亲在南卡罗来纳州的第一位祖先。他于 1762 年出生于纽约城，长大成人后搬到南卡罗来纳州的查尔斯顿，在此成了一家小商店的业主。他的一个孩子德波拉（Deborah）嫁给了查尔斯顿的犹太教拉比哈特维格·科恩（Hartwig Cohen）。从我母亲这边说，德波拉便是我的曾外祖母。

曾外祖母德波拉年过 80 岁时，我才认识她。她在年事已高时还是个穿戴过分讲究的人，肩上披着整洁的大围巾，手上戴着"半只手"⊖。

与大多数老年人一样，她对于遥远的往事总比新近发生的事情记得清楚。那时候，我 11 岁，听着她忆起往事，我总是全神贯注、欣喜若狂。她心中最珍爱的记忆，是 1825 年拉法耶特（Lafayette）于全美巡演期间在查尔斯顿的一次舞会上与她跳过舞。1812 年，美国对英国的战争则属于她童年时期的记忆。她讲述的童年故事栩栩如生，就像她母亲给她讲的故事一样历历在目，她母亲孩提时住在纽约，当时纽约正处于独立战争时期英国军队的占领之下。

当我想起这位曾外祖母时，便不禁想到我们这个国家实在是太年轻了。通过我自己的观察和她告诉我的那些故事，我仿佛荣幸地目睹了国家自获得独立以来的很大一部分历史。

我的外祖母萨拉·科恩（Sarah Cohen）是德波拉和科恩拉比夫妇的女儿，受到萨林·沃尔夫（Saling Wolfe）的追求。萨林是一名年轻商人，也是一个种植园园主，家住南卡罗来纳州人烟稀少的"内地"温斯伯勒。1845 年 11 月，他们结婚。婚约用希伯来文起草，要求遵循犹太教堂的婚礼仪式，并订明新娘的嫁妆和新郎应履行的义务：

"根据《摩西律法》和《以色列律法》，犹太日历 5606 年（美利坚合众国独立 17 年）2 月 26 日星期四，伊萨克之子泽埃布（萨林·沃尔夫）于南卡罗来纳州查尔斯顿请求牧师后代泽比之女萨拉（萨拉·科恩）为其妻子……上述萨拉现已同意为其妻子，为其带来的陪嫁之物包括饰有金银的服装、床上用品和家具，共计价值 1000 美元；上述新郎在此基础之上添加其财产 2000 美元，作为上述新娘的信托财产支付给财产信托人即牧师后代耶切尔之子泽比（哈特维格·科恩）和伊赛亚之子耶胡达（L.I. 摩西），以便自此日直至永远约

⊖　"半只手"是当时人们给妇女用的无指手套起的名字。

束新郎及其继承人、财产受让人和财产执行人，上述财产合计本城流通货币3000 美元……"

萨拉和沃尔夫夫妇共生育了 13 个子女，其中三个孩子夭折。我的母亲伊萨贝尔·沃尔夫（Isabelle Wolfe）出生于 1850 年 3 月 4 日，是他们的第三个孩子，也是年龄最大的女儿。家里用的《圣经》上有一行字记录了母亲的出生，这行字是"上帝赐福予她"。我乐于认为这行字预示着母亲与父亲将来会缔结婚姻，因为"巴鲁克"这个名字在希伯来文中就是"得到赐福"的意思。

当南北内战爆发时，外祖父还是个富有的蓄奴者。战争让他倾家荡产，同时也摧毁了他生活在其中的整个社会结构。在四年战争之后，他所剩无几的那点儿财产也被谢尔曼的突袭部队毁灭殆尽。

为了留下一些珍贵的财物，外祖父沃尔夫把银子藏在井里。当北方佬的军队出现并开始洗劫房子的时候，站在井边的黑人有几个号啕大哭："不得了，他们会找到银盆子的。"毫无疑问，他们找到了。房子、其他建筑和棉花都被付之一炬，牛也被赶走了。

当地圣公会的那位牧师和一些女士，包括我的外祖母，向谢尔曼将军提出申诉，要求他们中止这种肆无忌惮的破坏行径，但传回来的消息是他们对此无能为力。

我小时候认识了外祖父，当时他正挣扎着重置自己的家产。他拥有的好几座种植园这时都在恢复往日的兴盛，但自南北内战以来压在身上的旧债实际上使他所有的财产都丧失了。尽管奋力拯救家业，但他在 84 岁去世时仍是穷困潦倒。他生病期间，家人允许他从床上爬起来坐在火堆前烤火，他坐的椅子倾斜着好让自己能烘暖脚。椅子翻倒，他跌入火堆，身上烧伤得厉害，失去了生命。后来我得知，他以前的财富一无所剩，只有大衣柜的一只抽屉里装满了南方邦联时期使用的旧钞票。

外祖父的家在战后重建了，每每想起孩提时去他家玩，我心中就会涌起温馨的回忆。每天早晨，外祖父看起来就像从前英国乡村的大地主，跨上名叫摩根的那匹马，骑出去巡视他的庄稼。有时，他会让我和我的几个兄弟帮他给黑人帮工分发按周配给的食糖、咖啡、咸猪肉和稻米。我们会得到一把食糖作为犒劳。

我铭记于心的是一条铁路——就是那条古老的夏洛特—哥伦比亚—奥古斯塔铁路。这条铁路从外祖父的房子后面经过，当火车开过时，我总是朝车厢扔石块。每当看着火车司机在歪歪斜斜疾驰而过的车厢中来回走动时，我就想：长大了要是能经营一条铁路该多棒啊！想拥有一条铁路的雄心一直伴随我度过了整个金融生涯。有好几次我都动手收购一条铁路的控制权，但这个梦想实现起来总是那么困难。

有个发生在母亲老家的故事，家族里的人都津津乐道。在南北内战爆发之前，父亲就曾到沃尔夫家做客，他对沃尔夫的大女儿伊萨贝尔产生了兴趣。战争期间，父亲回家休假，经常与她见面。有一次会面时，贝尔（Belle）⊖还给父亲这个年轻的外科医生画了一幅肖像。

当谢尔曼的突袭部队纵火焚烧沃尔夫的房子时，年龄大约 15 岁的母亲从火中救出了这幅肖像。她拿着这幅画像跑过院子，突然有一个北方佬士兵猛地从她手中夺过肖像，拿刺刀对肖像一阵乱捅。她抗议时还遭了他一记耳光。

一个被叫作坎廷（Cantine）上尉的北方佬军官急忙奔过来，用剑面拍打那个胆小懦弱的士兵。贝尔小姐自然很欣赏上尉这种骑士般的高尚举动。北方联盟的军队尚未离开温斯伯勒，一段恋情便悄然萌生。

父亲从战场返回时发现自己与贝尔的感情处于危险之中。这时她和坎廷上尉正在不断地鸿雁传书，联系已持续了一段时间，但父亲不久便掌控了情势。1867 年，父亲作为一名乡间医生开业之后，与贝尔喜结良缘。

⊖ 贝尔是伊萨贝尔的昵称。——译者注

父母共有四个孩子，全是男的。哈特维格（Hartwig）年龄最大，生于 1868 年，两年后，我出生了，赫尔曼生于 1872 年，塞林（Sailing）生于 1874 年。

第一次世界大战期间，我任战时工业委员会（War Industries Board）主席，有个陌生人来找我，在华盛顿办公室里，他郑重其事地向我提出了一个请求，希望我帮助他赴海外到前线参加战斗。他随身带来一封介绍信，信上的字是母亲的笔迹。

"持此信的人，"母亲信上写道，"是坎廷上尉的儿子。我知道你会尽力帮助他的。"

第 3 章

乡村男孩

在谢尔曼部队袭击之前，母亲的家庭一直非常富有，家境好得甚至让她从来不用自己穿衣戴帽。然而，等到父亲的诊所牢牢地确立声望时，母亲已在教人弹钢琴、学唱歌，一节课收取 25 美分的报酬了。她还卖牛奶和黄油，这都是泽西种乳牛产的，家里的那群乳牛是父亲的一个骄傲。

不过，母亲依然保持着一个奢华的生活习惯。她总是坐在床上用早餐。每天早晨，我和三个兄弟会恭敬地站到她面前，接受她的仔细检查。"让我看看你的手指，让我看看你的耳朵。你刷牙了吗？"一番检查下来，常常意味着我们又得往洗脸池子跑一趟。

那时候，卡姆登镇是个约有 2000 人的镇子，黑人差不多占了其中一半人口。独立战争时，卡姆登镇由高恩沃里斯（Cornwallis）勋爵的军队占领着。镇上有一处旅游景点是一个女人的坟墓，她叫爱伦·格拉斯哥（Ellen Glasgow），先前随其心爱的高恩沃里斯将军来到美国。当附近的沃特里河上涨漫流过来时，镇上的黑人经常说爱伦的鬼魂有力量阻止洪水漫上她的坟墓。

有一个事实让卡姆登人引以为傲，那就是这个镇子为当时称为南方邦联战争的内战贡献了六位将军。就像给南方各地带来贫困一样，战争也使卡姆登经济维艰。不过，我现在想不起来我们家真正遭受过什么经济上的困厄了。

我们住在一个舒适的大房子里，物质上的东西大约不比任何邻居家少。父亲的收入中有很大一部分体现为货物和劳务：一捆木柴、一大包棉花、一车玉米、几只鸡、一匹小雄马、一头牛犊，或在他的田里干一天的活儿。我们吃的蔬菜、水果和浆果都是自己种的，有些要晒干，有些要腌起来，都是为了冬天食用。院子里种了一些李子树和核桃树，还有一棵桑树。当桑树不结果时，我们的黑人保姆米纳娃总是叫我们拿一根细软的柳条抽打桑树，这样我们来年就肯定能吃上桑葚了。

食糖也是我们自己熬制的——我们家在搬到北方之前，我从不知道食糖除了褐色还有别的颜色。秋季，我们每个人都采集山核桃和核桃。糖果、橘子、香蕉和葡萄干之类的，只有在圣诞节这样的时候才能吃到。我们平常要买的东西大概就是布料、咖啡、茶叶、食盐和香料。书籍、杂志以及查尔斯顿的《新闻信使报》（*News and Courier*）都是非常珍贵的物品，在居民中一家一家地相互传阅。

草莓节和马戏团到镇上巡演是激动人心的重大时刻。当地还有个剧团，他们在卡姆登的镇政厅把莎士比亚剧作搬上了舞台。有一次，剧团演出威廉·特拉福尔斯（William Travers）的《我心爱的凯瑟琳》（*Kathleen Mavourneen*），母亲担纲主演，纳森·巴鲁克（Nathan Baruch）叔叔扮演剧中的那个反派角色。当戏演到一个高潮场面时，那个坏蛋拿着匕首威胁女主角。母亲蜷身退缩着，纳森叔叔挥舞着匕首，这个场景吓得我实在受不了。我从座位上猛然站起，哭喊道："哎呀，纳森叔叔！不要伤害妈妈！"台上的演员一下子惊得差点儿忘了词，我也被人推搡着赶出了戏院。

我小时候既腼腆又敏感，算得上是一个过分依恋妈妈的男孩子。我吃饭时总是坐在母亲的右手边，我至今还记得为了得到这一特权，我与兄弟们争得很凶。我结婚后便要求妻子坐在原是我母亲坐的地方——让我坐在她的右手边。

母亲教我们演讲术，大我两岁的哥哥哈特维格在这方面展现了很好的天赋。实际上，他后来就做了演员。但对我来说，站起来背诵诗文是很折磨人的煎熬。

我从未忘记在曼内斯·鲍姆家中的一次灾难性经历。母亲拉着我的手，把我领到房间中央，催促我说："乖孩子，给我们说点儿什么吧。"

我吓得魂飞魄散，但还是用唱歌的声调开口说起来。这件突发的事情深深地烙在我的记忆之中，现在我仍然能引述当时费力朗诵的那首诗的开头几句。那几句诗源自苏格兰诗人托马斯·坎贝尔（Thomas Campbell）的《霍恩林登》（*Hohenlinden*）。

> 太阳低垂在椴树上，
> 白雪皑皑一片苍茫；
> 急速奔流的伊塞河，
> 像那冬季一样昏黄。

我刚刚背到这儿，父亲便抬起手来，一根指头按在鼻子边，学我的样子发出这样的声音：

> 啊 – 嘟哆儿 – 哒！

父亲一嘲弄，我就背不下去了。我冲出房间，穿过黑夜跑回家里，本来我平时是很惧怕黑夜的。我哭着渐渐地睡着了。

在后来的几年里，父亲经常告诉我，他对自己开的那个小小玩笑懊悔不已。这个小插曲几乎毁了我想在公开场合掌握说话技巧的希望。在此后数年中，只要站起来说话，我便不由自主地想起"啊 – 嘟哆儿 – 哒"！

有一次，我把这件事说给伍德罗·威尔逊总统（Woodrow Wilson）听。起先，他安慰我说："太多的人喜欢说话，却很少有人喜欢做事。他们大部分人说的什么，世人都不在乎。我甚至不愿建议你去学怎么说话。"

　　我可不同意他的看法。我认为，就男人而言，能够表达自己的观点与拥有自己的观点差不多一样重要。

　　后来威尔逊总统帮我改善发表演说的技巧。在巴黎参加和平会议期间，一天晚上，他花了足够多的时间给我演示该如何优雅地打手势而不应莽撞粗鲁地做动作。"要这样，"他打着手势解释说，"不是这样。"说着便用手猛地往前一推，示范说明他讲的要点。

　　其他朋友也给我提供了帮助。我有个习惯，说话时几乎总是咬牙切齿，声音从唇缝间钻出来。赫伯特·贝雅德·斯沃普（Herbert Bayard Swope）经常会说："啊，天哪！张开嘴巴！"1939年，有人请我就教皇庇护十一世（Pope Pius XI）的谢世在广播里发表简短的颂扬演说。我一边发表讲话，斯沃普一边做着表情，提醒我要"张开嘴巴"。

＊　＊　＊

　　我四五岁的时候开始在威廉·沃利斯（William Wallace）夫妇开办的学校上学。学校离我家大约一英里远，哈迪◯和我步行上学，我们带的午餐用一块有图案的圆形纸巾包着放在一只锡盒子里。在那个时代，"纸巾"是垫在婴儿身上的东西，很长一段时间里，我都认为这不是什么好词儿。

　　沃利斯夫人经办的事情现在大概就叫带学前班吧。所谓"教室"就是她家里的厨房。我趴在地上学习英文字母，她坐在旁边给自己的婴儿喂奶，或在一旁准备中午吃的饭。沃利斯先生主持高年级学生的教学，也管理学校本身的事务，这些他都是在另一座房子里进行的，那座房子里备有长椅和面上开裂的粗制课桌。

　　沃利斯先生是个极好的老师，尽管他使用的一些教学方法现在看来很可

　　◯ 哈迪是对哥哥哈特维格的亲切称呼。——译者注

能让人受不了。要是谁上课搞小动作，不专心听讲，尺子就会落下来打谁的掌指关节或掌心。老是玩忽学业或犯有其他严重违规行为，准会遭到一顿噼里啪啦的痛打。教室的一角立着一根柳条，随时可以动用。我不记得不断更换的柳条曾经用在自己身上，但正是在沃利斯的学校里，我第一次感受到柳条是由一个人的良知挥舞的。

一天下午快要放学时，我看到一个男孩把半块红白相间的薄荷糖留在课桌里。商店里买的这种糖果非常稀有，深受我们的喜爱，我动了心，无力抵制诱惑。我与一个要好的同学一道谋划着要搞到那块糖。

等学校放完学空无一人的时候，我们俩偷偷溜回来。我们在房子下面慢慢地走过，用手使劲把地板上一块松动的木板顶开，扭着身子钻过去。我们拿到那块糖，离开教室，走到一棵树下把它吃掉了。

一种负罪的感觉几乎立即袭上心头。甜蜜的薄荷糖味儿在嘴里好像是酸苦的。很奇怪，在我后来的人生中，这件微不足道的事情一次又一次浮现于我的脑海中。

当我刚开始在华尔街打拼的时候，有一次，作为那个时代投机大师之一的詹姆斯·基恩（James R.Keene）请我调查一家新公司即布鲁克林煤气公司（Brooklyn Gas）的股票承销情况。经过调查，我深信这是一家值得投资的公司。然后，一位与这家公司股票承销团有关系的年轻男士主动提出给我 1500 美元的"佣金"，让我提交一份美言这家公司的报告。

当时的 1500 美元在我眼里可是很大一笔钱，但那块红白相间的薄荷糖立即闪现在我的脑际，这笔钱我不能拿。事实上，这笔钱让我感到害怕，我担心这只股票有什么不对劲儿的地方，于是重新实地做了调查。在给基恩先生的报告中，我说到有人主动提出给我那笔"佣金"。

沃利斯学校的那片场地也是一个没有怜悯心的竞技场，可以考验一个人的个性。你得争斗打架，否则就要作为胆小鬼名声在外了。我哥哥哈迪天生是个好勇斗狠的角色，而我却费了很长时间才学会打架的技巧——在打架时要保持头脑冷静。

我的苦恼主要是太容易发脾气。我身体肥胖，脸上长着雀斑，在男孩子当中身材显得相对矮小——"一团肉"便是别的孩子给我起的外号，每当与人发生争吵时，似乎吃败仗的总是我。遭人打败的羞辱，既没有提升我的自信心，也没有让我的脾气好起来。

有一次，哈迪拿了我的鱼竿跑上街，我跟在后面追，拾起一块石头怒气冲冲地朝他砸过去。看到石头快要砸到他，我又大声呼喊叫他当心。哈迪转过身，石头正好飞过来砸中他的嘴巴。他的嘴唇上留下了一块伤疤，直到他去世时那块疤还在。

还有一回，在看望外祖父沃尔夫的时候，我在早餐桌边突然大发脾气。现在怎么也想不起来，为了什么事儿我那么气愤，竟猛然探身从餐桌对面一把抓过一块肉来，整个儿囫囵吞了下去。我没把自己卡着，外祖母的责骂却让我噎着了。

卡姆登镇的男孩子分成两派，我们属于"上城"一派，"下城"那帮人被认为比我们更难缠。在分开的派系之后，可能存在着某种更深层的社会冲突，当时我对这种冲突没什么认识。现在回想起来，我说有社会冲突，是因为我们"上城"的男孩子每晚必须洗脚，而"下城人"则不常洗。

两帮人之间的较量非常激烈。卡姆登镇上下两个镇区之间每年会举行一次棒球赛，这总是激动人心的盛事。我们在那座旧监狱后面的一块场地上比赛。在一场比赛中，我试图将球打向三垒。我失了手，和守垒员撞在一起，让他丢了球。这便引发了一场打斗，我照例又吃了败仗。

我们当时的生活有一种哈克贝利·费恩和汤姆·索亚的风格。实际上，每当我阅读马克·吐温的小说，或者看到克莱尔·布里克斯（Clare Briggs）的连环画或韦伯斯特（H.T.Webster）的《生命中最黑暗的时刻》（*Life's Darkest*

Moment）时，我对童年生活的怀旧之情总会油然而生。

每年春天，沃特里河上涨，洪水淹没卡姆登的乡野。对大人来说，袭来的洪水是灾难祸患，我们这些男孩子却很喜欢。我们造木筏子，在被水淹没的方圆几英里的乡间探险玩耍。当河水退去时，我们总是怅然若失，心里空落落的。

钓鱼和游泳最好的地方是工厂塘（Factory Pond），这个池塘给马龙（Malone）工厂提供动力，厂里有一台棉花压包机和一台玉米磨粉机，加入教会施行洗礼也在这里进行。在漫长的夏季，我们天天泡在水里。我们只穿一件衬衣和一条长裤，一边跑近池塘，一边解开衣服的纽扣。一到塘边，我们就从衣服里跳脱出来，扑通扑通地扎进水里，像一大群牛蛙跳了下去。

池塘里有排成一行的第一木桩、第二木桩、第三木桩和第四木桩。我第一次游到第一木桩又游回来时感到惊险刺激，对此我仍记忆犹新。后来，我又设法克服困难游到第二木桩。当我们家搬离南卡罗来纳州时，通过努力我已能游到第三木桩了。

镇上几乎所有的男孩子都常常上树掏鸟蛋，我们还经常相互买卖鸟蛋。哈迪尤其擅长爬树，爬起来又快又利索，可母亲对我们打劫鸟窝总是看不惯。哈迪和我也经常在树林里用前装式猎枪打些小野味。

我第一次学会打枪时一定有六七岁了。我们和父亲有个约定：在父亲的"农场"上与黑人帮工一道摘棉花，我们就可以挣到一点儿钱。挣到的钱就用来买火药。我们把猎枪用的铅砂弹装在一只旧的皮制小袋里，把火药放在一只牛角里，牛角挖得很薄，都能看透。

我们打猎时，跟我们一起去的常常有"尖牙"，它是一条白色的英国大驯犬，是一个病人给父亲的。真正说来，"尖牙"跟着哈迪最感到自在愉快，但它也给我们做伴，任何男孩子得到"尖牙"，它都是亲密的伙伴。它和我们一起游泳，跟随我们去学校。它很会逮老鼠，硕大的爪子在玉米槽下刨地捉老鼠时，刨得尘土飞扬，看着这一幕，我们觉得真是好玩儿。我们在迁往北方时，父亲把"尖牙"送给了朋友。我们与它的离别至今仍是我最伤感的记忆之一。

尽管我们干了很多胡闹的事儿，也惹来了很多麻烦，父母却极少惩罚我们，顶多训斥一顿。我不记得父亲或母亲打过我的屁股。父亲往往更严厉，但每当他好像要惩罚我们时，母亲总会加以阻止。我现在仿佛还能听见母亲对父亲说："医生，别对孩子那么凶，他们会不喜欢你的。"

然而，这并不是说，我们从来没感受过屁股遭到一顿痛打会带来有利影响。我们的黑人保姆米纳娃就不赞成循序渐进的教育方式。她年老时，常常到我南卡罗来纳州的种植园里看我，眉飞色舞地告诉我的北方客人，因为我犯坏，她常常用木板子打我。

说真的，我以前站在米纳娃的身边，对她的右手总感到敬畏，我的兄弟也同样惧怕她，但她留给我的印象最深的，还是她给我们讲的故事和唱的歌儿。

米纳娃满脑子都是不开化黑人的迷信观念。在她看来，树林、水面、田野，实际上连我们自己的院子和花园里，都居住着幽灵，都会闹鬼。她有一次解释说，黑人不喜欢在木屋上装玻璃窗，是因为幽灵可以透过窗子看进去。

正是从米纳娃那儿，我听到了关于兄弟兔、兄弟狐、兄弟龟以及其他动物的故事，乔尔·钱德勒·哈里斯（Joel Chandler Harris）后来将这些动物作为角色，写进他的系列故事书《拉姆斯叔叔》（*Uncle Remus*）。

米纳娃经常唱一首哀伤的歌，唱的是一只名叫波雷姆（Bolem）的狮子，它丧失了尾巴。我现在好像还能听到她的声音悲伤地反复吟唱：

> *波雷姆，波雷姆，我的尾巴在哪里？*
> *波雷姆，波雷姆，我的尾巴在哪里？*

接下来，脱离了躯体的尾巴回答：

> 波雷姆，波雷姆，我在这里。
>
> 波雷姆，波雷姆，我在这里。

波雷姆丧失尾巴的悲剧和它对尾巴永不懈怠的寻觅，就像确有其事一样压在我的心头。有很多次，一想到波雷姆四处游荡的尾巴，我在夜间就无法入睡。

我对米纳娃的爱如同她对我的爱一样深切。直到她去世，见到我时她从不忘记紧紧地拥抱我、亲我，因为我始终是她的"宝贝疙瘩"。

她自己有一大群孩子，尽管从来没一个丈夫。她总是告诉我母亲说："贝尔小姐，我又犯了个错误。"我们经常与她的孩子以及附近其他黑人的孩子在一起玩耍。我尤其记得米纳娃的儿子弗兰克（Frank）。无论钓鱼还是打猎，他都胜过所有我们这些孩子；他还会诱捕鸟儿，对这种本事我非常羡慕。当我长大理解了将白人和黑人分开的巨大社会隔阂时，心想这是多么残酷的事啊！我不明白弗兰克怎么就不如其他人好。

* * *

在我大约五六岁的时候，秋季的一天，哈迪和我在我们家房子的阁楼上翻箱倒柜。我们要找个地方储存每年秋天像松鼠一样收集来的坚果。我们偶然发现了一个用马皮盖着的大木箱，这箱子看起来可以存放坚果。一打开，我们就发现父亲在南方邦联军队中穿过的制服。我们往箱子深处翻找，拉出一件带蒙面罩的白色长袍，袍子的胸口绣着一个深红色十字架——这件衣服是爵士头衔三 K 党党徒的正装。

当然，今天的三 K 党是一种偏执和仇恨的丑恶象征，这反映了它在 20 世纪 20 年代的种种劣迹，当时，它获得了相当大的力量，尤其在南方之外活动更是猖獗。我有充分理由了解到现代三 K 党的品性，因为我曾经是它仇视的一个攻击对象。

但是，在战后重建时期的南方，在我们这些孩子的眼里，由纳森·贝福德·弗雷斯特（Nathan Bedford Forrest）将军领导的三 K 党看起来可是一群英雄，他们进行斗争是为了将南方从投机提包客[⊖]胡作非为的统治中解放出来。对于我哥和我来说，想到父亲是这群人中的一员，他的形象便在我们年轻人的眼中一下子高大了起来。

我们兄弟俩查看那件衣服时太专注了，连母亲走上阁楼楼梯的脚步声都没听见。母亲非常生气，给我们好一顿责骂，还叫我们发誓严守秘密。这真是一个重大秘密。三 K 党已经被联邦政府宣布为非法组织；政府提供大量赏金，让人们证明那些党徒有罪，并把间谍撒向南方各地，以图发现哪些人是三 K 党的成员。我们从阁楼上走下来，心里觉得自己长高了好多。

虽然南北内战造成的恶果使经济凋敝，但投机提包客政府当权八年造成的政治影响更是令人激愤，也更加长久。即使今天南方各州都在蓬勃发展，提包客在政治和种族问题上造成的怨愤和敌意仍是缠绵不去的后遗症。

北方提包客保持权力的途径，在很大程度上是通过他们自身及其共和党南方白人盟友（scalawag allies）对黑人选举投票实施控制而实现的。这种利用黑人作为政治压制工具的做法，加重了奴隶制和内战造成的所有创伤和痛楚。最终，这种做法使黑人受到的伤害最为严重，并且很可能让种族关系的改善倒退了 1/4 世纪。

我童年时代的很多时候，曾在南方邦联军队中服役的白人谁也不允许投票——而所有的黑人都可以投票，即使没几个人会写自己的名字。我们州的参议员是一个黑人，县里稽核员兼教育局长也是一个黑人——尽管在县一级官员中黑人所占的比例从未超过 1/3。然而，华盛顿的黑人共和党公开表明自己的意图，就是要让这种状况永远保持下去。

⊖ 投机提包客（carpetbagger）是指外来政客，尤指 19 世纪六七十年代内战后重建时期在美国南方政坛上活跃的北方人。——译者注

这种专制压人的局面令人愤懑，就连我父亲这样的人也给南方邦联军队里的老战友写信，说到在这样的形势下生活还不如选择死亡。"当我们什么都失去了的时候，只有一样东西可以依靠，那就是手中的剑。"父亲在一封信中写道，"生活在这样的暴政和精神、物质的压迫之下，唯有为正义而死的觉悟才能使我们略感幸福。"克劳德·鲍沃斯（Claude Bowers）还在《悲剧时代》（*The Tragic Era*）中引用了这几句话。

这一问题后来因 1876 年州长竞选而得到解决，参加竞选的是韦德·汉普顿（Wade Hampton）将军和当权的提包客州长丹尼尔·钱伯莱（Daniel H.Chamberlain）。我记得很清楚，有一次汉普顿在卡姆登镇聚众集会，当时一桶桶的树脂燃烧着，照亮了各个街角。在竞选活动中，人们不停地唱着下面几句话，我们男孩子也跟着一起唱。

> 汉普顿吃鸡蛋，
>
> 钱伯莱吃蛋壳，
>
> 汉普顿上天堂，
>
> 钱伯莱下地狱。

在我心里，这首歌比别的歌曲更加吸引人，因为这是我第一次被允许使用"地狱"这个词却可以免受惩罚。

在后来的几年里，父亲给我讲了很多故事，说汉普顿在面对黑人选民占绝大多数的形势下如何赢得了竞选。汉普顿使用的一个手法是，在选举日当天，将选票分配给一个到镇外演出的马戏团。另一个手法就是以其人之道还治其人之身，像提包客那样利用黑人头脑单纯、心性朴憨的特点。

那个时候，每个候选人都分配一个单独的投票箱。多数黑人不认识票箱上的标签，但有人教他们根据摆放位置辨认共和党候选人的票箱。当黑人围在投票处时，汉普顿这边会有一个人朝空中放一枪。接下来便是一阵骚乱，汉普顿和钱伯莱的票箱就被调换了。然后，黑人选民急急忙忙冲过来尽快投票。结果，很多人把自己的选票投入了汉普顿的箱子里。

我大约十岁的时候，又一个选举日，父亲不在家，他出门去给人治病了，或是因为政治事务出去忙了——很可能同时为了这两件事，因为在那个时代一个医生在参加政治集会之外还常常有自身的医务工作要做。我们听到房子周围响起了一阵嘈杂的喧闹声，母亲警觉起来，叫哈迪和我去取枪。

我们拿到枪——两支都是前装式长枪，一支单筒的，一支双筒的。母亲叫我们把弹药装上，到二楼阳台上找个合适的位置隐蔽起来。

"不要乱开枪，"她慎重地提醒我们，"除非我叫你们射击。"

我们就那样站着，心里怦怦乱跳，手里的枪几乎和自己一样高，眼睛紧紧盯着一群黑人在街上转来转去。他们喝了低价劣质的威士忌，醉醺醺的，有的要去投票站，有的要去参加集会。

随后发生的事我记得不太清楚了，我只想起看见一个黑人从一棵树后倒下，突然间所有的人都四散逃开。我们跑下楼，奔到那个黑人躺着的地方，看看究竟怎么回事，却发现他的头被劈开了，像是被一把斧子砍的。母亲赶紧端来一盆水，给他清洗包扎了伤口。我不知道那个人后来怎样了，但我想他肯定活不长，因为他的头都成那样了。受伤到这种程度并非不常见，而遭受痛苦最多的也正是黑人。

正是在发生这些事情的背景下，我们发现父亲加入了三K党。父亲的三K党身份并不代表他对暴力有丝毫的喜爱，也不说明他天生就喜欢惨痛的事情。有一次，父亲被叫到一个共和党南方白人的临终床前。父亲回到家里时就说，没有朋友也没有心爱的亲戚过去看望那个临死的人，"看到人们因政治分歧已对人性的召唤变得全然冷漠无情"，实在令人悲伤。

父亲对黑人没有任何偏见，对白人也不怀恨在心。他谴责南北内战，认为责任在双方极端分子的身上，那些人就是不愿意运用理性来解决双方之间的分歧。父亲觉得，亚伯拉罕·林肯是一个伟人，要是他还活着，或许可以让国家重新团结起来。

不过，战后南方重建时期政府的统治对父亲来说就是压迫，而他之所以参加战斗也正是为了让南方从这种压迫之下获得自由。黑人陷入这场斗争之中真是不幸，这场斗争也使种族之间结下了仇怨。

* * *

像所有男孩一样，我在童年时期也有自己的偶像。这些偶像似乎并非来自书本，而是来自我的亲戚和本地的几个人物当中。

在成长的过程中，我渐渐相信罗伯特·李是所有美德的典范。父亲经常引用他的一句格言，教导我该如何支配自己的行为："无论做什么事情，都要恪尽职守。你不能超越职责行事，也不能希望少行职责。"

我崇拜的其他杰出人物有博雷加德（Beauregard）、"石墙"杰克逊（Stonewall Jackson）和杰布·斯图沃特（Jeb Stuart）这三位将军，他们就像独立战争中的马里昂（Marion）、萨姆特尔（Sumter）和皮肯（Picken）一样光辉照人。在我心中，即使是乔治·华盛顿的形象也没有在沼泽地里战斗的士兵高大。

除了这些军中人物，我最喜爱的就是曼内斯·鲍姆、我的两个叔叔赫尔曼·巴鲁克和乔·巴鲁克（Joe Baruch）以及我的舅公费什尔·科恩（Fischel Cohen）。

赫尔曼叔叔曾因受不了女士谴责的目光而参加南北内战，他是个讲究饮食和社交的享乐主义者，花钱大手大脚不知约束。在给曼内斯工作的时候，曼内斯的杂货店已经发展壮大，成了卡姆登镇最大的一家商店，随后赫尔曼叔叔自己开了一家店。他经常给我们讲去纽约采购时发生的事情，我们听得津津有味。但令我们更感兴趣的是，他每次返回时从不忘记给家中每个人带回礼物。

乔叔叔是父亲最小的弟弟，曾在德国乌尔兰骑兵团服役。我们过去常说他"堪称运动健将"，他教我们如何耍单杠和双杠，这些杠子是他在我们家的后院里立起来的。我的姨妈萨拉是母亲最小的妹妹，是个"野小子"，经常从温斯伯勒过来看我们，喜欢与我们在单杠和双杠上比试高下。我记得，当她用脚趾把自己挂在杠上时，我们每个人都惊呆了。

我对费什尔舅公非常敬慕，他是哈特维格·科恩拉比唯一的儿子。他在博雷加德将军手下做过电报收发员，经常滔滔不绝地玩笑着给我们讲在战争中经历的事情。

"是的，"他会说，"在战场上我是个勇敢的军人——我总是位于子弹最密集的地方——待在运弹药的马车身下。"

费什尔舅公会弹班卓琴，总有弹不完的曲子。有一首歌每段的叠句这样唱道：

> 我宁愿做一个私人家中保镖，
>
> 不愿当抬回家中等死的准将。

我记得，有许多夜晚，费什尔舅公弹奏着班卓琴，我都很开心。母亲弹着钢琴，满屋子的朋友一起唱着南方歌曲。有一首歌我已经有 70 多年一点儿都没有听到了，这首歌的每节歌词结尾都有一句："钟声为萨拉响起！"

母亲是个有才华的业余演员，因此热切地盼着自己的儿子会弹琴唱歌。在这方面，我们兄弟几个无一例外地让她深感失望。只有哈迪和塞林学会弹拨一点儿乐器，这种乐器还是班卓琴；而我至今连用口哨都吹不成调。

我钦佩当地的一个名人，不过是在心里暗自钦佩的，他就是博根·卡什（Boggan Cash），出身于切斯特菲尔德县知名的决斗世家卡什家族。他的父亲

E.B.C. 卡什上校在我父亲当兵时所在的那个旅指挥过一个团。年轻的博根年纪不够大，参加不了南北内战，但他想尽一切办法，竭力弥补失去参战机会的遗憾，设法展现自己的神枪手功夫。

在我童年时代的南卡罗来纳州，决斗是相当常见的，尤其是卡姆登镇，似乎是一个决斗盛行的地方。我记得曾观看博根进行对靶练习，他在工厂塘的岸边放置一个铁人，突然转身朝铁人射击。有时他会叫一个年龄大些的男孩为他喊口令："预备！开枪！"

卡什家族卷入其中的一场决斗对我的人生产生了深远影响，因为这场决斗促使父亲离开了南卡罗来纳州。

在一群人纵酒狂欢喝得酩酊大醉的过程中，卡什夫人的一个兄弟暴打了其中一个人，由此引发纠纷。为了避开法庭的不利判决，卡什夫人的兄弟把一部分财产转移到他姊妹的名下。威廉·沙农（William M. Shannon）上校作为遭殴打者的律师，以推定欺诈罪对卡什夫人的兄弟提起诉讼。

卡什上校和儿子博根扬言说这场官司是对卡什夫人的公然冒犯，于是开始大张旗鼓地对沙农上校进行一连串的侮辱和欺凌。沙农上校为人平和，对自己遭到的凌辱一忍再忍，时间长达一年之久。事态最终让人忍无可忍，沙农上校便向卡什上校提出决斗。

沙农家与我们家往来密切。他曾是一个领头人，领导人们恢复乡村集市的活力，以此作为激励人们应用更优良耕作方法的一种途径。母亲常常正告我们，说他就是一个彬彬有礼的模范人物。

这场决斗的时间安排在 1880 年 7 月 5 日，地点在达灵顿的杜博斯桥。父亲不希望有任何枪击的事发生，在沙农不知情的情况下将决斗时间和地点告知了县里的治安官。治安官答应及时赶到，以防决斗事件发生。

首先到达约定地点的是沙农上校，他的私人医生博纳特作为决斗助手陪着一起来了，随后赶到的是沙农上校的几个朋友，包括我父亲。几分钟之后，卡什上校到了。治安官连影子都没看到。

两位决斗者的助手用步子测量地面，通过抓阄决定决斗者的站位选择以及如何发信号。这时仍不见治安官的踪影。

两位主角站到各自的位置上。一听到开枪的命令，沙农上校就迅速射击。那颗子弹把卡什上校面前的土击得粉碎。卡什从容不迫地细心瞄准后再开枪。沙农倒下。在场的人跑到他身边，发现他已无法救治。

几分钟之后，治安官拍马赶到。

这是美国发生的最后几起致人死亡的决斗事件之一。它产生的持续影响是很大的，卡姆登镇再也没有比威廉·沙农更令人尊敬的镇民了。我记得，有一群人苦着脸，身背来复枪和猎枪，骑着马来到我们家见父亲。在这些人当中，我认出了一个小伙子，他与沙农上校的女儿订了婚。

父亲把他们请进诊所。一会儿工夫，这些人又走出来，骑上马慢慢走远了。父亲劝他们不要自己代替法律行事，不要杀了卡什。人们群情激愤，要为沙农报仇雪恨。卡什本来在他的生活圈子中一直是个身负众望的人，但此后遭到排斥，命运与亚伦·布尔（Aaron Burr）相差无几了。

这场悲剧也导致立法规定：在南卡罗来纳州全面禁止决斗；任何人只要曾参与过一次决斗即被解除公职。1951 年，在詹姆斯·拜耳尼斯（James F. Byrnes）州长就职典礼上，听到他庄严地宣誓自己从未参加过一次决斗，我就觉得好笑。

有相当长一段时间，母亲一直催促父亲到北方去，说那里会有更大的机会。但父亲踌躇不定，直到卡什和沙农发生决斗才决定搬迁；父亲曾试图阻止决斗发生，而真的发生了，父亲还是感到大为震惊。

1880 年冬天，父亲卖掉诊所、房子及房后他的那块小"农场"。加上他已有的积蓄，变卖所得使他的现金资产总计达到 18 000 美元，这笔钱是父亲 16 年来作为乡村医生的全部劳动成果。

　　父亲先动身去纽约城，母亲随后带着四个男孩跟了过去。我们开始的一段旅程是乘坐自家的旧马车到温斯伯勒，然后换乘火车去北方。我们在火车上随身携带的篮子里装着外祖父沃尔夫做的小甜饼。篮子里的小甜饼吃光后，我们就下火车在通常停靠吃饭的车站吃东西。我们吃的最好的一餐是在里士满，直到今天，这个城市还会让我联想到可口的食物。黄昏时分，我们到了哈德逊河边的新泽西州，坐渡船过了河。

第 4 章

大 城 市

对我们四个乡下男孩子来说，纽约城是一个陌生的新世界。起先，这个城市让我完全无所适从，也令我惊骇不已。当然，这个时候，我快 11 岁了，但仍然极为腼腆。另外，我们住在南卡罗来纳州时发生过的一件事，也给我留下了一个印象：纽约是个不太友善的地方。

一位纽约女士，我们家族的一个亲戚，来卡姆登镇走亲访友。我们男孩子都把脸擦洗干净，父母打发我们去问候她。我们心里琢磨着一个纽约来的女士长得什么模样。

我记得，这位来访者透过一副长柄眼镜目不转睛地盯着我们看。当时是夏天，我们都光着脚。这位纽约女士看着我们的脚，往我们面前扔了一枚 10 美分的硬币，嘴上说："拿去买鞋子吧，赏你们的。"她本意是开玩笑，可我们不觉得这有什么幽默。我们吓得一转身逃回了家。

在卡姆登镇，我们只是在天气不好非穿不可的时候才穿鞋子，或是在犹太教星期六安息日才穿。当然，在纽约，我们每天都得穿，这常常使我们觉得这座城市的人行道可没有卡姆登镇周围的树林好走。

关于这座大城市的其他最初印象，我现在仍能想起一些：看到高架火车的蒸汽机扑哧扑哧地喷着烟呼啸而过，我感到莫名诧异；看到水从龙头里涌出流进厨房洗涤槽或是大盆里，我觉得非常神奇。纽约有一样让人挺高兴，我们不必像在南方那样为了洗澡得从井里担水。

我现在不知道，要是没有哈迪做出衷心拥护这座城市的样子，我如何才能受得了最初在纽约的那些日子。什么也不能让哈迪气馁，他蹚入（像走在不知深浅的水里）这座令人畏难的大城市，仿佛它只是另一个身材高大、不好对付的男孩，这家伙正寻衅着要跟他打架。

与卡姆登镇宽敞的家比起来，我们租住的公寓显得逼仄不堪。父亲在西57大街144号租下一座四层褐石公寓楼的顶楼两个房间。母亲、父亲、赫尔曼和塞林共用一间，哈迪和我用另一间。在北方度过的第一个冬天里，我们总是靠着墙挤成一团，那堵墙的背后是一座暖烘烘的烟囱。

我们在寄居的地方吃饭。几年之后，我对歌舞杂耍表演颇有几分痴迷，看到一些滑稽演员，听到他们说的一些笑话，我常常抑制不住地捧腹大笑。但听到有人就寄居公寓里发生的事讲笑话，我怎么也笑不起来。一听到这种笑话，我就想起最初在纽约的那些日子。

我们的女房东尽其所能让我们过得舒适。她的名字，也不知叫雅各布小姐还是雅各布夫人——在我那个年纪，区分不区分似乎不太重要。不过，我确实记得，她是一个身量粗大的女人，前额吊着一缕卷发。

她渐渐喜欢上了我们几个男孩子。桌上总摆着葡萄干和水果，她还常常利落地把糖果塞进我们的口袋里。她的友善和厚待，在一段时间里对于缓和我们所有人焦虑不安的心境起了很大作用。

我们到纽约后不久，父亲病倒了。经医生诊断，他生病是因为心脏出了问题，医生告诉他来日无多了。起初他还一时冲动要回南方去。幸好又看了一位医生，就是德高望重的艾尔弗雷德·卢米斯（Alfred Loomis），他诊断父亲的病因是担忧能否在纽约立得住脚而招致的消化不良。多了一些病人找父亲看病后，他的苦楚立即消失了。

在这期间，母亲安排我们上公立 69 学校，当时学校位于第六和第七大道之间的 54 大街。校长是马休·艾尔格斯（Mathew Elgas），想起他，我心里就会涌出一股温情。他亲自护送我去见老师——这是我最愉快的记忆之一。凯瑟琳·德福罗·布莱克（Katherine Devereux Blake）是老师的名字，没有任何一个人像她那样帮助我克服了纽约在心中搅起的困惑。在我的记忆里，她说的话是："伯纳德，很高兴认识你，我相信其他男孩子认识你肯定也很开心。"

她让我坐在教室前面，然后好像就不注意我了。但在正午，她问道："哪位男孩子主动一下，放学后带伯纳德回家，上学接他一道来，直到他认识来回的路？"当天放学时，她同样又问了一遍。一个名叫克莱伦斯·豪斯曼的胖乎乎的男孩很快就自告奋勇要接送我。14 年之后，我在华尔街成了他的一个合伙人。

凯瑟琳给了我平生第一个奖品。那是一本《雾都孤儿》（Oliver Twist），它至今还放在我的书房里，上面记着题词："奖给具有绅士风度、综合表现优异的伯纳德·巴鲁克。1881 年 6 月。"

我与凯瑟琳联系不断，她 1950 年去世时，我还在约翰·海尼斯·霍尔姆斯社区教堂为她致了一份悼词。每每想到她，我无不感到社会普遍对学校老师是多么的缺乏感激之情。

正是我们的老师——尤其是那些教育年幼者的老师，造就了今日美国的国民性和良知。我们仍将依靠他们给未来的后代培养端庄正派之心和各尽其能的毅力。然而，记得就在不久前我还读到，一群高中生投票所做的选择表明教书是他们最不愿进入的职业。

支付给教师的工资应能让他们过上舒适生活；他们为社会做出的巨大贡献，应该得到承认，应该公开获得荣誉。我一直极力主张每年应给最受之无愧的老师颁发"奥斯卡奖"。类似这种有形的荣誉，毫无疑问与定期授予男女演员、作家、球类运动员以及其他众多人的奖项一样恰如其分、适得其所。

* * *

我们对纽约城越来越熟悉、越来越亲近，它与卡姆登镇之间的一些差异渐渐地趋向于消失了。比如说，我们发现，这个城市也有空间让男孩子在其中玩耍。59 大街上的那个地方，也就是现在广场饭店所在地，有许多空场子，只是有个养了条小恶狗的人私自搭建了一个简陋的棚屋。在第六和第七大道之间的 57 大街的北边，除了在第六大道上有几座楼和一个名叫高德纳的人开的铁匠铺，也有很多空场子。铁匠的儿子在我们班上读书。我们常常看铁匠打铁，对他强健的肌肉羡慕不已。

那些空场子对于附近的一帮帮孩子来说，是一片片野游玩耍的场地——也是一个个相互打斗的战场。实际上，我们很快就发现，自己所处的氛围让我们想到在卡姆登镇"上城人"与"下城人"之间进行的那一场场争斗。"52 大街帮"是我们附近地区最凶悍强硬的一帮人。

像在卡姆登镇一样，打架时抵挡攻击的重任又落在了哈迪身上，他捍卫了我们这群人的声誉。他击败过 52 大街帮中的好几个人，其中包括一个长相英俊的爱尔兰男孩，这家伙叫约翰斯顿，经常打败包括我在内的所有小伙伴。哈迪最后一次痛打约翰斯顿是在学校的楼梯上。约翰斯顿向老师投诉，哈迪受到处罚，被暂停上学。他接着转到另一所学校，但那场架终结了约翰斯顿带给我们的烦扰。

对于我们来说，夏天格外令人愉快，因为那都是在华盛顿高地"上北区"度过的，当时这地方基本上还是乡下。威廉·弗罗辛汉（William Frothingham）医生雇请我父亲替他在夏天的几个月里主持诊所医务——这一做法持续了好几年。我们住在弗罗辛汉的大宅子里，那是位于 157 大街和圣尼格拉斯大道交界处一座很舒适的房子。

我记得，自己住的房间在房子后部，从这里看出去就是现在波洛球场

（Polo Grounds）⊖所在的地方。当时，那还是由树木、黑莓、忍冬和荆棘丛错杂在一起的大片地方，其中还有——有毒的常春藤，我离它们太近便知道了有毒。

我们花 50 美分就能租到一只小船，要到哈莱姆河边的小溪和咸水沼泽去玩耍，划小船是最理想的办法，当时在哈莱姆河还随处可见软壳蟹。

有一回在河上的探险差不多成了我经历的最后一次。哈迪和我上午钓鱼、抓蟹。中午吃过野餐，我们和几个男孩子玩到一起，他们当时正坐在纽约中央铁路的一个临时支架上，铁路顺着哈莱姆河向前延伸。我们给新认识的朋友胡扯了一些虚构的故事，引他们开心，故事说的是我们在南太平洋群岛野人中经历了什么样的冒险。

我们划船回家，一路狂笑不已，心里想象着自己如何愚弄了那几个男孩子。我坐在船尾，靠在船舷边保持平衡。突然，我们和另一只船撞上了。一只桨打在我身上，我一头栽进浅浅的河里。

我奋力挣扎着，要把自己从满是淤泥的河底解救出来，那情形就好像过了很多年。直到今天，我还记得当时心里飕飕闪过的念头：首先，是我之所以遭到惩罚是因为自己是个可恶的骗子，编造了关于南太平洋群岛的那些故事；其次，是我本不应该弄死那只黑猫——谁都晓得这会招来厄运；最后，是我母亲对我的悲剧结局会怎样悲痛欲绝。

大约这时候，我露出了水面，脸上全是稀软的黑泥。与我们撞在一起的那只船上的男人此时都在用桨探着找我，哈迪在船舷上蹲下身子正准备跳下河救我。看到我一塌糊涂的模样，他们放声笑起来，但看到我呛了水呕吐得厉害，便又止住笑声。他们将我拉上岸，放在一只桶上，把我翻来翻去让体内的水倒出来。

⊖ 波洛球场，原是马球场，现为棒球场，但仍然沿用马球（polo）名。——译者注

在回家的路上，我和哈迪只想着母亲是否会发现我的衣服湿了。我们回到家时已经晚了，母亲看到我们，放心地松了口气，并没问什么问题。

* * *

当时，对我们的父母来说，纽约也涌现出越来越多令人愉快的团体。父亲平稳地获得一些声誉，这以后在医学上给他带来了相当大的认可。或许，他获得的最大声望，是他在美国首创科学水疗法，成了国内第一个水疗法教授。但在此之前，他倡导为穷苦人修建公共浴室，而且是最早确诊一例阑尾炎穿孔并据以成功实施外科手术的几位医生之一。

这件事发生于 1887 年圣诞节那一周。赫尔曼叔叔的合伙人萨缪尔·维特考斯基（Samuel Wittkowsky）的一个儿子，在纽约游玩期间突然病倒，生的病按当时的术语叫"肠道炎症"。父亲请来两位外科医生桑兹（H. B. Sands）和威廉·布尔（William T. Bull）会诊，并建议切除这个男孩的阑尾。桑兹医生反对说，要是做切除手术，男孩子会死掉的。"如果我们不动手术，他才会死呢！"父亲回答说。

发炎的阑尾被切除——手术日期是 1887 年 12 月 30 日，那个男孩康复了。

1889 年，一位有名望的外科医生维耶斯（A. J. Wyeth）给纽约医学院师生做演讲时提到这件事，并郑重地说："就阑尾炎外科手术的发展而言，我们医疗行业和人类对巴鲁克医生的感激均甚于对任何其他个人。"

在代理弗罗辛汉医生的诊所期间，父亲还负责管理纽约少年精神病院。这可能激起了他对大众浴室的兴趣。那个时候，这个城市还一如既往地使用我们称之为北河上"漂流浴盆"的东西。那些漂流浴盆就是一些木制的平底大货船，中间部分切开，年轻人夏天可以在其中游泳。不过，城里下水道污水正巧也都排在北河里，父亲因此把曼哈顿岛称作"被污水包围的一处陆地"。

作为纽约县医疗协会卫生委员会主席，父亲发动了一场持久的改革运动，这场运动导致纽约城和芝加哥都建起了市办的公共浴室。Rivington 大街的那些浴室在 1901 年开放，后来为纪念父亲都重新命了名。

母亲也对与市民有关的事务热心起来。她是个能说会道的人，各种各样的俱乐部和慈善组织都挺希望她加入。她是美国革命女儿会和南方邦联女儿会纽约分会的成员。她还对各种慈善活动很感兴趣——无论是犹太教的活动，还是新教和天主教的活动，她都积极参加。只要是值得为之付出的事业，活动属于哪个教派的背景并不是她关心的事情。

有一年夏天，母亲结识了胡德·伍莱特（J. Hood Wright）夫人，她是德雷克塞尔—摩根公司（Drexel, Morgan & Company）一位合伙人的妻子。伍莱特夫人组织了一次社团展会，为设立胡德·伍莱特医院筹款，这时发现母亲是个很能干的助手。胡德·伍莱特医院后来改为尼克尔博克尔医院（Knickerbocker Hospital），父亲成了那里上门问诊的内科医生。

在纽约，母亲能去犹太教堂做礼拜，这也让她感到非常满足。卡姆登镇没有一座犹太教堂，先前母亲只是偶尔去查尔斯顿才有机会参加礼拜仪式。

母亲不仅上犹太教堂，还经常与不信仰犹太教的朋友一道去基督教堂。她喜欢听托马斯·迪克森（Thomas Dixon）牧师阁下布道，他是个脾气暴躁的南方人，写了一本叫《宗族男人》（*The Clansman*）的书。母亲也经常去布鲁克林听亨利·沃德·比切尔（Henry Ward Beecher）布道。

有一首粗俗下流的歌曲，唱的是比切尔牧师阁下卷入了一件丑闻的事，街上野游的一帮帮孩子过去常唱这首歌。记得有一天，我的一个兄弟走进家里时就反复唱着：

> 亨利·沃德·比切尔，主日学校的老师儿……

看到父亲脸上的表情，我的兄弟立即闭了嘴。

我记得，有次听见母亲被人问道，作为一个犹太女人，她怎么可以去把崇拜基督当作一部分信经的教堂。母亲回答说："如果说他没有神性，那么他所有的行动、他的生命、他的死亡都是有神性的。"

* * *

冬季的一天，哈迪、两个名叫德拉克尔的男孩和我一起在高纳德铁匠铺附近玩耍，突然，来自另一帮派的几个男孩子挑衅我们打起了雪仗。打着打着，不一会儿，我们的对手就扔起石头；因他们人多势众，我们便退到自己寄宿房子的门廊上。追打我们的那些家伙没上台阶，但站在屋檐边的滴水沟上骂我们。

那是我第一次听到"sheenie"这个词。因为我们说的是南方口音，有些男孩子此前学舌我们说话，总会引来一场打斗，但"sheenie"是讽刺挖苦人的新词。直到那两个叫德拉克尔的伙伴解释说那是辱骂犹太人的，哈迪和我才知道这个词的意思。

我现在还能清晰地记得故意惹恼我们的那群人的头儿——一个还算结实的男孩，蓝蓝的眼睛，偏暗的睫毛，一副娃娃脸。哈迪冲下台阶追打他，却被他们围在一起打了。我过去救援，也被打倒。哈迪大声喊着，叫我跑到楼上拿他的马车辐条，那东西就放在厅里。我取了过来，哈迪用辐条狠揍那个为首的。很快，他就打得那帮人跑到远处站着。

哈迪骂他们胆小鬼，提出要同时和他们当中的任何两人对打。一个大个子男孩站出来，说要跟哈迪单挑。我兄弟给他好一顿痛揍，以至于声名大振，哈迪的威名成了我们附近地区的一个代名词。那帮家伙谁也不敢再骂我们是"sheenie"了。

这场架让我知道人们对犹太人的偏见，而我此前是从未体验过的，但在此后的人生中，我会遭遇许多这类偏见。

在南卡罗来纳州，我们从来没有因是犹太人受到过歧视。卡姆登镇居住着五六个家族的犹太人，我们是其中之一。德·里昂（De Leon）和列维（Levy）两个家族在独立战争前就定居在镇里；鲍姆家族和维特考斯基家族是后来的。他们都是受人尊敬的镇民。德·里昂家族尤其不一般，他们是人口众多、享有盛名的大家族，为南方邦联贡献了一个公共卫生部部长和一名派往法国的外交官。老德·里昂我从未见过，因为南方邦联的一些军官拒绝接受投降条件，逃到了墨西哥，他也是其中一位。几年后，他应格兰特总统的邀请回来了，后来的日子是在西部开医疗诊所度过的。

卡姆登镇没有一座犹太教堂，母亲总是在家中给我们念祷词。每逢星期六，我们会穿上最好的衣服和鞋子，并且不允许跑到家里院子外面去。不让出去挺让人难熬，因为星期六在卡姆登镇是个"大日子"，方圆几英里的人都从乡下农场来到镇上。

每个星期天，出于对我们邻居的尊敬，母亲会逼我们穿上正式的衣服，还叫我们"规矩点儿"。

如果说宗教之间有什么差异的话，那么这些差异也只是酿出了互相尊重的态度。1913年左右，在我们离开卡姆登镇30多年后，我回去了，这时才充分认识到当地人对我父亲怀有多大的敬意。当时的情景仍然历历在目。一个黑人司机到火车站接了我，当我们的车经过我们家以前住的房子时，他说："有个医生过去住在那里。北方佬花了好多钱让他到北方去。他走后，这附近的很多人纷纷病倒，像苍蝇一样死掉了。"

母亲在严格遵循犹太教规的家庭里长大；在犹太人的节日里，对于奉行宗教习俗，母亲比父亲看得重。在南卡罗来纳州，父亲曾领导过希伯来施善协会，我现在还有一份他准备搬到纽约时写的辞职信。在这封信中，他极力主张继续施行犹太教和《圣经》上关于"高尚道德"的教诲。但是，尽管父亲是个道德高尚的人，我也记得他告诉过我："我不相信，会有一个复仇的上帝，提着把剑站在倒下的人们身旁。"

一天，父亲把我兄弟和我叫进他的书房。关上房门后，他让我们答应，在他弥留之际，我们不能让母亲请一位拉比来做犹太教临终祷告。"在这最后的日子里，欺骗上帝没什么用了。"父亲解释说。

父亲 81 岁时中风，知道自己将不久于人世。母亲也病了（她晚去世 6 个月），不能从床上爬起来。她躺在二楼的一间房里，父亲躺在三楼的一间房里。

母亲喊我们进去，叫我们去请西 82 大街犹太教堂的弗雷德里克·门迪斯拉比，让他给父亲做临终祷告。奇怪得很，就在几天前，父亲还提醒过我们注意以前许下的诺言，他还说："我最不能为你们男孩子做到的事情，就是让你们看看怎样死去。"

我们只好对母亲说："不行啊，母亲，你知道我们答应过父亲的。"母亲侧身转过脸去，轻声地独自啜泣。

父亲一直担心自己临死时可能会变得歇斯底里，或者精神错乱说胡话，但几乎到最后他都控制了自己，保持了神志清醒。我做医生的弟弟赫尔曼，坐在父亲床沿上说："我是哈迪，我是哈迪。"想试探父亲是否还清醒。父亲已失去说话的力气，但眼睛转向哈迪，这表明他仍能认出我们。父亲以前就要求去世后给他火化。母亲去世后，我们照她的愿望，把父亲的骨灰放进她的灵柩里，放在她的脚边。

在遵守教规方面，我早年与母亲很相像，比我的兄弟们像。在门迪斯博士的指导下，我学习了希伯来语，阅读水平还行，可以看懂祷词。我去犹太教堂做礼拜，还上主日学校。直到大学毕业后，每个犹太教圣日我都会过的，在赎罪日我会极仔细认真地按照教规禁食。

读大学时，尽管我深受班上同学的喜欢，被推选担任了好几个班级职务，但从未被接纳加入那个所谓的"秘密社团"——现在知名的叫法是兄弟会。后来在华尔街，甚至在我从事公共事务期间还有一段时间，我都得忍受类似的歧视。

在获得了一些声誉之后，我实际上成了专业反犹太主义者偏爱攻击的一个目标。亨利·福特收购的《德宝独立报》（*Dearborn Independent*），有一回用相当大的篇幅专门写我，说我是一起被称作"国际犹太人阴谋"的一个领导者。这些攻击后来得到三 K 党、查尔斯·考福林（Charles E. Coughlin）神父、杰拉德·史密斯（Gerald L. K. Smith）和杜德雷·佩里（Dudley Pelley）的附和，更不要说约瑟夫·戈培尔（Joseph Goebbels）和阿道夫·希特勒怎样对我了。

这些攻击对我的伤害，绝没有我的孩子遭遇歧视对我的伤害大。我的两个女儿是在她们的母亲信仰新教圣公会的环境中长大的。然而，她们被拒绝入学她们的母亲曾上过的同一所舞蹈学校。即使在新教教堂的牧师干预时，她们还是被好几个私立女子学校拒之门外。

要给我的孩子解释她们为何遭遇这些无理的歧视，不是一件容易的事。我不让这些事情令她们感到愤恨和挫折，反而告诉她们应把这些歧视当作鞭策，使自己付出努力，获得更多成就——这就是我如何解决偏见这一问题的。

最重要的是，我叫孩子们不要让某些美国人的狭隘心胸遮住了自己的眼睛，看不到国家的伟大之处。在这方面，起草《独立宣言》的那些人很有智慧。当他们要界定自己设想的不可剥夺的权利时，他们慎重其词，写下了——"生命、自由和对幸福的追求"。

不是"幸福"，而是"对幸福的追求"。他们没有做出乌托邦式的承诺，他们只承诺给予人们改善自己生活的机会。

要是能通过铲除偏见和偏执的立法，那该有多好啊！但人类的秉性是不会轻易改变的。在对种族和宗教的理解上要取得进步，关键在于承认个体努力奋斗的目的是获得自己的幸福和成就。

　　美国给予我们的宝贵遗产（这遗产就是美国）正是给予一个人通过努力获得自我提升的机会。没有哪种形式的政府可以给予我们更多。只要这种遗产仍然在我们手中，随着我们每个人越来越多地因自己的价值被认可，我们将继续朝着更好地理解宗教和种族这一方向取得进步。

第 5 章

大 学 时 代

我到纽约市立学院（College of the City of New York）读大学时只有 14 岁。我该补充一句，这并不说明在我本人方面有任何特殊的早熟。这只是因为那个时代没有公立高中，如果你符合大学的入学要求，就可以从文法学校毕业后直接去读大学。

我一心想上耶鲁大学。为了支付学费把大学读下来，我计划靠打工做侍应生贴补一些大学费用，但母亲觉得我年纪太小离不开家。

纽约市立学院当时简称为 CCNY，现在也是这样叫的，它坐落于 23 大街与列克星敦大道交界的地方。那栋旧学院大楼已经拆除很久了，但学校里的工商和公共管理学院还在原址上。我们家当时住在东 60 大街 49 号，在通常情况下，我上学往返要走 40 多个街区。

我一周有 25 美分零用钱，步行上学每天可添加 10 美分零用钱。我读到毕业班的时候，父亲将零花钱提到了 50 美分。但有一天早晨我步行去学院绝不是为了省下 10 美分的钱——而是因为这一天遭遇了 1888 年那场著名的暴风雪。街上有轨电车都不跑了，我也只能走着去学校。我在第三大道东 1 号下面艰难地踩过大堆大堆的积雪，从这里走过去很能躲避一些暴风雪。那天到校的学生和老师都不多。

我总是从家里带上午饭；在大学最初的两三年里，我会穿父亲不穿了的衣服。这个时候，我的个子噌噌地往上长，好像我吞食了杰克的魔豆一样。不久，我的腿就长得很长，穿不了父亲的裤子了，但母亲还是把他的外套改了给我穿。

CCNY 当时与现在一样，是一所男孩子想接受教育便能免费获得良好教育的大学。我们不交学费，还能发到书籍和笔记本，甚至还有铅笔。作为对免费接受教育的回报，我们必须努力学习。入学要求很高，平时的学业标准也很严格，学校每学期举行两次考试，跟不上的人就要被退学。

我上的班约有 300 人，尽管辍学的人有很多是因为经济缘故，而不是因为课业不过关，最后只有 50 人毕了业。

很多男孩子课后都去打工。加诺·邓恩（Gano Dunn）后来做了电气工程师，获得的荣誉多得可以填满一页纸。他一边在公园大道宾馆做晚间电报员，一边读完大学，还供养了寡居的母亲。我替父亲保管书籍，并为他负责收账的事务。

起先，我注册学习的是科学教育课程，这门课程强调学习理科的各个学科和现代语言。然而，不久我便转学古典教育课程，这门课程则注重对古典语言的学习；我不得不雇请一位家庭教师帮我迎头赶上。

大学里的全部科目在五年里学完——第一学年或者说预科班学的是高中内容，作为过渡好学习更高领域里的知识。学院里没有"快餐"课程，实际上也没有选修制度。

在公立学校，我是以班级第二名的成绩毕业的，但在大学里，我基本上把自己的机会都浪费了。我学得最糟糕的科目是绘画和科学。关于化学课，我唯一的记忆是把一些硫酸调制成一种臭不可闻的东西，还把那东西倒进另一个学生的口袋。那些叫"某某学"的科目（生物学、动物学和地理学等）是由威廉·斯特拉福德教授上的，他身高六英尺四英寸[⊖]，五官英俊标致，蓄着

⊖　1 英寸＝0.025 4 米。

一溜金色小胡子。我觉得他偏心眼儿，只对有些学生好，而我不在其中。我对斯特拉福德极为不满，以至于他一向我提问，我本来可能还知道的那点儿知识就忘得一干二净了。

给我印象最深的教授是政治经济系的乔治·纽科姆。他戴着金边眼镜，看上去像个老派英国人。他说话音量不大却很尖利，为了让声音好听些，便把糖含在嘴里吮，他常说："想下棋的先生可以坐在后面的座位上，希望听我讲课的先生可以在前面就座。"

我虽然也会下棋，但总是坐在前面，很少错过这位教授讲的内容。

我后来取得的成功，在很大程度上可以归因于我从他这儿学到的东西。纽科姆教授要是还活着，绝不会赞成当今流行的一些经济理论。他坚持向我们灌输供求法则，教我们信赖这一法则。正是在他的课堂上，我第一次听到这样的话：

"当价格上升时，会出现两个过程——产量增加、消费下降。结果，价格会逐渐回落。如果价格降得太低，又有两个过程产生——人们不愿意继续亏本生产，从而导致产量减少；另一过程便是消费增加。二者的合力往往会建立起正常的供求平衡。"

10年之后，因为记住了这些话，所以我变得富有了。

纽科姆教授不仅教政治经济学，还教哲学、逻辑学、伦理学和心理学——都在一门课程中讲授。今天，这些科目恐怕要支离开来，由好几位教授承担了。我相信，这些科目全由同一个人讲授会让学生获得相当多的好处。太多太多的教育者似乎已忘记，除非把这些科目当作整体的一部分放在一起思考，否则教不出好的经济学、好的政治学、好的伦理学和好的逻辑学。

一般说来，经济学在大学里都教得糟糕。随着过度专门训练的出现，还产生了一个趋势：误把获得信息当作接受教育，由此造就了"考试专家"，而这些"考试专家"因填鸭式教学脑子里只是塞满了有用的细节，对于如何思考，并未受到训练。

我还认为，希腊语和拉丁语不再作为所有学生必学科目的做法是一个错误。在纽约市立学院，我阅读了大部分希腊语和拉丁语经典著作的原文，可以用拉丁语进行交谈。学了这两门语言之后，我感到能理解和欣赏我们文明背后的文化背景；如果不学习这两门语言，我便无法得到这样的感受。

波罗伊·米切尔（Purroy Mitchell）市长在位期间，我是纽约市立学院的一名理事，学院启动了一次变革，要变成一个工业学校。一天，所有理事被召集到市政厅与市长座谈。当时，我脑子里想的全是留在华尔街的一次股票操作，我凝望着窗外，突然听到有人说："第一步就是要废除拉丁语和希腊语的教学。"

我坐在椅子上猛然旋过身来，问道："怎么回事？"

有人给我解释了。

我接着开始发言。有一个人试图叫我不要说话，我就是不肯停下来。我争辩说，一种教育的价值，不在于你往自己脑子里储存的事实资料，而在于你获得的思想训练，在于你因认识过去的伟大思想而获得的关于生命的一般哲学。教育应该为学生拓展能引起脑力思索兴趣的视野。倘若剥夺纽约市立学院学生对希腊语和拉丁语的学习权利，那将令他们的头脑和心灵一贫如洗。

我猜想，参加会议的人谁也不会料到一个整天忙于赚钱的人竟然如此声言表示反对。不管怎样，我的发言阻止了将纽约市立学院变成工业学院的计划。在对待所有使课程"自由化"的提案方面，我到头来也都成了所有理事中"最反动"的人。我甚至还反对引入选修制度，坚持主张不受欢迎的课程对年轻人反而有好处，因为那些课程具有磨炼思想的价值。在生活中，我们并非总是在做我们自己希望做的事情，但选修制度就像火车的机车碾过我的心头。

如果现在还是学院理事，我会据理力争，要砍掉"快餐"课程，让"那两门死语言"恢复其往日的重要地位。

另外一个"老派"的小教育实践，就是让学生当着全体同学的面发表正式演说。这种做法在我的学生时代非常盛行，现在也可以复兴，让学生获得相当多的益处。

每天早晨，我们排成纵队，全校师生大集合。亚历山大·斯蒂沃特·韦伯（Alexander Stewart Webb）将军是学院院长，他总会先给我们诵读《圣经》上的文章，以此开启师生大会。然后，就有一名大二学生爬上讲台，发表一次"严肃讲话"——就是背诵诗歌或散文；紧跟着一名大三学生和一名毕业班学生会发表他们为此场合撰写的"正式演讲"。

我大二第一次发表"严肃讲话"时惊恐万状，恐慌的心情几乎与遭遇"啊-嘟哆儿-哒"突发事件时完全一样。大三时，为了发表正式演讲，我特意穿了一条不同颜色条纹相间的裤子和一件带马甲的黑色外套。我爬上讲台，首先向韦伯院长鞠一躬，再向全体老师鞠一躬，在这个过程中，我的双膝一直战栗不止，心里像是在撞鹿。有些学生做鬼脸、打滑稽的手势，就是想逗你发笑，要保持镇静谈何容易。

对于我的那回首次正式演讲，我能想起来的只是开场白的一句话："世上没有十全十美的快乐。"我不记得这是在什么地方拾来的一句引用语，还是自己独创的一句话，但我知道它是一句真理。

* * *

从上面所说的内容中，你不应得出结论，认为我们在学校内外没有获得过多少快乐。

正是在大学期间，我第一次成了歌舞杂耍表演的热烈崇拜者。花上 25 美分，你就可以在戏院的顶楼包厢里观看表演。我们常在售票处门前排队买票，站队时会推推搡搡，买到票后便飞奔上楼，希望在前排抢到座位。

西 23 大街上的尼布罗园（Niblo's Garden）和一家戏院是我记得特别清楚的地方。随着新的戏院在远些的闹市区建起来、家庭经济状况好起来，我们也去那些新戏院看戏。母亲和父亲总是尽量让我们接触那个时代第一流的莎士比亚剧演员演的戏。但说起来让人伤心，我现在对那些演过的莎士比亚戏剧记得的情节还没有《黑钩子》（The Black Crook）多。

《黑钩子》是我看到的其中妇女穿着紧身衣的第一部戏。你要是看过那部戏，应该会感觉很不一般。

对于国内政治，我们当中如果说有的话，也很少有人提得起多大兴趣，尽管我隐隐约约记得，有人付给我 50 美分让我举着火把参加一次支持格罗弗·克利夫兰（Grover Cleveland）的游行。当然，我们对学校内的政治还是非常热衷的。大学毕业那一年的上学期，我被选上了班长，下学期又被选上了班里的书记。迪克·莱登（Dick Lydon）是跟我关系最密切的哥们儿，后来做了纽约州最高法院的一名法官。我和他轮换担任这两个班级职务。另外，我还是所在毕业班的班日活动委员会主席。

那些由两三个希腊字母命名的大学生联谊会或称为兄弟会的社团在大学里发挥着很大的作用。尽管许多犹太学生在大学里表现突出，但兄弟会严格地把他们排斥在外。每年我都得到加入兄弟会的提名，接着便是他们就我的提名进行长时间的争吵论辩，我一直没被选中。尤其对于那些认为南方人没有北方人宽容大度的人来说，或许值得指出，我弟弟赫尔曼在弗吉尼亚大学读书期间，一想加入兄弟会，马上就被接纳了。

在我的大学时代，仅次于"秘密社团"的"非常时髦"的社团就是文学和辩论类协会。我属于两个协会，一个叫 Eiponia，这个协会只限于毕业班的学生参加，另一个叫 Phrenocosmia。

Eiponia 协会的成员总是轮流在各自家中集会。每次集会时，首先听会员谈一谈霍桑（Hawthorne）、爱默生（Emerson）或梭罗（Thoreau）等人的作品，然后由此次特别指定担任批评责任的会员对发言者的论述进行体无完肤的批驳。协会记录上显示，我就威廉·迪恩·豪威尔斯（William Dean Howells）发表过一篇论文，并就另外一个 Eiponia 会员关于奥利弗·温德尔·霍姆斯（Oliver Wendell Holmes）的观点展开了批评。

Phrenocosmia 是一个辩论协会，对一些"肤浅"的主题更是持鄙视的态度。我毕业那年，协会辩论的"问题"就有如下这样的：

- 辩题：为达目的，可以不择手段。
- 辩题：培根写作了莎士比亚戏剧。
- 辩题：托拉斯对合众国的至高利益极为不利。

我现在想不起来曾参与过哪一场辩论。尽管因作为辩论协会的会员为人所知而感到得意，但一想到要在公开场合说话，我还是惊恐不已，所以一旦遇到实际辩论的机会，我也就退避三舍了。

虽然此时我已不再那么腼腆，但在聚会时是参加大型集会时，我仍然感到很不自在。有一次，我们一家人去参加一个远房表亲的婚礼。我坐立不安，只待了一会儿，便偷偷溜出客厅，跑到地下室躲了起来，一直待到婚礼结束。

我永远也不会忘记，我第一次参加多人派对时心里感受到的那种恐慌。那是庆祝迪克·莱登三个可爱姊妹当中的玛丽首次公开参加社交的聚会。迪克经常到我家里来，我也常去他家里，所以我对他的几个姊妹都很熟悉；但想到要参加一次正式聚会，我就紧张得直冒冷汗。迪克知道我害羞，便告知我母亲邀请我参加，还跟她说一定让我过来。果然，母亲告诉我是她自己要我去，要不然我都能宰了迪克。

我提醒母亲，我没有晚礼服可穿。她回答说，父亲的晚礼服套装就挺合适的。这时候，我在读大学最后一年或是倒数第二年，尽管父亲有六英尺高，但此时的我还要高。

那次聚会的傍晚，母亲摊开父亲穿的套装、一件衬衫和一条领带。我费力地把它们穿上了身。裤子太短，是我们男孩子所说的那种"高脚裤"。母亲拿来几枚安全别针，用布料把吊带拼接起来，让裤子至少长一点儿，结果裤子垂下来盖住了我的鞋面。马甲也太短了，母亲把它别在我的衬衫上，这样一来，太短的缺陷便不太引人注意。

我的双手细长、骨瘦如柴，长长地垂在外套的袖子外面。对此，母亲怎么也想不出办法来弥补。我双臂一动，外套的背部还会向上拱起，这也没办法补救。我看镜子时，发现大颗大颗的汗珠在自己的额头上闪闪发亮，我的脸像纸一样惨白。

为了确认所有别针都别牢了，母亲最后又检查一番，随后便拉住我的手，把我领到前厅，拉下我的头，亲了亲我。

"你是世上最俊的小伙子。"她说。

这让我的心情稍好了点儿。

"要记着，"她又说，"你的血管中流淌着王族的血液。"（母亲总是说她是大卫王（King David）的后裔，而且她要是说点儿什么，那一定是说这个。）"谁也不比你更优秀，但在证明自己之前你也不比任何人更好。"

我匆匆套上大衣。母亲拍拍我的后背，让我确信每个人见到我都会愉快的。我关上门，脚步轻快地上路。可我还没走多远，勇气就开始慢慢地溜走了。当我到了莱登家的房子时，夕阳的余晖像华盖一样笼罩在他家的前门上，我感到怕得要命。有好几次，我从他家屋前走过，最后才鼓足勇气走进去。

我被让进门时，注意到让我进去的那个仆人穿的服装。他穿的衣服比我的不知合适多少倍！

"先生，请上二楼后面。"他给我引了路。

我找到那个房间，脱下大衣。就我一个人。看来其他所有客人都在楼下，我听到从那儿传来音乐声和欢笑声。我匆匆瞥了一眼镜中自己惨白的脸色和极不合体的衣服，再也迈不动步子下楼了。

我不知道在梳妆室待了多久，突然听见一个女孩的声音：

"伯尼·巴鲁克！你在那儿干吗？"

她是贝茜·莱登（Bessie Lydon），迪克的二妹。

她一把抓住我的手，拽着我噔噔地走下楼梯。我感到自己一路上把安全别针全都弄脱落了。我还在那儿恍恍惚惚的，这时贝茜把我介绍给一个美丽的姑娘，她仿佛驾着天蓝色的云朵在空中飘然而行。反正，那就是她给我思绪纷乱的心里留下的印象。

接下来，我知道的事情便是自己在跳舞了。又有一些别针掉到地板上，发出叮叮当当的声响，但似乎没人注意这些。尽管那时候我跳起舞来笨拙别扭，但我还是很好地挨过了礼服带给我的不愉快。此后，我便玩得很开心。

晚餐时，我狼吞虎咽吃了多少啊！几天来，我苦思冥想着这次讨厌得要死的煎熬，一直都吃不下什么东西，我真的饿坏了。

也许我夸大其词，说那天晚上我的外表多么荒诞不经，但毫无疑问，大家一定能看出来我穿的衣服就是不合适。不过，那些可爱迷人的人让我忘了这一点，他们让我第一次在大型社交聚会上玩了个痛快。

此后，每当我看到一个人，不管是年轻的还是年老的，与我在一起因陌生感到尴尬时，我无不想到这件事。我总是尽力做点儿什么，好让感到尴尬的人心情放松下来。

* * *

除了个性腼腆之外，困扰我的主要难题是我脾气暴躁。常常会出现这样的情形：母亲看到我火气越来越大时，总会伸出一只手拍拍我的肩膀，阻止我发火。她经常劝告我："要是没有让人愉快的话可说，就不要作声。"

追根溯源，我脾气不好，很可能是因为我在孩提时老是遭人打败、遭人欺负。但不管怎么说，我对自己的体格越来越自信，自我控制的能力似乎也随之渐渐提高了。

读大学的时候，我在自己的卧室里留着一副双杠，每天都在杠子上练习。当时 42 大街有一个年轻男士希伯来协会（YMHA）的健身房，我花了大量时间到那里锻炼。

那个时代有一项很流行的运动，就是为期 7 天的"随心所欲越野赛"（Go As You Please Races），参赛的人可以自由选择运动方式，或奔跑，或慢跑，或行走。我往往尝试着效仿那些获胜者，环绕中央公园行走、奔跑和慢跑。

到毕业那年，我对运动已经相当擅长。我的身高长齐了，达到 6 英尺 3 英寸，体重大约有 170 磅⊖。很奇怪，我大部分体重集中在上半身。双腿细得像烟斗柄，与挺宽的胸部形成鲜明对比，我穿着棒球服或是跑步短裤出现时，这种反差总会引来他人开心地又笑又叫。

我是学院长曲棍球（lacrosse）队的队员，也是拔河队的队员，在这两个队里，我在精神上弥补了体重不足的缺憾。有一段时间，我还自命不凡，以为自己在竞走和短跑方面都很不错，但当我发现自己跑 100 码⊜最短的时间是 13 秒时，便不再自以为是了。

我还是会突然间大发雷霆。有一天在学院里，我正走上一段楼梯，忽然前面有个学生咒骂我，还连带骂了我母亲。我一个摆拳将他击倒。我们俩都被传唤去见韦伯院长，他曾在葛底斯堡指挥过北方联盟军队的一个旅，在我们眼里似乎是一个严守军纪的典范。

⊖　1 磅＝0.453 59 千克。——编者注
⊜　1 码＝0.914 4 米。——编者注

被我打的那个学生脸上流着血。韦伯将军严厉地盯着我，突然大声谴责我："你是个绅士，还是绅士的儿子，竟然会打架斗殴！"

"先生，我是打了，"我回答说，"我想打死他！他骂我母亲，骂得很恶毒。"

韦伯将军命令我走进他里面的办公室。很快他就进来说："你这种年轻人就该上西点，但我还是得暂令你停学。"

听从韦伯将军的建议，我决定争取到那所军事学院去。父亲给我仔细检查身体。当他拿着一只钟靠近我的左耳边时，我听不到滴答滴答的声音，我感到非常吃惊。原来，我的那只耳朵差不多全聋了。

后来，我记起一场棒球赛。我相信就是跟曼哈顿学院打的那场比赛，比赛是在一块空地上进行的，那个地方现在叫莫宁赛德高地。比赛进行到第九局，垒上有两三个人，我代表跑垒制胜的一方。几个男孩子大喊大叫起来："本垒打，矮子！本垒打！"

我不偏不倚第一球就击中了。我现在好像还能感觉到击球时的撞击力。跑垒员安全跑回本垒。在棒球被接球手接中的同时，我也跑到了本垒板上。我撞到接球手身上，把他手中的球撞丢了。裁判大叫："安全上垒！"

一场架打起来，有一个人用球棒猛击了一下我的左耳。尽管我当时不知道，实际上那一击打损了我的耳膜，当然，也断送了我上西点军校的前程。

第一次和第二次世界大战期间，我在华盛顿与一些军官一起工作，解决战时动员问题，我总会跟他们聊起这件事的经过，说到要是没有那场棒球赛，我可能已是将军了。

到我从纽约市立学院毕业时，由于积极参与班级政治，也由于是个相当擅长运动的人，我开始自我感觉良好，觉得自己在城里已算得上一个像模像样的男人了。

离开大学之后，我继续执行强身健体的计划，定时到约翰·伍兹（John

Woods）经营的健身馆锻炼，成了那里的老主顾。伍兹的健身馆位于第五大道
和麦迪逊大道之间的 28 大街，下面有一个替人养马、出租马匹的马房，这健
身馆相当于运动员俱乐部，很受欢迎。健身馆的常客中有一些当时知名的男
演员，有律师、经纪人、牧师、职业拳击手以及各种各样的专业运动员。

在伍兹健身馆，我打了很多手球，但我的精力大半花在拳击上。在这里
定期健身的职业人士，包括鲍勃·菲茨西蒙斯（Bob Fitzsimmons）、乔·卓
恩斯基（Joe Choynski）、比利·史密斯（Billy Smith）、塞勒·沙凯（Sailor
Sharkey）、汤姆·莱恩（Tom Ryan）等。我常常观看他们训练，一看就是好长
时间，试图得到一些指点。要是心情好，这些职业人士也可能纡尊降贵，给
我们指出不足之处，给我们演示怎样克服笨拙的毛病。

菲茨西蒙斯告诉我，我的主要问题在于出拳不够凶狠。"当你击打一个人
的下巴时，"他建议说，"就要尽力把他的整个下巴打掉。当你击打他的腹部
时，就要让拳击手套刺穿他的身体。"菲茨西蒙斯还经常提醒我："在打的过
程中，不要气恼。"

在伍兹健身馆发生的一场拳击赛，至今仍是我感到最惊险刺激的记忆之
一。那是我跟一个红头发警察进行的一次较量，他治安巡逻的路线在第五大
道。他大概跟我一样高，但比我重了好多磅。他也是个不错的拳击手。

开打后不久，他很快便在拳击台上到处追打我。我的鼻子和嘴巴流着血，
我坚持着，用尽每一个学过的招式和技法跟他耗着，但似乎都不起作用。

我开始感到头昏眼花、天旋地转。可能我的对手也变得稍微有点儿松懈
大意了，反正有那么一瞬间他没护着身体，我使尽全力用左拳击中他的腹部，
紧跟着就用右拳猛击他的下巴。

那个高大壮硕的警察倒向拳击台地板，蜷作一团；看到这一幕，我一生
中再也没有比这更感到惊讶的了。那个时候，拳击手击倒对手后，裁判不会
命令拳击手站到自己的那个角落里去。由于大力出拳，双肩已毫无力气，我

站在被我击倒的人身旁，等他站起来。但他纹丝不动，直到一桶水全泼到他的脸上，才轻轻地动了动。我感到有人突然拍了一下我的背部，便转过身来，面前站着满脸雀斑、咧着嘴笑的鲍勃·菲茨西蒙斯。

"可惜，职业拳击台失去了你这样的好汉。"他大笑着说，"你本来快被击败了，但坚持了下来。那是你的一贯作风。你现在知道自己的感觉，或许感觉很不好。但你不知道另一个家伙是什么感觉。或许他现在比你更糟糕。"

"在一个人被打得不能动弹之前，战斗远未结束，"他强调说，"只要你不是那个人，你就有机会。**要成为冠军，你得学会索取，否则你就不会给予。**"

我始终努力地将这一行动准则带到与拳击台迥然不同的领域。虽然这并未让我总是发挥得很好而处于领先地位，但的确使我赢得了很多很多不遵循这一准则就会失败的斗争。在任何一项努力中，要达到顶峰，你必须含辛茹苦——这些苦涩或是其他男孩的嘲笑奚落，或是其他男人的冷言冷语、威胁恐吓、没日没夜的对抗，或是自身希望破灭带来的极度痛苦，等等。

直到今天，我依然是一个狂热的职业拳击迷。较年轻的时候，我收集了一些杰出拳击手的照片；结婚之后，我还在自家房子的地下室里设置了一个拳击台，经常在房间里对着沙袋练习。

我总是会做一些体能训练，毫无疑问，这有助于我长期保持身体健康。但我从拳击训练中获取的主要益处，却是能够控制自己的坏脾气，以及因体格不断增强而获得与日俱增的自信。有人告诉我——我也表示同意：如果不能达成和解和谅解，当你知道予以痛击便能达到目的时，与人和解和理解他人便会更加容易。

大约 22 岁时，我摆了一个姿势照了一张相。照片上显示，我蓄着一撮小胡子，满头几乎全是卷曲的黑发，肌肉发达的双臂抱在裸露的胸前。那张照片仍然摆在我家客厅的台子上，看着那张照片，我便会想起最初来到纽约的那个矮胖小男孩发生了多么大的变化。

| 第 6 章 |

寻找工作

像很多家庭一样，父母早年对孩子抱有的梦想均未得到充分实现。父母本想让四个儿子都获得大学教育，但后来的事实表明，我们四个男孩子中只有两个人对接受大学教育有足够的兴趣——赫尔曼和我。

塞林在我们家年龄最小，他十二三岁的时候被送到一所军事学院读书。但跟一个同学打架后，他不得不离开学校。他尝试过多份工作，也试着做过多种生意——从做一个店员到经营一家服装厂，他都干过，但最终他还是跟随我进了华尔街。

赫尔曼本来想成为一名律师，却做了医生。他曾获得 PBK [⊖]联谊会的荣誉钥匙，并在哥伦比亚大学内外科医学院，以接近班级最高成绩的水平学成毕业。他开诊所干了几年，然后进入华尔街，最后先被派往葡萄牙做大使，接着又成了驻荷兰的大使。1953 年，也就是 81 岁那年，他去世了。

母亲原想让哈迪成为一名犹太教拉比。哈迪以曾外祖父哈特维格·科恩的名字命名，曾外祖父就是一名拉比。小时候，哈迪曾经病得非常厉害，母亲祈祷时立下誓言，要是哈迪病体康复，就让他成为一名拉比，但哈迪到头

⊖　PBK 即 Phi Beta Kappa，是美国大学优秀生和毕业生组织。——译者注

来走上了舞台。

哈迪身高六英尺，英俊潇洒，看起来就像个舞台偶像。他拥有人猿泰山般的体格和力量。他能做前空翻和后空翻，在单杠和双杠上耍起来像个专业运动员。他还会举重：有一回，我看到他一把拎起一个男人，将这男人扔向靠近 42 大街的百老汇大道上一家咖啡馆的旋转门，这人的身体穿门而过。

哪怕在 79 岁的高龄，哈迪仍很强壮，还承受得了截去一条腿。他在五年后去世，只比弟弟赫尔曼早走两周。

我记得哈迪首次正式登台表演的情形。实际上，是我促成他登上了舞台。关于这次经历，没什么好吹嘘的，我也很少谈到。然而，在第一次世界大战期间，威尔逊总统竟然说起这件事，我感到颇为惊讶。很显然，他认为这件事非常滑稽有趣。

约翰·高尔登（John Golden）是戏剧制作人，也是哈迪的密友，他告诉威尔逊总统说，"如果不把这部戏说成伯尼·巴鲁克作为一名戏剧制作人的辉煌介入"，他乐于将它描述为"伯尼·巴鲁克的戏剧性退出"。

当时，我大学毕业大概有一年，在哈迪看来，我仍然是对他又敬又畏的弟弟。他这时正在迪翁·布希高勒（Dion Boucicault）开办的戏剧学校学习，在学校里结识了一位年龄比他大的女人，这个女人给他留下了很深的印象，他认为这个女人是个很了不起的演员。她向哈迪描绘了等待他们两人去实现的美好演艺前程，弄得哈迪满腔激情，如同一团火在燃烧。万事俱备，只欠东风，他们需要的只是有人赞助一次演出，给他们机会向期待着他们横空而出的世人展现他们的才华。

哈迪和他的女演员朋友，过来找我商谈他们的演出计划。这位女士本人确是戏剧魅力的化身；哎，我当时也正处于因年轻而易受影响的时期。况且，她还是马克·吐温的小说 *Colonel Mulberry Sellers* 的正宗拥趸。她一口气给我勾勒了赞助艺术家的人会如何发财致富的前景：一个戏院能容纳好几千个座位，那么多座位都卖座了，会赚到好多好多美元，而一场演出的花费也就那么多，剩下的钱全都装进了制作人的腰包。就这么简单。

我当时的薪水是每周五美元，但我还是千方百计筹集了一些钱。我们计划在新泽西州森特维尔的那家剧院首演《东林恩》（*East Lynne*）一剧。演员班底召集起来，但是没进行排演。显而易见，排演根本就没人理会，对于这样一个由技艺精湛的艺术家组成的演出团来说，排演是多此一举的细枝末节。

首演那天傍晚，我尽早放下工作，赶到渡口码头和全体演员会合。我们坐渡船到新泽西之后，我把火车票分发给所有演员。当我走到男主角面前时，他索要 10 美元。既然这个要求以最后通牒的性质提出，他便得到了那 10 美元。

在那个春意融融的夜晚，舞台大幕徐徐升起，台下观众坐满了三排，看了叫人心里舒坦。我一直信心满满地以为我们演出团中的每个成员都是艺术家，至少选扮演城中大骗子那个角色的男主角没有错——他还提前拿到了报酬。我们甚至还准备了一个真人婴儿，戏演到第三幕，女主角会在舞台上抱着婴儿。并不是每个演出《东林恩》的剧团都会有一个真人婴儿。然而，结果是，那个真人婴儿并没给我们带来什么好处。戏只演了两幕。

或许那些演员像他们举手投足所表现的那样都是艺术家。果真如此，那他们也不是熟悉《东林恩》台词的艺术家。演第一幕的时候，观众一会儿愤怒，一会儿又被逗得挺开心。演第二幕时，观众便只有愤怒了。

观众人数虽少，却超过演出人员的数量，所以我叫售票处的伙计把钱退给那些赞助人。我像《哈克贝利·费恩历险记》里的"公爵"一样跑到后台，告诉剧团全体人员：幸亏我买了来回车票，只要走一点儿路，穿过一条昏暗的街道，就可以到小火车站。

我想，观众还没意识到不再有第三幕的时候，我们就已经到了火车站。一列火车刚刚进站。我们爬上车，甚至都没管这车要走哪个方向。真幸运，车是开往纽约的。

这次演出完全搞砸了，但哈迪并没灰心丧气。他继续在布希高勒的指导下学戏，也在波士顿会堂（Boston Lyceum）学习。正是在波士顿会堂，他认识了约翰·高尔登，这个人当时也是一个很有抱负的演员。他们俩成了极好的朋友，连母亲过去都常叫高尔登"我的小五子"。

在巡回路演中扮演好些小角色之后，哈迪以南森尼尔·哈特维格（Nathanial Hartwig）为艺名第一次在纽约登台表演。当时演的是《科西嘉兄弟》（*The Corsican Brothers*），罗伯特·曼特尔（Robert Mantell）领衔主演。后来，哈迪加入玛丽·韦恩莱特（Marie Wainwright）办的剧团，并在一批优秀保留剧目中成了她的台柱子，这些剧目包括《卡米尔》（*Camille*）、《丑闻学校》（*The School for Scandal*）以及莎士比亚的好几部剧作。

哈迪在《卡门》一剧中与奥尔伽·奈瑟索尔（Olga Nethersole）演对手戏，还帮助她让"奈瑟索尔之吻"出了名。当哈迪作为剧中的学堂·何塞（Don Jose）站在酒吧边，卡门在他面前翩翩起舞时，哈迪表演的精彩场面出现了。他旋风般地一把将奈瑟索尔小姐揽入怀中，抱她走上楼，一路上他的双唇与她如胶似漆地粘在一起，演出海报上将这一吻宣传为有史以来舞台上历时最长的热吻。在后来演出的《萨福》（*Sappho*）一剧中，奈瑟索尔小姐演绎了一次耗时更长的拥抱，致使警察突然冲击了那次演出，但此时哈迪已经放弃舞台转投华尔街了。

* * *

就我自己的情况来说，家里的计划是要求我继承父亲的事业做一名医生。不过，母亲很快便改变了想法。她是以有点儿非正统的方式做出决定的。

我们搬到纽约后不久，我叔叔赫尔曼的生意合伙人萨缪尔·维特考斯基，从南卡罗来纳州北上办理采购事务。在跟母亲谈论我们男孩子将来从事什么职业的过程中，维特考斯基先生建议母亲带我去见一位叫福乐医生的人，此人是一名颅相师，我想其办公室就在斯迪沃特商店的对面，这个商店后来叫约翰·瓦纳梅克商店。

我记得福乐医生是个男人，他戴着一副双片金眼镜，言谈举止令人印象深刻。他仔细查看了我的头，然后用手指抚过我双眉的上方，问道：

"您想让这个年轻人将来干什么？"

母亲回答说："我在考虑让他当医生。"

"他会成为一名好医生的，"福乐医生附和着说，"但我建议您带他到做大事的地方，比如说金融或政治等领域。"

母亲后来告诉我说，因为有了这次与颅相师的会面，她才打定主意认为我不该做医生。

1889 年，我从纽约市立学院毕业后，实际上立即就开始阅读医学书籍，心里想着在秋季进医学院读书。不过，我对这个决定并不感到踏实。家里常常提到关于我前途的话题，母亲总会回想起那个颅相师说过的话。父亲当然看得出，这是母亲在想办法力促我朝商业事业发展。他自己只是说："孩子，不要做医生，除非你喜爱这种工作。"

母亲一再劝我，我随了她的意，开始找工作。结果，这求职的过程证明是一个希望破灭的经历。像一般大学毕业生一样，我也不愿从最底层干起。我回应了一些"招聘启事"广告，但毫无结果，我期待着自己的那些求职广告得到回应也没有成功。之后，我便把找父亲看病的人列了一个单子，心想是否会突然"发掘"到什么人，可以向他求职。

我拜访的第一个人是著名的古根海姆家族的丹尼尔·古根海姆（Daniel Guggenheim）。19 岁的我很可能比丹尼尔先生高出了 1 英尺，但这只会让我感到很不自然。

丹尼尔先生微微笑了笑，笑得极为得体，这让我恢复了一些镇静。让我感到放松下来后，丹尼尔先生告诉我，古根海姆家族计划进入采矿业和冶炼业，并问我："你想不想去墨西哥，给我们做矿石采购员？"

但是母亲行事果断，坚决不让我去墨西哥。即便她不停地激励我们要胸怀大志，但还是想把我们男孩子留在国内。

她考虑我们能不能住在离她近的地方。一天，我们沿着第五大道往前走，她指给我看位于 57 大街角上的威廉·惠特尼（William C. Whitney）公馆，说道："将来哪天你也会住在那样的房子里。"

很多年过后，我告诉她已在 86 大街和第五大道交界处的角上置下房产，她想起了这次谈话。

我尝试着找了父亲的另一个病人，他是位于巴克莱大街 86 号的惠特尔—泰特姆公司（Whitall, Tatum & Company）的查尔斯·泰特姆，他们公司是为药剂师供应玻璃器皿的批发商。泰特姆先生是基督教费城贵格会教徒，1889年夏季或早秋，他雇用了我，开始让我做学徒。我从这份工作也是第一份工作中得到的工资是周薪 3 美元。

一天，泰特姆先生叫我到"摩根先生的事务所"去取一些证券。"摩根先生的事务所"是德雷克塞尔—摩根公司的银行业务商号。我走进那幢华尔街上的老楼——现在此处矗立着宏伟的摩根大厦，我没受到任何怠慢，也没办任何正式手续，就被带到摩根先生本人面前。

我现在想不起来，摩根先生是否对我说过话，但我可是好好地瞅了瞅他那有名的鼻子和黄褐色的眼睛。它们给我的感觉是，他有着巨大影响力。

到这个时候，我已对拳击产生兴趣并花时间练习了，我心里闪现的第一个念头，便是摩根先生在拳击台上会成为怎样了不起的一个人物。然后我想到，他跨在马上会和查理曼大帝多么相像，手执战斧，就像法兰克王国的这位伟大国王。

如果可以说正是这次与摩根先生令人难忘的相见激励我走进华尔街，那么这会产生多么强烈的文学效果。引我进入华尔街的事并非激励人心的故事选集所描绘的那种插曲，实际上，那件事是我光顾了一家赌场或者叫"赌博地狱"的地方，多数品行端正的人都这样称呼这类地方。

*　*　*

这时候，我的父母正在新泽西州的朗布兰奇度夏消暑。当时朗布兰奇是最负盛名的划船、钓鱼、游泳和赌博的度假胜地之一。

父亲在西端宾馆做驻馆医生。他有两个房间，一间是办公室，一间是卧室。我星期一至星期五待在城里，但星期六下午会跟哈迪一道去朗布兰奇过周末。我们就睡在父亲办公室的折叠床上。

我偶尔也会在新泽西小银盘的一家寄宿屋里住一夜，这个寄宿屋由一个人人皆知的名叫迪克·伯登大叔的人经营。在快乐湾赛帆船，是住在迪克大叔这里的人感到非常带劲的一项户外运动。我记得自己曾驾着他的小帆船艾玛 B. 号绕过普赖斯码头并穿过什鲁斯伯里河。我身着平常穿的帆船服——一条帆布裤子，不穿衬衫，不戴帽子，也不穿鞋。

我操控着舵柄和主帆索，尽可能擦堤而过，以此卖弄自己的身手，就在这时，我听到一位女士的说话声。抬头一看，只见码头上有个令人目眩的大美人站在著名运动员弗雷迪·杰布哈特（Freddie Gebhardt）身边。那个大美人正在逗他开心，说我的外表如何如何，说得头头是道；君子不自尚其美，我在此就按下不表了。

虽说做人应该谦逊，但在那一刻，我对她的评说还是不胜感激——现在仍然如此。顷刻间，我一走神就放松了对帆船的驾驭。一阵狂风突然袭来，打在帆上。其他驾船的人粗言恶语，朝我高声叫骂，我这才回过神来。我刚好来得及放开主帆索让险情缓和下来。那天我再也没什么好表现了；我回去时仍然心乱如麻，想着那位美丽女士赞美我的话语。后来，我得知她就是著名演员莉莉·兰特里（Lillie Langtry）。

我回到伯登大叔的寄宿屋，心想为了多留50美分做赌注，步行3英里到蒙茅斯赌马再走回来，算不上什么难事。那时正是"陷脊"特尼、汉诺威、矫正这些骏马名动天下的时候。当时，奥古斯特·贝尔蒙、弗雷迪·杰布哈特、劳瑞拉家族拥有极好的马厩，他们都是杰出的马主；卓威亚斯家族很可能是给这些人的马下注最大的人。我现在记得的赛马骑师有墨菲、麦克拉弗林和加里森，"最后出人意料地获胜"（the "Garrison" finish）这个说法就是因加里森而得名的。

朗布兰奇本地有很多赌场，所以待在这里就更有乐趣了。靠近西端宾馆的是费尔·达利开的场子。在他那个地方，我赌不起，因为那里一枚筹码最少也要1美元，但我会在里面闲荡，看别人玩。那场面可热闹了，有赛马赌注登记人、沿街兜售的小贩、运动员、经纪人、商人、银行家等，但这些人全是男人，那里没有女人。还有一间包房，不希望被看到公开赌博的人可以使用。

有一天晚上，我正在旁观轮盘赌和法罗牌，突然，一个名叫帕特·西迪的有名赌徒走过来对我说："小伙子，我想跟你说说。"我们走到外面游廊上，他接着说：

"年轻人，我注意到你一直在这里吊儿郎当瞎逛。听听精通此道的人一句劝告，不要到这种地方来。我见过你的母亲，她一脸温柔敦厚，也见过你的父亲，他看起来品格挺不错。其实，前几天晚上，我闹肚子，你父亲就给我看过病。要是不远离赌场，你会让他们伤心的，自己也不会得到任何好处。"

但是，帕特·西迪的劝告并没打动我。又过了几个晚上，狄克·邦索尔（他跟我年龄相仿，父母很富有，在花钱方面对他慷慨大方）建议我们到另一个达利家开的赌场去，那场子里一枚筹码只要 50 美分。我换了两三枚筹码，在轮盘赌桌边轻易不下注，只押颜色。不久，我面前就有了 2 美元，感觉很不错。突然间，我似乎感到房间里死一般沉寂下来。那个转动轮盘的人也停下手来。

我一抬头，看见父亲站在门口。如果那一刻上天许我一个可以实现的愿望，我希望有个地洞，可以钻进去。

我一生中投下的第一注，是父亲给我的钱。那是在赛马场，当时我告诉他，我认为那匹叫帕沙的马会赢。父亲一边递给我两个 1 美元的银币，一边说，如果我觉得帕沙会赢，那最好支持自己的判断。结果，帕沙的实际表现却没有看起来那么好。

但是，在父亲的眼里，给赛马下注与进赌场赌博可不一样。他走到轮盘桌边，以极温和、极平静的语气说："孩子，等你准备好了，我们就回家。"

我马上就准备好了。我走在父亲前面出了门。屋外，哈迪正等着。我一下子没了羞愧，倒是发起火来。

"究竟为什么？"我压低声音质问哈迪，"为什么让父亲来这里？"

哈迪解释说没他什么事儿。家里人担心我可能溺水了。他说自己曾在海滩边来来回回地喊我、打口哨找我。

在西端宾馆，我和哈迪默默地脱去衣服准备睡觉。当我们躺到折叠床上时，父亲最后说："你想想，等到了我这个年纪，你就知道我为什么把儿子从赌场叫回来了。"

过了好一会儿，我才迷迷糊糊要睡着，没想到母亲坐到折叠床边，我又醒了。她把我揽到怀里，轻轻地说了几句安慰的话。

那天夜里，我再也睡不着了，老觉得自己给家里带来了莫大的耻辱。早上大约 5 点钟，我静静地穿衣起床，蹑手蹑脚走出去。我走到火车站，在一个小酒馆与一些马车夫和马贩子一起吃了早餐，然后坐上最早一趟开往纽约的火车。太阳渐渐升起，我的精神也随之振作起来。一个身体健康的 19 岁男孩是不会垂头丧气很久的。

等到城里的时候，我已忘了离开朗布兰奇就是为了逃避那件丢脸的事。我去看表兄弟马科斯·海曼（Marcus Heyman），他正在贝尔维尤学院（Bellevue College）学医。我发现他和好几个年轻人像平常星期天一样准备打一天的扑克牌。我建议说，我们家房子正好空着，在那儿打牌挺好。我们在地下室正打着牌，马科斯突然跳起来，大叫："天哪！是贝尔姨妈！"

果然，母亲正踏着上面的台阶下来了。母亲走进房间时，我们已纷纷穿起外套、收拾扑克牌不想让她看到。在前一天晚上发生那次越轨行为之后，我想母亲肯定会把我当作无可救药的赌徒不管我了。但是，看得出她什么也没注意到，她跑到我身边，伸出双臂一把抱住我。

"看到你真高兴！"她哭着说，"你天生敏感，我担心你会有个三长两短的。"

我为自己的行为羞愧得无地自容，但这让我更加爱她了。接着，她告诉我有个好消息要对我说。在来纽约的火车上，有人介绍她认识了朱利利斯·科恩（Julius A. Kohn），他是个退休的服装商人，现在已进入华尔街开了公司。科恩告诉母亲，他一直在找一个小伙子，小伙子得愿意从底层干起，并且愿意接受银行业务培训，就像这类年轻人在法兰克福接受培训一样。他想要的人还得思想严肃认真、为人值得信赖、工作刻苦努力，而且他还强调说，这个人"不得有不良习惯"。

母亲告诉他自己就认识他正在找的这种年轻人。

"他是谁？"科恩先生问道。

母亲想也没想我赌博的事，就回答说："我儿子，伯纳德。"

第二天，我拜访了科恩先生。他解释说，学徒在欧洲干很长时间都不给报酬，因为他们本来就不值钱。他不准备给我支付任何薪水，但会尽力教我学做事情，如果我期望成为一个商人，这些事情是我应该熟悉的。我告知惠特尔—泰特姆公司我要离开了。这就是我首次进入华尔街的经历。

* * *

我的新雇主要求严格，但并非不友善。从一开始，这份工作就让我着迷，也提供了更多学做事情的激励，而在惠特尔—泰特姆公司我就没感到有那么大的积极性。

除了其他业务以外，科恩先生让我初次了解到套利交易的复杂细节。比如，同一只证券，可能同一天在不同的地方报价稍有差异，例如，在纽约、布恩斯伯勒、波士顿、阿姆斯特丹和伦敦等地就可能有点儿不同。假定在阿姆斯特丹买入，在波士顿卖出，或者在布恩斯伯勒买入，在纽约卖出，便可以赚得一笔套利收益。

尽管我是办公室小职员，又兼做跑腿的事，但我被给予了机会，可以做以不同外币进行套利交易的计算。这要求对不同国家的货币进行计算时头脑敏捷，因为汇率哪怕出现一点点差异，也可能意味着赚不赚钱。通过实践，我教会自己几乎能在一瞬间就根据需要把一笔金额由荷兰盾换算成英镑、由英镑换算成法郎、由法郎换算成美元、由美元换算成马克等。后来事实证明，这在第一次世界大战以及凡尔赛和会期间是一个明显优势，这时我不得不处理很多棘手的国际经济问题。

公司也买卖新的铁路债券。铁路重组时，会发行新债券取代老债券。如果重组后的铁路资产收益表现令人满意，那么新债券的卖价最终会比老债券高得多。当有新债券发行以替代老债券时，通过买入老债券卖出新债券，便可以获得利润。当然，要是重组没有正式通过，债券砸在手上，你可就吃不了兜着走了。

这样一来，即使身为默默无闻的小职员，我也目睹了套利交易、外汇买卖、资产重组以及投机交易。记录这些操作的账簿成了我最爱看的东西。我似乎对这些交易有着天生的学习能力。后来有一天我终于因在大西洋的这一边成为积极从事套利操作的主要交易人之一而享有了声誉。

我来到科恩先生身边之后不久，他就给我发工资了，周薪 3 美元。那年夏天，父亲在少年时移居美国 35 年之后第一次去欧洲。赫尔曼叔叔、母亲和我们几个男孩子到汉堡船务公司的哥伦比亚号上给父亲送行。我一直是赫尔曼叔叔最喜爱的人之一，他问父亲："何不带上伯尼一起去呢？"

父亲说，只要我能赶回家收拾行李并及时赶回船上，就愿意让我一起去。当时夜已很深，有轨电车也跑得少了，但我还是赶回家又及时上了船。我被安排在一个小船舱里，与 3 个古巴人在一起。我们 4 个人一上来就晕船，一路晕到目的地。

我在前面已经讲述过在德国的祖父母给我留下的印象。到什未森看望他们之后，父亲带我去了柏林。关于这座城市，我记得最清楚的是勃兰登堡石山和街上随处可见的德国军官。

父亲憎恶德国的军事精神，他的这种情感很可能也影响了我。看到那些身穿制服的军官趾高气扬、耀武扬威，我便恼火不已。那个时候，我的拳击正练得相当好，觉得自己可以和看到的任何军官一较高低。我对父亲说了一番话，大意是，如果在街上再碰到哪个军官对我放肆，我就给他一拳。父亲劝我说，那样做太傻了。

母亲已去见过科恩先生，向他解释我为何不辞而别去了欧洲；结果，我一回来，他就挺和气地把我召回公司，但我在他那儿没干多久。我当时感到耐不住性子，想出去闯荡。我和迪克·莱登下了决心，要去科罗拉多的金矿银矿发大财、发横财。本来以为母亲可能会从中阻挠，但她没有反对。

乘坐日间行驶的长途汽车走了很久，我们才到了丹佛，然后换乘驿站马

车继续赶路到了普尔克里克。普尔克里克是一个采矿集镇，幅员广阔，有小
酒馆、舞厅和廉价赌场——逛赌场是我最关心的事情。我们暂住在镇里最好
的地方，也就是皇宫宾馆，我们被安置在一个摆满了折叠床的大房间里。当
我们夜里很晚进来时，非得在朦胧中瞅着一些人熟睡的身形跨绕过去，才能
躺到自己的床上。

各种各样快速发财、轻易暴富的故事在镇上到处流传。我记得，有个含
矿量最丰富的矿属于一个来到镇上时还是木匠的人。当然，我们也听说了艾
弗林·沃尔什·麦克利安的父亲汤姆·沃尔什如何发迹的经过。麦克利安拥
有"希望之钻"，后来我到华盛顿任公职，他成了我的一位好友。

我决定把"资本""投资"于当时称作"旧金山矿"的那只股票。这是我
有生以来买的第一只股票。我和莱登剩下的钱不够，不能继续住在皇宫宾馆，
于是换住到一间寄宿屋里。我还把在纽约穿的衣服收起来，到一个与旧金山
矿的矿井毗邻的矿井做挖石工。

挖石工在矿里干的活是最重、最不需要技能的体力活，我们跟在爆破组
后面，把炸松的岩石聚成堆，再弄到要运上地面的篮子和矿车里。我干这个
活儿没多久，就有一个高大健壮的矿工开始戏弄我，让我丢脸。我心里琢磨
定了：迟早要跟他干一架，让他知道我的厉害；要是真的打起来，我最好先
发制人。没等他再次惹恼我，我就揍了他，我使尽浑身力气给了他一记重拳，
把他打翻在地。我再也没遇到麻烦了。

莱登就在我身边干活。我们上白天的班，因此晚上就有空去光顾那些
"机会之宫"。我偏爱与皇宫宾馆联业经营的那一家。那是镇里最高级、最雅
致的场所。每天晚上，我们都去赌牌、赌轮盘，小笔财富不断换手，今天是
自己的，明天又是他人的。

在对各种轮盘布局如何操作进行一番评判性审视之后，我认定轮盘很可
能被人做了手脚，可以操控赌局结果。至少当赌注很大的时候，轮盘总是在

对赌场有利时停下来。我开始下些小注，不管押大注的人怎么玩，我都反其道而行之。这样，我每天晚上都会赢到几美元。

我还以为自己发现了一个稳定、可靠的收入来源呢，这时赌场老板把我叫到一边，说他不用我来惠顾了。

在此期间，我已受到提拔，到了爆破组。干活的时候，我握住钻，另一个人拿着把铁锤敲击那钻。这份活儿比干挖石工容易。不过，我的兴趣主要还在于旁边的旧金山矿。

我几次和在旧金山矿井干活的人聊了很长时间，不久便认定，我买的股票绝没有那么好的预期，而那个转卖给我的人巧舌如簧，说这只股票预期会好得不得了。由此我在赚钱方面学到第一个教训——试图靠采矿致富的人扔进地下的钱常常比从地下挖到的钱更多。

我开始觉得纽约很好了，迪克·莱登也有同样的感受。于是，我们放弃采矿工作，回到家里。受到点儿挫折之后，我重新进入华尔街——这次一直待到伍德罗·威尔逊把我带出此地。

第 7 章

从错误和教训中学会做事

股票市场给人们施加了不可思议的魔力，我始终对此充满了惊叹之情。

年轻的时候，我在华尔街积极参与投机，很快了解到，人们为了获得市场上的"内幕消息"，什么样超乎寻常的蒙蔽伎俩都会用上。他们会请你吃饭，请你看戏，请你到自己的俱乐部和乡间的家里，所做的一切全是为了从你嘴里套出一些消息。他们常常会给你提些精心设置而听起来又很随意的问题，让你浑然不觉是在打探消息，或者常常抓住交谈中出现的最细微处，引你在不经意间说出一些事情。

熟悉了这些花招之后，我便在自己的交易问题上三缄其口，恪守保持沉默的誓言，这本应是特拉普派修道士[⊖]给自己争脸的做法。即便如此不愿多言，我发现这种态度也仍常常被人解读为某种市场信息。

我从未见过的男人和女人会给我写信索求建议。这类信函现在仍然像雪片般飞来，甚至在我写下这些话的时候，就有邮件送来，其中一份邮件带来一位孀妇的恳求，也邮随件带来 15 000 美元的现金，她问道："我应该现在投资还是等到以后再投，好让自己逐渐积累些钱，退休后可以生活？"

⊖ 特拉普派修道士，是罗马天主教中缄默无言、苦心修行的修道士。——译者注

除了向我提出的其他问题以外，下面这些问题很常见：

"一个年轻人现在白手起家，也能像你过去那样在华尔街发大财吗？"

"你是怎么知道 1929 年时股价已经过高了的？"

"你看我年纪越来越大干不了活了，能不能告诉我一项安全投资，让我把积蓄都放进去？"

"我有一些额外的钱，赔了也没关系——您建议我怎么做？"

毫无疑问，我有一些关于投资和投机的行动准则，这些准则是我从亲身经历中学到的，今天依然适用。但从这些硬要我答复的询问中可以看出，似乎对很多人来说，股票市场对他们产生了诱惑，仿佛中世纪炼金术士要寻找一些魔法，把普通金属变成黄金。要是一个人拥有魔法石——得到确实的内幕消息，那可就好了，贫穷就可以变为富有，经济上的不安全感就可以化为闲适自在。

不管我写什么，我看都未必会对此有所改变。对许多人来说，华尔街仍将是一个下注赌博的地方。不过，股票市场远非装有空调的跑马场。

实际上，股票市场可称作总体反映我们社会文明的晴雨表。可以毫不夸张地说，股票价格（以及商品、债券等价格）会受到世界上发生的任何事的影响，新的发明创造、货币的价值变动、天气的变幻无常、战争的威胁、和平的展望等，无不会产生作用，但是这些发生的事情在华尔街又并非以无人情参与的方式——像地震仪上出现急速摆动的波纹那样，自动让人感知它们的出现。股票市场产生波动，所记录的不是事件本身，而是人类对这些事件做出的反应，是数以百万计的男人和女人如何感知这些事件可能会对将来产生什么样的影响。

换句话说，最重要的是，股票市场就是人，是人们在努力阅读未来，而且正是因为人类具有这种孜孜以求的特性，股票市场才变成了一个戏剧化的竞技场。男人、女人在场上拿他们相互冲突的判断进行较量，让他们的希望

与恐惧相互竞争，用他们的优点和弱点彼此对抗，以他们的贪婪之心与抱负理想进行比拼。

当然，我最初在华尔街身为办事员和跑腿儿时，对此一无所知，也一无所察。我该犯的错误全都犯了——雄心勃勃、精力充沛，很可能所犯的错误还超过了我应该犯下的。所以你不妨说，我在华尔街的整个生涯实际上就是一个在人性方面接受教育的漫长过程。

后来，随着转向公共生活领域，我发现，自己从过去作为投机者的岁月里学到的关于人的东西，同样适用于其他所有人类事务。无论我是站在股票报价机旁俯身查看股票报价，还是在白宫发表演说；无论我出席战时理事会，还是参加和平会议；也无论我关心赚钱，还是设法控制原子能的使用，我发现人性毕竟还是人性。

* * *

我真正在华尔街起步是在 1891 年，这一年我到位于交易大街 52 号的豪斯曼经纪公司工作。与得到第一份工作一样，我能去豪斯曼公司主要也是通过母亲的努力。她在从事慈善工作的过程中结识了德福雷斯，当时他正在打理一次展会，为蒙特菲欧之家募集善款，那是雅各布·西弗创立的多个慈善机构中的一个。我从科罗拉多一回来，母亲就安排我认识德福雷斯先生，他又带我见了阿瑟·豪斯曼（Arthur A. Housman）。

当年我们初到纽约时，我上文法学校，豪斯曼的弟弟克莱伦斯带我上学，放学后又送我回家，事实表明他是个性情温和的胖男孩。克莱伦斯为公司记账。我的工作是充当小办事员、跑腿儿的、校对员和办公室勤杂工，周薪 5 美元。

我早上打开办公室，先把豪斯曼先生办公桌上的墨水池、墨水笔、吸墨纸都摆放整齐，确保井然有序。然后，我把那些账本从保险柜里拿出来，放到克莱伦斯的桌上。我誊抄信件，抄的时候在习字簿上给信件编索引，我还帮着编制公司月度报表。要是有别的公司跑腿儿的过来，我还得随时查问没办完的事情。

那个时候没有股票清算所，卖出的每一股股票都得在第二天下午 2∶15 以前送达。在交易街西北角的百老汇大街立着一幢楼，有好多层，里面挤满了经纪人事务所。我们男孩子跑上跑下送股票，脚步匆匆，擦身而过时发出衣物相碰的声音。我会把一捆股票递过出纳员的窗口，随手一放，大声叫道："给豪斯曼开支票。"接着又急忙冲出去给下一家送股票。

一天，把一些股票送到杰维特兄弟公司（Jewett Brothers）之后，我去其他地方送了股票，又回来取杰维特公司给豪斯曼公司开具的支票。其他好些跑腿儿的正站在出纳员的窗口。当然，我比他们的个头高出许多。

"豪斯曼的支票在哪里？"我隔着站在前面的那些男孩子大声喊道。

里面没人应我，我又大叫："快点儿，出纳员先生，把豪斯曼的支票给我。"

出纳员从他那小笼子里抬起头来，看到了我，只是说："从凳子上下来。"

我回答："我没站在凳子上。"

他说："再对我无礼，我就出来给你几个耳光。"

"真的？"我回答说。

他开门走出来，身后跟着他们公司的两个合伙人。出纳员看着 6 英尺 3 英寸高的我，上下打量，惊呼道："天哪！"

他们三人放声大笑，又回到了里面。我成为纽约证券交易所的会员时，杰维特公司那两个合伙人偶尔还会对我喊道："从凳子上下来。"

就升职来说，我眼睛盯着的位子是记账员的工作。尽管为父亲的账目干过一些活儿，我还是决定上夜校，学习簿记和合同法的课程。即便是现在，我还能抱着一套很复杂的账簿，从账目中查出个所以然来，完全不用他人帮忙。

在科恩公司期间，我已经领略到，我们从事证券交易，掌握证券所属公司的信息非常重要。现在到了豪斯曼公司，我便开始定期阅读《金融年鉴》（*Financial Chronicle*）。我一得着机会，就拿过《普尔手册》（*Poor's Manual*）来阅读，使劲往脑子里塞进关于不同公司的各种信息。

真遗憾，那时候没有提供价值 64 000 美元的问题来让人回答的电视智力竞赛节目，否则我可能不费力气就赚到大钱了。我能一口气说出美国所有重要铁路的运行路线，以及它们的主要收入来源于运输哪些商品和物产。我也不用查看地图册，就知道哪些铁路在全国的某个地方会受到干旱的影响、在另一个地方受到洪水的影响，哪些铁路会因某个新矿的发现或者某个新居住地区的开辟而受到影响。

我的右耳没有毛病，我就用它来对身边人的谈话保持高度关注。我肯定变成了一个善于倾听的人，因为与很多相识的颇为重要的人比起来，我对"街上"发生的事情很快就有了更加清晰的了解。

不久，我便在那些跑腿儿的、小职员和一些公司的初级合伙人当中有了名气，他们知道我是个随时可以提供很多有用信息的小伙子。我脑子里装了那么多信息，也让我引起了一些地位较高人士的注意，他们常常问我问题，而不是去查阅书籍寻找答案。

我与米德尔顿·斯库布雷德·巴里尔就是这样认识的。在股票市场投机中，他几乎是我知道的唯一能连续赚钱的非专业人士。年轻的巴里尔是约翰·巴里尔的儿子，他父亲的法律业务客户中就有范德比尔特家族，他本人在其父亲的律师事务所从事法律工作。他是豪斯曼公司的客户，在我们办公室时经常停下来问我一些问题，而不是翻看《金融年鉴》和《普尔手册》。

他们问我问题，既让我感到脸上有光，又对我有实际助益。这使我对于市场参与者所需信息有了更好的了解，也激发了我获取信息的热情。有时，巴里尔先生会请我吃午饭。我们坐在午餐吧前面的凳子上，在交易街西北角的新街上是老联合交易所，午餐吧就在交易所的地下室里。这种时候，我会点上烤牛肉和土豆泥，痛痛快快地吃一顿。在其他日子里，我独自吃饭时，只买得起一份三明治和一杯啤酒。

在记忆里，我当时中午只能吃一份三明治，而其他跑腿儿的不是哈佛大学和耶鲁大学的毕业生，就是一些知名金融家的儿子，他们都能给自己点上一份丰厚的午餐，我常常为此感到一丝丝妒意。

正是通过巴里尔先生，我认识了詹姆斯·基恩，他身为投机家的水平比我认识的其他任何投机者都要高出一大截。而作为狂热的赛马爱好者，基恩自己拥有一匹马，这匹马后来叫作"多米诺"，他这时正准备让它在科尼艾兰参加比赛。他想给这匹马下注，同时又不希望因泄露赌注的来源破坏了赔率。巴里尔告诉基恩，认为我能替他下注。

基恩先生把我叫到他在百老汇大街30号的办公室。我回答了一两个问题，看得出这已让他确信我对赛马押注有足够的了解因而可以不负所望；于是，他交给我好几千美元的现金。以前我对一匹马下的赌注从来不超过几美元。我坐上去科尼艾兰的火车，没让任何人猜到这些钱的来源就投注了。

基恩的马没下大力气跑就赢得了比赛。我在34大街坐渡船往城区赶，几个口袋里都装着钱，鼓鼓囊囊的。我一路担心，会不会有人给我头上来一下子，把钱都抢走。

我记得，当汹涌的波浪拍打船头时，我想船就要翻了。我把外套扣紧，心里想好了：要是船下沉，我就坚决游开，离落水的人远远的，这样谁也不能把我拖下去。后来，我意识到这些想法太愚蠢了，但这些想法也反映了我当时的决心，我决心要把钱安全交付基恩先生，决心不想见他时找借口，开脱自己怎么弄丢了他赢的钱。

*   *   *

我已开始独自投机买卖股票了，在百老汇大街豪尼格曼—普林斯公司（Honigman and Prince）有个小小的保证金账户。在证券交易所买股票，你必须按买入价的 70% 投入实有资金，可在股票市场的早期年代，你只需拿出买入价的 10%～20% 作为保证金，其余的买入成本均由经纪人垫付。当然了，要是买入的那只股票价格下跌，把保证金都跌没了，经纪人就会把我的股票全给卖掉，除非我能筹到钱作为追加的保证金。

在一般情况下，我在联合股票交易所一次买卖 10 只股票。我的操作主要限于买卖由破产管理人监管的铁路公司的股票以及一些工业股。

当然，我有时会赚钱。任何“新兵蛋子”都可能赚到钱；糟糕的是，这种事经常发生，结果便会鼓动不太懂的人开始贸然行动，从而陷得更深。可我一旦有了几百美元的利润在手，就会赔光所有的钱，包括开始投进去的本金。

我不仅把自己的钱赔掉，还把父亲的钱赔了一些。有一回，我满怀信心，觉得买入一只高架有轨电车线路的股票可以大赚一笔，这条线路将伊利湖中普特因贝上一家宾馆和陆地连接起来。约翰·凯洛瑟尔斯（John P. Carrothers）让我注意到这家新公司，他是个富有个人魅力的公司发起人，是我和父亲 1890 年从欧洲返回时在轮船上认识的。我高兴得忘乎所以，还说服父亲投了 8000 美元，这笔钱占了他积蓄的相当大一部分。结果，我赔得一分不剩。

尽管父亲丝毫没责备我，但这笔损失力抵千钧，压在我的心上。我现在想，对于这次交易失败，自己当时比父亲看得重多了，因为他关心人的价值观要甚于金钱。

在买卖有轨电车股票遭遇挫折之后不久，我对母亲说，要是手上有 500 美元，我在田纳西煤铁公司股票上就可以赚些钱。

"干吗不向父亲要？"她极力劝说。

我坚持说，在那次投资普特因贝彻底失败以后，我再也向他要不到一分钱了。

过了几天，父亲来找我，身上揣着 500 美元的支票。记忆真是捉弄人，我现在想不起来是否接受了那笔钱。拿没拿钱的细节让更有意义的事情弄得含混不清了——我葬送了父亲那么多的积蓄，而他依然相信我，在得知这一点后，我的自尊心被大大地激发了。

毋庸置疑，父亲很懂得人的心理，知道我的内心在痛苦地挣扎。我当时的心境好比一个平衡的天平，只要拿手轻轻一碰，就会突然偏向一个可以决定我整个事业路径的方向。

在这样的处境下，有些人会不顾一切，铤而走险，而我变得小心谨慎了。**我开始养成一个习惯，一个从此永不摒弃的习惯——就是分析自己为何失败，认清都在哪些方面出了差错。随着我在市场上操作的规模越来越大，我后来把这个习惯做得更加全面深入。每当我操作完一次重大交易，尤其是当市场形势已转向萧条时，我便抽身离开华尔街，到某个安静的地方，让自己能够回顾所做的一切，检讨在哪些方面出了纰漏。这时候，我绝不会寻找借口原谅自己，心里只思虑着要防止再犯同样的错误。**

像这样每隔一段时间便进行自我审视，无论在私人事务方面，还是在政府事务方面，都是我们所有人需要做到的。无论何时，个人和政府都应明智地停下步子自问，我们是否还应像以前那样盲目地急速前行？是否出现了新情况，要求我们改变行动方向或者调整行动进度？我们是否忘记了考虑和处理核心问题，而只是将力量和精力浪费在无谓的令人分心的事情之上？我们从错误中得到了什么样的教训，有助于我们避免再犯与过去相同的错误？我们还应明白，我们对自身的种种缺点和弱点了解得越多，那么理解他人、理解他们何以有那样的行为，也就随之变得更加容易。

在那些早期岁月里，要思考清楚我在做的事情出了什么问题也不算太难。有两个主要错误，这两个错误几乎是股票市场上所有业余投资者都会犯的错误。

第一个错误，是对自己正在交易的证券了解得不确切，对一家公司的管理层、盈利和未来增长前景所知甚少。

第二个错误，是超出个人财力进行证券买卖，试图靠极少的资金快速赚到大笔财富。这是我开始时犯下的主要错误。我起初买卖证券时，可以说没有任何资本。我买股票投下的保证金极少，股价要是发生几个点的波动，我的股权就一笔勾销了。我那时做交易差不多就是赌一只股票上涨或赌一只股票下跌。我有时也能赌对，但任何较大的波动都会让我血本无归。

在进行这些投机交易的时候，我在豪斯曼公司已经成了一名债券销售员，同时兼做客户管理的事务。从国家金融形势的角度来说，那时正巧赶上一个关键时期。1893 年发生了金融恐慌，致使很多工厂和矿山关门歇业，也致使全国铁路中很大一部分铁路陷入破产接管之中。不过，时至 1895 年，已能察觉到金融气候的好转，出现了最初的几抹希望之光。

我此前从未经历过经济萧条。但即使如此，我也开始隐隐约约意识到，当经济逐渐从萧条中摆脱出来的时候，会出现绝佳的赚钱机会。

在经济萧条时期，人们逐渐觉得好时光永不再来了。他们不能透过悲观绝望的迷雾看到沉沉雾霭之后即是光辉灿烂的未来。每当此时，如果你买入证券，并持有到经济繁荣时期来临，那么，对国家未来抱有基本的信心，便会让你取得成功。

从我所看到、听到和读到的一切当中，我了解到那些金融巨头和产业巨人此时正是这样做的。他们悄悄收购一些资产的股份，这些资产当前已无偿债能力，可是一旦正常的经济条件得以恢复，在有才干的经理层的管理之下将会清偿所有债务。我用自己有限的财力也尽力去做同样的事情。

无偿债能力的铁路证券尤其令我感兴趣，我现在猜想，部分原因是铁路建设和运营的浪漫色彩从孩提时代就吸引了我，那时货运火车从温斯伯勒我外祖父家的房子边开过，车上的司机常常朝我挥手。那么，现在同时也处于这样一个时期：全国很多铁路因过度建设造成了浪费，正在被整合以并入效率更高的资产之中。

棘手的问题在于确定哪些证券会渡过这些重组而存续下来。能渡过难关的证券将会拥有巨大价值；而没能幸存的证券将被视若垃圾，毫无用处。

起先，我犯了一些错误，没有选对证券。这鞭策我更加细致地研究有关的铁路公司。

有些铁路公司正处于重组当中，它们发行的证券在我看来很可能是一些稳健的投资对象，我便将这些铁路公司列了个清单。为了检验自己，我还在一个黑皮小笔记本上匆匆记下自己预期这些证券将发生的情况。

我做的一条记录显示，我卖出了纽黑文铁路公司股票，买入了理查蒙德西点铁路公司股票，理查蒙德西点后来受到重组，并入现在的南方铁路系统公司。其他有关艾奇逊—托皮卡—圣菲铁路公司（Atchison, Topeka & Santa Fe）和北太平洋铁路公司股票的看法，显示我有些先见之明。我那黑皮小笔记本上还记载了另一次成功预测：如果联合太平洋铁路公司以当时通行的价格被收购，那么当它走出破产托管并得到充分发展时，就会带来百分之百的投资回报。

研究了这些铁路证券之后，我接下去要解决的问题就是让人有兴趣购买这些证券。这可不容易，因为我是无名之辈，豪斯曼又是个小经纪公司，并且经济形势依然严峻。我推荐买入其证券的那些铁路公司都处于无力偿债的状态，公司股东也都损失惨重。当时投资大众都提心吊胆的，担心有风险——当东西廉价的时候，情形总是如出一辙。

既然基本上不认识什么有钱投资的人，我就在一本本工商企业名录中彻底搜寻，想找些可能投资的人。我认真地写了几十封信，用通常的字体把这些信誊抄下来，再寄出去。得到的回应可以说百分之百都是负面的。

每天下午，在证券交易所闭市后，我总会走上百老汇大街，一家公司一家公司地问过去，设法找到人听我推荐证券。我不知道自己当时在多少家公司的门前驻足过，也不知道走在硬路面上将多少英里的路程甩在身后，才做成了第一笔交易。

第一笔证券推销给了詹姆斯·泰尔考特（James Talcott），他是干货商中的领袖人物，当时的推销情形在我记忆中仍然栩栩如生。泰尔考特身材高大魁梧，灰白的胡须布满面颊，外表就是平常英格兰商人的那种形象。遭到他秘书的一再婉言谢绝后，我就坐下来等着，等他离开办公室。当他出现在门口时，我做了自我介绍，跟着他走向人行道。他只是不客气地点了一下头，便不再搭理我。

我一边紧跟着他走上大街，一边对他说着话，竭力做到彬彬有礼，也力图让自己说得令人信服，完全不理会他已明显烦躁恼火的神态。我使尽浑身解数，要让自己善于说服他人的能力发挥到极致。泰尔考特反复说了好几次，不管我推销什么，他都没兴趣。最后，他终于同意只买下一只债券，那是俄勒冈大陆运输公司发行的年息 6% 的债券，我想当时卖价是每份 78 美元。

豪斯曼公司从我卖出的每份债券中赚到了 1.25 美元佣金，但我当时看重的是将来，这比短期内赚到佣金更为重要。如果事后证明我推荐的证券让人有钱可赚，我希望能把一时的买家变成稳定的客户。

泰尔考特先生这次买入的债券，没有受到当时公司正在进行中的重组的影响，价格涨得越来越高。这次交易成了一个开端，后来我们经纪行为泰尔考特先生做了一笔规模相当大的业务。

对于其他客户，我也会跟踪已推荐买入的证券，时不时地建议他们做些变动，以保护他们的投资不受损失，并让他们的投资收益更好。可是，如果说我为客户操作时小心又小心，那么对于自己的账户仍然在疯狂地投机。

后来发生了一件让人好笑的事情，我才猛然意识到，这种自相矛盾的双重金融生活实在太危险了。在证券交易所白天收盘之后，我往往会受到诱惑，参加各种各样的消遣娱乐，这些活动也都吸引了城里其他年轻人。桑迪·哈齐（Sandy Hatch）是证券交易所的一名会员，也是一个真正的运动好手，他有很多斗鸡。斗鸡比赛那时被称作"mains"⊖，常在一家酒馆里进行，从酒馆可以俯瞰175大街附近的哈德逊河。

有一天晚上，一场斗鸡赛正打得热火朝天，这时，有人突然大叫："警察来了！"

大家一窝蜂挤出窗子和其他各个出口，我也是"要鬼捉不到，抢在人前跑"，不顾一切逃了出去。结果是虚惊一场。大多数看客又成群结队回到斗鸡坑，可我回家了。

我想清楚了，要是因为看鸡打架，被拉到法庭上见治安法官，那可绝对没什么好事，这种引人关注的事绝不会对一个年轻经纪人在客户当中赢得行为明智又保守稳健的好名声有什么帮助。我想不起来这以后再去看过斗鸡赛。

当然，那时我内心深处正在斗争而力图解决的是一个由来已久的冲突，每个有抱负的年轻人都会经历这种内心冲突：是不顾后果地盲目冲动，让自己的努力都付诸东流，还是心存谨慎的欲念，为自己的将来逐渐积累财富。就我来说，正是走那条小心谨慎的道路，才可能获得成功，但成功也并非不需经历很多鏖战和一些挫败便能实现的。

⊖ mains 是指由两个斗鸡所有人安排的系列斗鸡赛。——译者注

第 8 章

有情人终成眷属

在华尔街打拼 4 年之后，从物质方面看，如果说我获得多少资产可以说明自己付出了种种努力，那些资产也是微乎其微。我的薪水逐渐上升，由每周 5 美元涨到 25 美元，可这也只是让我更有能力去做亏本投机的交易罢了。我对在市场上发横财不抱希望之后，便主动出击，找阿瑟·豪斯曼给我加薪。我要求很高，要周薪 50 美元。

"每周 50 美元，我给不了。"豪斯曼先生告诉我，"但可以给你公司 1/8 的股份。"

实际上，这等于给我加了薪，至少相当于加到每周 30 美元，因为前一年公司的利润是 14 000 美元。另外，要是业务量增加，我净得的钱可能比每周 50 美元还要多。

我迫不及待地接受提议。这样，我 25 岁就成了华尔街证券经纪公司的合伙人。

我心想，作为一个经纪行初级合伙人，我需要在个人花销方面增加一些开支。于是我添置了一件阿尔伯特王子牌外套、一顶丝质礼帽以及所有与这些相匹配的饰品。那个时候，要是天气晴好，星期天在第五大道散步被视为一件最适宜不过的事情。每逢星期天，我会穿上考究的服饰，把自己精心打扮一番，比如鞋子就比平常擦得更加用心，然后就拿上手杖上路了。

我不能说在公众场所漫步是完全令人愉快的，毕竟还有我在华尔街认识的其他学徒和跑腿儿的，他们不是经纪人的儿子，就是银行家的儿子，因此也就有钱花在一些乐事上，而我却无法享受到那些乐事。我沿着第五大道闲逛，他们乘坐豪华双轮轻便马车，同拉一辆车的几匹马迈着轻快的步伐，从我身边疾驰而过。我常常为此感到妒火中烧。

这是我年轻时不得不在心里要解决的另一种斗争，我必须防止嫉妒的情感驱使我做出一些莽撞的决定，否则我会因嫉妒那些比自己更成功的人而让自己在无形中受到伤害。

在提出给我合伙人身份之前，豪斯曼先生问我为什么觉得需要那么大的收入。我解释说自己想结婚。

当时正等着我的姑娘叫安妮·格里芬（Annie Griffen）。我第一次见到她大约是在我大学毕业那会儿。我和一个叫戴弗·申克（Dave Schenck）的男孩走在一起，路过他继父开的一家旅馆，他跟两个非常迷人的姑娘说了话。戴弗告诉我，一个是路易斯·格温登小姐（Louise Guindon），另一个是她的表姐妹格里芬小姐。

我只瞥了一眼，就对那个身材高而苗条的格里芬小姐产生了好感。

我想方设法打听她和她家的情况。我发现，格里芬小姐和她的父母本杰明·格里芬夫妇住在一起。她家在西58大街41号，是一座褐石砌的房子，我每天去第六大道上班时，都会情绪高昂地路过那里。她父亲是一个美国新教圣公会牧师的孙辈，是纽约市立学院PBK联谊会的会员。格里芬先生有个儿子在纽约市立学院读书，与我弟弟赫尔曼是同班同学。

格里芬先生从事玻璃进口生意，公司名叫霍恩—格里芬。范·霍恩家和格里芬家是表亲。格里芬夫人是猪油商人威尔考克斯（W. J. Wilcox）的女儿，若干年前，我看到他家的大炼油厂被一场大火烧毁。格里芬家养了几匹马，还有一辆马车。

我探听这些事，就是希望能找到什么办法结识这家人的女儿。这些信息，甚至包括我们的兄弟在同一所大学读书这样的信息，似乎没一样让这个希望实现起来更容易点儿，我东打听西打听，得来的消息全都毫无用处。

一天，我正打格里芬家旁边经过，看到格里芬小姐走近了。我鼓起所有的勇气，走到她家门前台阶边，正好她也走到了。我举了举帽子，问道："请问您就是安妮·格里芬小姐吧？"

"不是！"她头一甩说道，扭头就上了台阶。

这可让我认识她延缓了好久，不过，最后戴弗安排我们通过他熟悉的格温登小姐相互认识了。

认识以后，我便经常登门拜访格里芬家。安妮的父亲反对我追求她，觉得我们俩之间存在的宗教差异将成为无法逾越的婚姻障碍，我们不可能幸福。幸运的是，格里芬夫人的反应倒是对我有利。

安妮和她母亲过去常在马萨诸塞州的匹兹菲尔德度过夏天，而格里芬先生就待在城里。我总是去匹兹菲尔德过周末。我们会去看望安妮的朋友，会去跳舞，不过多数时候，我们会一起骑着自行车跑得很远。

在城里，我每天去工作的路上都会经过格里芬家，安妮几乎总是在窗口朝我挥手。我们还有一套联络暗号。要是遮阳窗帘拉起来，就表示她父亲不在家，我可以过来待一会儿；要是遮阳窗帘拉下来，那我就继续走过去。

其他时候，安妮和我会在中央公园碰面。坐在公园的长凳上，我常常告诉她，一旦我赚到钱，足以养活我们俩，我们就怎样把婚给结了。我们结婚的希望总是摇摆不定，头一天我那小打小闹的投机交易看起来做得挺顺手，结婚的希望就大了，到第二天，我们的希望随着行情不好又变得遥不可期。

1951 年，罗伯特·摩西（Robert Moses）在中央公园里指给我看一块地方，想在那里建个凉亭，好让人们在亭子里下国际象棋和西洋跳棋。摩西问我是否愿意出钱建这个凉亭。我向那块地方看了一眼就表示同意。摩西感到吃惊，我怎么那么快便定了下来。我没有告诉他，他选中的那块地正是安妮和我过去常坐的地方。

*　*　*

我做合伙人后第一年，公司净收入为48 000美元，我从中占了6000美元的份额。这远远超出我预想能赚到的钱，要是守住这笔钱，我们可能就可以结婚了，但我那时还在过度交易。当我发现一种投机方法根据自己的判断会有好结果时，我便倾囊而出，尽自己最大的财力买入股票或是债券。行情总会突然掀起一些波动，一个浪头过来，我就被淹没了。只是在这种情况一而再再而三地发生后，我才学到不能太贪心而要始终保留一部分资本作为储备的教训。要是早点儿学到这个教训，我就不会因一次又一次不名一文而遭受那么多次的痛心疾首了。

1897年春天，也就是我作为豪斯曼公司合伙人第二年快结束的时候，我东拼西凑勉强凑齐几百美元，通过保证金交易买入100股美国炼糖公司（American Sugar Refining）股票。这次交易标志着我在投机操作的方法上发生了一个重大变化。我对这家糖业公司的前景进行了彻底研究。你也许会说我仍然在赌博，但这一次我是在对事实和资料做了精心分析之后，对这家公司将来会有什么变化形成了自己的判断。

那个时候，美国炼糖公司控制了全国3/4的食糖产量，拥有2500万美元税后盈余，派发给股东的红利一直极为丰厚。不过，公司的未来因有不确定性而蒙上了阴影。

当时通常被称为"糖业托拉斯"的美国炼糖公司，与咖啡商阿巴柯尔兄弟公司（Arbuckle Brothers）卷入了一场商战，两家公司都在侵入对方的领域。

　　另一个让公司未来变得复杂的因素是，公司可能会遭到国会调查。当时粗糖根据从价关税进口。外界传言，这家糖业公司的进口粗糖被人为压低了进口价格。国会终于展开调查，发现公司受到的指控确实有些根据；糖业公司必须因此支付 200 万～300 万美元未交税款。

　　不过，我买入糖业公司股票的时候，决定性问题还是在于关税。尤其是在农民当中，人们对"托拉斯"抱着相当大的对抗心理，并且这种敌对情绪已在人民党的宣传鼓动中反映出来。一个降低食糖进口关税的法案在众议院获得通过。既然这个法案获得通过便会使得国内的炼糖企业遭遇外来竞争，这家糖业公司的股价也就大幅下挫了。

　　参议院进行辩论之后，我认定参议院将赞成继续施行原有的关税征收，因为以农业为主的西部地区会觉得关税对国内的甜菜种植者有利。这一直是糖业代表在华府主张的主要观点，最终这一观点占据了上风。当通过的法案实质上使关税税率保持不变时，美国炼糖公司的股价突然发力，迅速蹿升，9 月初触及 159 美元的高位。

　　我一直在竭尽全力让自己的利润不断增加，也就是说，随着这只股票不断上涨，我利用已赚到的钱买入更多的股票。等我把手中的股票清空，我获得的总利润大约是 60 000 美元，这让我成了自己眼中的克罗伊萨斯（Croesus）[⊖]。

　　赚到钱后我做的第一件事就是给安妮·格里芬打电话，告诉她我们终于可以结婚了。开始她还不相信，老是说："这钱你赚得有多快，赔得就有多快。"我向她保证："这次我要留着。"我告诉她当天晚上就去见她父亲，跟他说我们结婚的事。

　　格里芬先生非常客气地接待了我，但对拒绝我们的婚事丝毫也没松动。他说，我是到他家来过的最叫人喜欢的年轻人，但我有我的宗教信仰，安妮

　　⊖　克罗伊萨斯，古希腊财神。——译者注

有安妮的宗教信仰。他坚持认为，这种差异对我们的婚姻会构成太大的威胁，我们的婚姻不可能幸福。

我把这些话告诉安妮，但这并没有让她改变嫁给我的意愿。于是，我们把婚期定在 1897 年 10 月 20 日。

* * *

我将糖业公司的股票套现之后，立即决定在纽约证券交易所购买一个交易席位。买席位花了 19 000 美元。当我把这件事告诉母亲时，我记得她是多么开心，又以什么样的神态和语气告诉我："太棒了，你的前途会更好！"

当天晚上，母亲和我打单人纸牌。按照一种老式打法，我玩牌，母亲洗牌、发牌。大概刚刚玩好一局，哈迪进来了。此时已过了午夜。他和奈瑟索尔小姐就他续签合同的事讨论了很长时间，两人的谈话并不愉快，闹得不欢而散。

为了帮他走出困境，我主动提出，要是他愿意安定下来，专心做交易，我就把自己在交易所的席位送给他。这时席位所有权还没放到我的名下。哈迪接受提议，从此结束了演艺生涯。

直到躺上床努力想睡着的时候，我才意识到自己做了什么事。要是我当时掏出心来，把微微颤抖的心放在桌上，我现在也不相信那会比失去席位让我感到更加痛苦。我辗转反侧，难以成眠，过了很久，最后认定只有一个办法可以消除我的痛苦——再给自己买个席位。

我和安妮结婚了，婚礼由理查德·范·霍恩（Richard Van Horne）博士、牧师阁下主持，他是格里芬先生的一个亲戚。霍恩博士身材矮小，蓄着一脸的络腮胡子，从外表和举止就可看出是个典型的牧师。婚礼开始之前，他告诉我，打算略去新教圣公会教徒婚礼仪式中提及圣父、圣子和圣灵的那些地方。我感谢他考虑周到，尽力与我信仰的婚礼仪式相一致，但我告诉他，尽管放心，就我来说，他完全可以像他平常那样主持婚礼。

为了度蜜月，我们从从容容地旅行到华盛顿，然后坐船去切萨皮克湾边的老波因特康福特海岬。我坐船总是晕船，这次也晕了船。接着，我们南下到我出生的地方卡姆登镇。

我们回到纽约后，与我的父母在一起住了一段时间，他们这时已在西 70 大街 51 号有了自己真正的家。后来，我们在西端大道 345 号租了一个小住所，这地方宽不超过 15 英尺。1899 年 8 月，我们的第一个孩子贝尔出生，她生于父亲在新泽西度夏的小屋里，是父亲给她接的生。

我们拥有的第一个房子在西 86 大街 351 号，是一座 4 层楼高的宽大褐石房，小伯纳德就出生在这里。这房子正好位于有轨电车公交线路的终点处，有个电车司机成了我们家的朋友，他叫彼得·米纳弗。在寒冷的冬天，我们总是准备好一杯热咖啡等他来，他喝了咖啡就会感到浑身暖融融的。每到 3 月 17 日小伯纳德的生日，彼得都会衣着盛装过来，给我的儿子一枚金币。

我们后来从这儿搬到西 52 大街 6 号，住在另一个宽敞的褐石房子里，最后，我们又搬到靠近 86 大街拐角的第五大道。

心里记着妻子在我们结婚前等了我那么多年，我总是设法对此做出补偿，我会买来各种各样的礼物给她惊喜。有一回，我为她买了一枚昂贵的戒指。"不要再给我买了，"她说，"我想要的都有了。"

我听了真高兴。

格里芬先生直到最后都没同意我们结婚，也没来出席我们的婚礼。可是，过了一段时间，他终于愿意和解。我非常愉快地听到他承认说，他自己想错了，本以为我们的婚姻因信仰的宗教不同会不成功的。

我们的婚姻很幸福，或许一个原因是我们彼此尊重对方的信仰。在我们结婚后的多年里，我妻子总会陪伴我去犹太教堂，参加星期五晚上的礼拜仪式。我也总是遵守基督教圣日的习俗——我现在仍然如此。我的妻子自己去教堂。

我们夫妻达成一致，认为两个女儿（分别出生于 1899 年和 1905 年的贝尔和蕾妮）应该接受洗礼，按照她们母亲的宗教信仰培养成人。至于儿子，我们决定，等他长大了，由他自己选择信仰哪种宗教。

对于宗教信仰，有很多方面我始终无法让自己信服其正确性，但我一直恪守一个规矩，绝不质疑任何人持有的信念，绝不试图以任何方式影响他们的信念。在我看来，一个男人或女人如何感知上帝，似乎始终是个具有强烈个人倾向的问题，每个人应该由其自己对此做出决定——而其他人则应给予尊重，无论其做出的决定是什么。

第 9 章

我的第一次重大交易

回首往事，现在似乎已清楚，我在糖业股票操作上的成功，标志着在如何成为成功的投机者方面我接受教育的过程真正开始了。

现代人在语言使用中已将"投机者"（speculator）一词变成了"赌徒和不计后果之冒险者"的同义词。其实，这个词源自拉丁文的"speculari"，而拉丁文的意思是"暗中查明情况并予以评判"。

我把投机者定义为：评判未来并在未来情形出现之前即采取行动的人。要成功地做到这一点，这是人类在处理一切事务包括在缔造和平和发动战争中的一种最无价的能力，有以下三件事必不可少：

第一，你必须获得关于某种形势或某个问题的事实；

第二，你必须就这些事实所预兆的前景形成判断；

第三，你必须及时行动——免得为时已晚，再行动已于事无补。

我听到很多人在谈到某件事时颇有见地，甚至是聪明绝顶——结果，当需要按照自己的信念实施行动时，却看到他们软弱无力。

行动需要及时付出，这一点可能特别突出了民主社会存在一种最残酷的两难现实。在民主制度下，多数人的意愿理应是要根据规则和原则进行控制和支配；但对于处理很多关键问题，如果行动拖延至所有人均已看到需要采取行动，那必然为时已晚。要是等到所有人都已看得清楚明白，一定是危险已经逼近或者让我们无法控制了。

对于有些问题，我们需要耐心等待，让时间来解决，而对于其他许多问题，不作为却可能是最糟糕的选择。

比如，我在第一次世界大战期间任战时工业委员会主席的经历教会了我：要想在下一次战争中预防通货膨胀和谋取暴利的不法交易，就必须在危急形势初露苗头时，立即对物价、工资、租金和利润予以上限控制。可是，在第二次世界大战开始后，富兰克林·罗斯福总统和国会都决定"耐心等待，看看再说"。非实施不可的全面上限控制在两年里都没有付诸实施，然后只是在通货膨胀飞速发展时才被迫得以实施了。

倘若我们在这两次战争一开始便采取预防通货膨胀的有效措施，那么我们国家背负的债务绝对达不到现在的一半，我们今天也就不会遭受诸多令我们痛苦不堪的问题之折磨了。

同样，在处理其他政府事务方面，当行动耽搁得太久时，一度可能做到的事情也变得不可能或是做起来成本过高。每当回想起伍德罗·威尔逊总统设法做到的事情时，我便深感这些年来缔造和平的代价已高得惊人。1919年，当威尔逊提议我们加入国际联盟时，这对很多美国人来说似乎太过意外，因而无法接受。但是，与我们为了和平事业已被要求付出的代价相比，与我们以及我们的孩子现在仍然必须付出的代价相比，这又算得了什么呢。

自"冷战"开始以来，我们已听到很多关于旨在"争取时间"的政策，而我们却未扪心自问：我们现在争取时间是为了什么？时间在匆匆流逝，它是在朝着有利于和平的方向发展吗？如果不是，那我们又怎能看见它发挥作用呢？

在股票市场上，你很快就能学到迅速行动有多么重要。我想起一次终生难忘的经历。

　　当时我正在新泽西州朗布兰奇和我父母一起度过 7 月 4 日国庆节那个周末。星期天晚上很晚的时候,阿瑟·豪斯曼打来电话,说有个报社的人告诉他海军准将施莱(Schley)已在圣迭戈消灭西班牙舰队。在杜威(Dewey)取得马尼拉海湾战役的胜利之后传来的这一消息,预示着美西战争即将结束。

　　第二天是 7 月 4 日,美国各交易所将会休市,但伦敦交易所将照常交易。在伦敦交易所开盘时,如果下单买入美国股票,便可以赚到数目可观的利润。要做到这一点,我们必须赶到纽约,在天亮之前发出越洋电报。

　　然而,在星期天晚上这种时候,已没有火车在跑了。搜寻到一些铁路员工之后,我们租了一辆带煤水车的机车和后面连着的一节旅客车厢,旅客车厢载着我们驰向新泽西州一边的哈德逊河渡口。当我、克莱伦斯·豪斯曼和我弟弟塞林坐在车上穿过黑夜飞奔在去纽约的途中时,时间肯定没超过深夜 2 点多少。

　　这是我第一次乘坐的"专列"。真是太刺激了!我们的专列一边轰鸣着掠过沉睡的城镇和小村庄,我一边好像有点儿在重复着一次金融壮举,一次据传说是纳森·罗斯柴尔德(Nathan Rothschild)在滑铁卢战役时创下的壮举。

　　在英国政府未能而自己承兑惠灵顿的汇票时,罗斯柴尔德就已经把自己的财产押在了拿破仑将被推翻上。惠灵顿在比利时发动的攻势开始时出师不利,导致英国的证券价格出现一片萧条景象。罗斯柴尔德为获得战事第一手信息先前已渡过英吉利海峡,据说在战役态势转向不利于拿破仑时他就在滑铁卢的战场上。通过将这一消息提前几小时在官方信使之前送到伦敦,他让罗斯柴尔德家族在股市反弹前买入了大量股票。

　　我们乘坐的火车急速穿过黑暗,仿佛历史正在重演。想到美国军队环绕半个地球从古巴到菲律宾在陆上和海上都获得了怎样的胜利,我心中涌起了一股帝国豪情。我丝毫没想到多年后一个"美利坚帝国"的存在可能会带来什么样的问题和责任。

当我们赶到位于曼哈顿下城的公司时，我才发现仓促之间自己忘了带钥匙。幸好，门顶窗开着。塞林体重大约只有150磅，我从下面托着他，让他爬了过去。太阳还没升起，我已在发电报了。

在伦敦股市开盘后几分钟里，类似于电影中经典画面的场景呈现在我们的眼前。比我们稍晚赶到办公室的阿瑟·豪斯曼，摇通曲柄电话，把客户从假日酣甜的梦乡中一个个惊醒。他一直是个乐观豁达的人，天生就具有做这份工作的素质。我在电报机旁忙不迭地发电报，耳边断断续续飘来豪斯曼兴奋无比的话语："美利坚打了大胜仗……合众国一个世界强国……新财富……新市场……可以和英吉利相抗衡的帝国……多年里最壮观的股市繁荣……"

几乎从豪斯曼打电话的每个人那里，我们公司都接到了吃进股票的买单。我们在伦敦大量买入美国股票，以满足这些买单和我们自己持有的需要。第二天上午，纽约的交易所开盘，所有股票一路飘红。我们在伦敦买的股票立即产生了很大的利润。我们几乎干净彻底地击败了纽约的其他证券经纪行。除了快速赚到大量利润以外，这次精彩的成功之举还让豪斯曼公司赢得一个美名：一家机智敏锐、知道何时采取行动的公司。

* * *

我不知道我们公司新赢得的声誉是否起了作用，反正过了几个月之后，有人给阿瑟·豪斯曼带来了一项提议，这件事后来证明是我职业生涯的一个转折点。

这项提议让我承担起一次重大交易，这是我从到华尔街以来还没遇到过的重大交易，同时也让我以一种全新的方式进行股市运作。另外，这也标志着我与一个人建立起了长期而亲密的友谊，此人就是那个时代金融巨人之一的托马斯·福琼·瑞恩（Thomas Fortune Ryan）。

瑞恩是个相貌惹人注目的人物，身高 6 英尺 1 英寸，你在哪儿也听不到像他那样轻柔、缓慢、文雅的南方嗓音。他要是想给人留下特别深的印象，总会压下声音窃窃低语，但他行动起来像闪电一样迅疾。他还是我在华尔街私交比较深的人当中最足智多谋的人，似乎从来也没什么事会让他猝不及防，出乎他的意料。

瑞恩是弗吉尼亚州一个贫穷农民的儿子，完全靠自己的努力劈出了一条通向财富和影响力的道路。很多人会带着尖锐的语气批评他冷酷无情，指责他不可信赖。在都市街区铁路公司突然垮掉之后，一项就他在其中所起作用的大陪审团调查，得出结论认为他没有实施犯罪行为，但发现"他在很多事情上应受到严厉谴责"。不过，我发现他在和我进行的所有交易中都是细致严谨的。

我第一次见到瑞恩时，他已作为塔曼尼协会[⊖]中一个举足轻重的人物确立了自己的声望和地位，并且控制了纽约城市运输公司。这时他正打算侵入詹姆斯·杜克（James Duke）的烟草帝国。

杜克绝非等闲之辈，跟他缠斗在一起可没什么好处。有个故事能说明他的个性极为刚强。有一回，他的好几位生意伙伴利用詹姆斯·基恩买入美洲烟草公司（American Tobacco）的控股权。杜克马上毫不客气地告诉他们：虽然他们可能拥有了公司，但并不拥有他杜克；他要出去办一家公司跟他们较量。杜克的对手都蔫了。他们到底还算精明，不想让美洲烟草公司失去杜克的智慧。

此后，杜克乘胜追击，开始吞并一家又一家竞争对手，到 1898 年时，只剩下三个颇有实力的独立公司尚未纳入他的"托拉斯"。一家是布莱克

⊖ 塔曼尼协会（Tammany Hall），于 1805 年作为一个慈善组织成立，1817 年后开始转变为纽约市的民主党实力派组织，19 世纪末 20 世纪初发展到顶峰阶段，因贿赂不同政治派系的领导人而成了政治腐败的同义词。——译者注

威尔烟草公司，其著名的达勒姆公牛牌烟草最受自己动手卷烟的烟民青睐。另外两家独立的烟草公司是全美卷烟公司和利杰特—迈尔斯烟草公司；前者的海军上将牌卷烟与杜克的香卡勃拉牌卷烟势均力敌，抽卷烟的人在一起吞云吐雾时嘴巴里喷出的烟总是这两种牌子的，后者的星牌咀嚼烟草销量超过杜克的战斧牌。当时有报道说，杜克一年花费 100 万美元来促销战斧牌。

当然，如今卷烟已占到烟草销量的大半份额，可在 1898 年，我们国家的烟民主要还是咀嚼烟草、用烟斗吸烟、抽雪茄烟、吸鼻烟。在三个独立的烟草公司当中，利杰特—迈尔斯烟草公司生产咀嚼烟草，是最重要的公司。在那个年代，女性烟草消费者都是乡姑村妇，其中大部分在南方，她们喜欢把烟草捻入圆头烟斗中抽吸，或者吸鼻烟，要不就放在嘴里咀嚼。当时，教堂和主日学校都在积极开展一场反对吸卷烟的运动。我要说，这场格调高尚的宣传运动大部分均受到咀嚼烟草和雪茄利益集团的秘密资助，这些利益集团利用无知的参加运动的人作为自己的牟利工具，我这样说希望不会损害任何人对人类善良动机所持有的信念。

我本人此前已放弃尝试学嚼烟草，因为它让我恶心，对于用达勒姆公牛牌烟草自己卷着抽已感到心满意足。

杜克每次在主动示好希望能够实现合并时，利杰特—迈尔斯烟草公司，还有布莱克威尔烟草公司和全美卷烟公司，全都断然拒绝了他。杜克多次发动无情的降价和广告攻势，想迫使这三家公司破产倒闭，但三家公司都成功击退了杜克的每一次攻击。

然后在 1898 年秋季，这几家独立烟草公司之一的全美卷烟公司，被以瑞恩为首的财团收购。接着，全美卷烟公司又并入新组建的联合烟草公司，尽管这家公司注册设立时不太引人注意，但它实际上受控于瑞恩、威廉·惠特尼、怀登纳尔（P. A. B. Widener）、安东尼·布拉迪（Anthony N. Brady）、威廉·艾尔金斯（William L. Elkins）以及其他一些具有同等实力的人。公司总裁是威廉·巴特勒（William H. Butler），他先前是美洲烟草公司的副总裁，但因与杜克不和闹翻了脸。

大约这个时候，我们经纪公司对正在上演的烟草大战得到了一条有价值的线索。这条线索是由哈兹尔廷（C. W. Hazeltine）或者我们称之为哈兹尔廷上尉的人带给我们的。哈兹尔廷是安纳波利斯⊖毕业生，曾为了多赚钱从美国海军退役转而经商。我们在与西班牙进行短暂的战争时，他返回海军服役，现在又脱下了军装。

一天，哈兹尔廷来我们的办公室见阿瑟·豪斯曼。经过短暂的交谈之后，他和豪斯曼先生各自拉了把椅子在我办公桌边坐下来。哈兹尔廷解释说，他得知联合烟草公司正在策划收购利杰特—迈尔斯烟草公司，如果收购成功，联合烟草公司将成为杜克公司的有力竞争对手。哈兹尔廷特别提到，他跟利杰特—迈尔斯烟草公司的人都很熟，他认为自己可以让我们和这些人联系上。

我采取的第一个步骤就是先拜访乔治·巴特勒，然后拜访瑞恩先生。乔治·巴特勒是威廉·巴特勒的兄弟，威廉·巴特勒一度是美洲烟草公司的高管，现在是联合烟草公司的总裁，这两个人我都不认识。

开始交谈时，他们都很谨慎，口风很紧，但我推断哈兹尔廷说得没错，他们是想购买利杰特—迈尔斯烟草公司，而且利用哈兹尔廷给我提供的信息，我可以让这两位先生相信，我在这件事上可能不无用处。

从威廉·巴特勒这方面来说，我得知这必将是针对杜克的一场非同小可的战争。他的目标就是要把三大独立烟草公司联合起来，置于联合烟草公司的旗帜之下，合三为一让杜克日子不好过。

⊖ 安纳波利斯是马里兰州首府，多历史遗迹和18世纪建筑，有"美国的雅典"之称。这里有创办于1845年的美国海军军官学校。——译者注

此后不久，1898 年 12 月初，联合烟草公司宣布收购布莱克威尔烟草公司及其著名的达勒姆公牛品牌。这一收购行动使利杰特—迈尔斯烟草公司成了既不受杜克控制也不受瑞恩控制的唯一一家大型烟草公司。

不管杜克对威廉·巴特勒此前"起义"离开美洲烟草作何感想，反正现在他是意识到已置身于一场战斗之中必须奋起而战了。利杰特—迈尔斯烟草公司的股票正巧大部分在圣路易斯人的手上。杜克的代理人急忙赶到圣路易斯，报出诱人的价格，诱惑利杰特—迈尔斯烟草公司的股东出让手中的股票。

瑞恩把我召到办公室，介绍我认识威廉·佩吉（William H. Page），此人是一名律师。瑞恩叫我们两人去圣路易斯设法抢在杜克的人之前把事情搞定。我和佩吉一起离开，踏上了火车。

像我一样，佩吉也是第一次为瑞恩先生承担这么重要的工作。在圣路易斯，我们在南方宾馆驻扎下来。乔治·巴特勒已先于我们到了那里。我们先拜访了利杰特—迈尔斯烟草公司的总裁摩西·威特莫（Moses Wetmore）上校，以此开始我们的行动。

摩西上校是个有趣且不同寻常的人物——既平易近人又精明狡黠。他拥有种植园主宾馆，在里面开了一个套间，我们在此度过了一些非常愉快的夜晚。

另一个非常引人注目的人是威廉·斯通（William J. Stone），绰号叫"侦探比尔"，他不是利杰特—迈尔斯烟草公司的律师，就是威特莫上校的律师，我记不清是哪一个了。"侦探比尔"曾做过密苏里州州长。后来，作为美国国会参议员，他是"固执 11 人"之一，就在我们参加第一次世界大战前，这些人故意以冗长拖沓的发言，阻挠威尔逊总统力图武装我们国家的商船。

奇怪得很，我对签订正式协议之前的谈判几乎想不起来，只记得谈判持续了好几周。说起我们的策略，最主要的就是在社交上搞好关系，让自己受人欢迎。

圣路易斯至少在当时还有一半南方的气息，高压式行事方式在这里绝对不起作用。巴特勒是摩西上校的一个老朋友，纸牌玩得出类拔萃，说起故事来也是娓娓动听。佩吉在这些方面跟巴特勒不相上下。几乎每天晚上，他们两人都会在种植园主宾馆与上校见面，为的是能友好地喝上一杯，在一起玩一会儿纸牌。我自己和哈兹尔廷的任务是与一些持有大量股票的利杰特继承人保持接触。我可以用佩吉的原话对整个收购行动做个描述，他说："我们通过亲切待人的行事方式逐渐消磨掉了摩西上校的意志。"

关于交易谈判的事，报纸上的很多报道在人们中间流传，我生平第一次发现自己成了众人瞩目的焦点。自然，这对于一个首次承担重大交易使命的28岁的人来说也并非令人不悦。头一天所有报纸都会报道说杜克"托拉斯"的代表已取得了胜利，到第二天，又有报道称谈判局势"尚不明朗"，再过一天，传言又说威特莫上校已把公司股份全卖给我们了。

当地民众的反应非常强烈。圣路易斯人以利杰特—迈尔斯烟草公司为傲，他们希望公司能保持独立。这里的人对"托拉斯"存有特别的偏见。有一次，当地杂货店主协会大约有100名会员一起游行到利杰特—迈尔斯公司的工厂，他们佩戴的袖章和举着的标语牌上都是"反对托拉斯"的字样。威特莫上校接见了他们，并没给他们任何承诺就把他们高高兴兴地打发回去了。

这件事情的结局是，利杰特—迈尔斯烟草公司继承人和其他公司的股东让上校拥有购买他们手上股票的期权。上校有了这个期权，加之自己持有大量股票，便能决定并购事件的走向。他选择跟我们走。这样，双方达成了一个协议，根据协议，我们拥有买入超过半数利杰特—迈尔斯烟草公司股本的期权，买价略高于 660 万美元。

交易文件在起草时出现了一个问题，即究竟哪一方该支付一笔 20 万美元的法律费用。佩吉和"侦探比尔"决定用抛硬币来确定。我们输了，但我相信这很值得，因为我们在圣路易斯的烟草民众中建立了友谊。

* * *

至此，瑞恩一群人和杜克之间的较量已扩展到更广的战场上。作为这场斗争的一个手段，杜克已经新设了一家子公司，即大陆烟草公司，公司股票在场外交易所（Curb Exchange）⊖交易。

那个时候，场外交易所就在纽约证券交易所前面的露天大街上。所有的场外交易经纪人都聚集在百老汇大街上，在露天大街上进行证券交易，无论是雨天还是晴天，也无论是刮着暴风雪的寒冬还是热浪蒸腾的酷暑，都是如此。他们常常通过站在附近各自办公室窗口的公司职员发出的信号来接收买卖证券的报单。单子的成交情况，他们也会发信号告诉公司职员。

为了骚扰杜克并让他知道联合烟草的强势和财力，瑞恩决定通过操盘对大陆烟草股票实施攻击。我被从圣路易斯叫回来，负责这次操盘。在圣路易斯时，收购行动有一帮人参与，我是其中之一，而在这里，操作过程完全由我控制，我只听命于瑞恩。

我会在每天早上去见瑞恩。他住在西 72 大街，与我住的地方只隔几条街，我到市中心去的路上会在他家短暂停留一下。通常去看他时，他还没起床。在一般情况下，我会被引进他的卧室，有时他一边对我说着话一边刮着胡子。

几年之后，很多人议论瑞恩和他妻子闹僵分居了，可那时候，他们看起来还是一对恩爱夫妻。确实，瑞恩显得心无旁骛，只专注于生意上的事。而相比之下，他妻子则把全部精力放在家庭中，放在正在成长的几个孩子身上。她的孩子全是男孩，在屋里满处乱跑，闹腾得厉害。那年冬天，她还给我的宝贝女儿贝尔织了一件小巧的羊毛夹克。

在大陆烟草股票上的交易是我在场外交易所进行的第一次大单操作，也

⊖ 1921 年之前的场外交易所是美国证券交易所（AMEX）的前身，后者现在是美国第二大证券交易所。——译者注

是我在那里做过的为数不多的几次操作之一。我当时并非一流的场上交易员，说实话，我也从未成为过一流的场上交易员。不知何故，我就是缺乏那种天赋。幸好，我发现得够早，知道自己没那种天分。很多人给自己做经纪人，会省下几美元交易佣金，结果却是损失成千上万美元。

为了这次行动，我雇请了两个经纪人。瑞恩先生容许我有 20 万美元的损失。1899 年新年过后不久，我就开始动手了。

大陆烟草这时的交易价是 45 美元。经过 6 个星期操盘，我把这只股票打压到 30 美元。要不是人们害怕一场即将打响的烟草大战会给大陆烟草造成损失，这只股票也不至于被赶到那么低的价位。

在通常情况下，当一只股票价格下跌时，市场上进行卖空投机的经纪人为了将股价压得更低，总会在股票下跌时继续卖出股票。而我却采取另一种战术，当这只股票行情疲弱时，我买进，等它回升了，我又卖出。即便我一边把大陆烟草股价压低了，这种操盘手法还是让我一边有净利可赚。

一天，我比平常干得更加得心应手，这时瑞恩先生冲到我们公司，叫我收手。他问我给他赔了多少钱。我告诉他，一分也没赔，倒是给他的账户赚了很多。

"我要你惹恼他们，不是要你把他们毁了。"他声色俱厉地警告我，但我知道他心里高兴。

通过袭扰大陆烟草公司股票，瑞恩展示了可以撼动杜克烟草"托拉斯"的力量。我一被告知停止操作，华尔街上就听到人们传说杜克与瑞恩"军团"之间已达成谅解。

在 1899 年 3 月 1 日召开的董事会上，美洲烟草公司董事正式同意收购联合烟草。联合烟草将带来布莱克威尔烟草公司的达勒姆公牛品牌、全美卷烟公司，外加利杰特—迈尔斯烟草公司。瑞恩、怀登纳尔和布拉迪被选为美洲烟草公司董事。整个交易的最后结果是，瑞恩和以他为首的一群人甚至在闯入杜克组织核心的同时，实际上还使美洲烟草公司更好地垄断了市场，从而赚得丰厚利润。

巴特勒兄弟二人当初启动联合烟草公司，目的是要建立一个让杜克"托拉斯"自惭形秽的"托拉斯"企业，但是，瑞恩看到另一种解决问题的办法，并且按照自己的意愿行事了。瑞恩受到指责，说事情一开始他就与杜克暗中串通勾结。我不知道事情的真实情况，但鉴于瑞恩指示我对大陆烟草股票所进行的操控，这种说法难以成立。

争夺烟草市场份额的大战尘埃落定，美洲烟草及各子公司的股票价格迅猛攀升，达到的高度使杜克和瑞恩在整个行动中付出的代价均物超所值，将他们先前的暂时性损失全都弥补了回来。

或许还有一点值得一提。过了一段时间，政府强行责令烟草"托拉斯"解散，尽管杜克进行了激烈对抗，这个"托拉斯"企业还是解体了。几年以后，我碰巧遇到杜克。"为反对解散烟草'托拉斯'，我进行了奋力抗争，"他告诉我说，"可要是再把它重组到一起，我要费更大力气。我们解散之后，相互竞争，赚的钱倒是更多了。"

垄断经营常常就是如此。它的劣势甚至连那些实施垄断经营的人也不知道。

* * *

这次参与烟草大战使我开始了与瑞恩的交易合作，到1928年他去世时，他一直是我的朋友。瑞恩不是一个轻易可以了解的人。对有些人，他表现出一种令人费解又反复无常的行为——有时对他们慷慨仁慈，有时又对他们冷酷无情。

除非要进行某个特定交易，否则我会婉言拒绝和他绑在一起，我会坚持根据自己对规则的理解而不是他或任何其他人对规则的理解来玩游戏。为这些原因，有好几次我都让他大为光火。

我这种保持自我独立的态度在我们两人关系的早期终于受到考验。当时瑞恩和威廉·惠特尼想方设法要让詹姆斯·基恩遭受牢狱之苦。他们搜罗一些罪名，控告他挖墙脚，损害他们有股份在其中的一家银行的利益。他们请我出庭作证，我拒绝了。

过去发生的那些争斗都是极其残忍、执意要干到底的较量，敌对双方之间谁也不心慈手软，谁也不乞求怜悯。

我本来以为，自己拒绝作证指控基恩会让自己与瑞恩的关系就此终结，但这事发生之后，他对我似乎比以前更加信任了。即使在瑞恩和基恩如此交恶的时候，我都能让他们两人依然信赖我，我不免有些得意。

在那些早期岁月里，有一次瑞恩先生请我到他新成立的莫顿托拉斯公司（Morton Trust Company）的办公室。他的办公桌在里面一间。我问他，由于都市街区铁路公司那件事，他受到了攻击——这也是咎由自取，他对此有何感想。他以惯有的平静、缓慢、低沉的声音回答说："哦，你现在并没看到有砖头扔进那个窗子呀！"

然后，他起身走到一个大保险柜旁，说："这里有不少东西，希望你都拿下去卖了。"

柜子里塞满了佐治亚太平洋铁路公司第一、二、三期债券。这些债券随随便便扔在柜子里，好像一堆废纸似的。据我回忆，当时它们的平均价格大约是 9 美元。

我叫了一辆出租马车来拉债券，债券堆满了马车的底部，我坐上位子时，双脚都没处放。就这样，我坐车到了我们经纪行。我开始研究佐治亚州的那条铁路，想办法让人有兴趣购买这些债券。

有一天，这些债券的市场交易价大约是 30 美元，瑞恩先生打来电话，想知道我为何还没把债券卖了。我告诉他，我正是在按照他的指示行事，当我看好行情，觉得债券价格还会走高，才可以卖。他老是催我脱手，于是我便以大约 50 美元的价格把债券卖了。最后，这几只债券的价格一路上涨，几乎达到了平价[⊖]。

在利杰特—迈尔斯烟草公司交易后不久，瑞恩先生给我下达指令，让我购买诺福克—韦斯特公司（Norfolk & Western）的控股权。我没把股价推高多少，一次就成功地为他买进大批股票，不过买入量还不足以达到控股。

另一次，瑞恩先生请我收购沃巴什（Wabash）铁路的控股权。到这时候，我已是名副其实的大交易员了，在为别人执行交易指令时，可以做到不引起他人怀疑我不是在给自己买入。实际上，有时正是那些给我买入指令的人会说："不知道巴鲁克都在给谁吃进那只股票。"他们放烟幕，设法混淆视听，不让好打听的人知道背后的买家。

买入沃巴什控股权的交易有一个方面或许值得一提，可以作为例子说明经纪人如何在一起合作。我在走向沃巴什股票的交易席位时，看到戴弗·巴尼斯（Dave Barnes）坐在那儿。戴弗是我在朗布兰奇认识的一位好友。他和一些朋友喜欢游到海里去游泳，游的时候脖子上都用绳子吊着个小小的威士忌扁酒瓶，不时地从扁酒瓶上嘬一口，好让身子不要冷下来。

这天，戴弗正在出价卖出沃巴什股票，普通股每股大约卖三四美元，优先股是 17 美元左右。如果我从戴弗手上买股票，我知道他转身就会开始买入沃巴什股票，然后以更高的价钱卖给我。

我走过去在他身旁坐下来，说："戴弗，听我一句，这只股票你不要卖了，今天就到此为止，离开吧。"

"行啊，巴里。"他回答说，然后起身走了。不知道出于什么原因，巴尼斯总是叫我巴里。

⊖　一份公司债券的平价即面值一般为 100 美元。——译者注

于是，我继续买入沃巴什股票，普通股和优先股都买，不过巴尼斯再没来干扰我。要是我设法跟他斗智，显示比他更精明，那可能会给客户造成数万美元的损失。我只是直接请戴弗收手不要再干，让我好执行自己的交易。他知道，哪天我也会为他做同样的事情。这就是那个时代经纪人如果相互认识并相互信任便如何相处的。

因为参与利杰特—迈尔斯烟草公司那桩交易，我给公司赚了 15 万美元佣金，考虑到这桩交易的规模和重要性，这笔佣金也不算很多，但我那时可不像后来经常能赚到这么多。不过，15 万美元对豪斯曼公司来说非同一般，这笔佣金占了当年公司利润的相当大一部分，公司的利润总额是 50.1 万美元。总利润的 1/3 分给了我，我在公司占的股份已由阿瑟·豪斯曼先生从 1/8 大幅度提高了。接下来，我们在百老汇大街的几个大办公室里办公，我们正逐渐成为金融区内一家大型证券经纪公司。

| 第 10 章 |

我犯了一个错误

那年公司利润丰厚，我拿到分红后，花了 39 000 美元在纽约证券交易所买了一个交易席位。两年前，我用 19 000 美元买下一个席位，又送给了哈迪。这次新买的席位是上次两倍多一点儿的价钱，买席位的代价上升了，可我没放在心上。

看到自己的名字列在交易所会员名单上，我像喝了一杯美妙无比的烈性甜酒，精神振奋，情绪高涨。我浑身洋溢着自豪，充满着自信，开始四处探寻新的金融冒险机会，但很快我就懂得：赚到钱是一回事，留住钱又是一回事。实际上，赚到钱常常比留住钱更加容易。

我接下来犯了一个愚蠢的错误，即便最业余的人在股票市场犯这样的错误，也不容原谅。我听说美国烈酒酿造公司很不错，值得买进。托马斯·福琼·瑞恩就表达过这样的观点，或者说，一个比我与瑞恩先生接近得多的人告诉我瑞恩这样说过。我相信瑞恩先生的判断，于是就买了。

以前的烧酒养牛[⊖]联合公司即"威士忌托拉斯"在 1893 年的金融恐慌中轰然垮掉，美国烈酒酿造公司正是这个"托拉斯"遗留下来的残羹冷炙——

⊖ 酿酒的下脚料酒糟可用来养牛。——译者注

说是狂欢暴饮后的宿醉可能更为确切。当我买进美国烈酒酿造公司股票的时候，这家公司仍然是美国规模最大的烈性酒制造商和销售商。听说将美国烈酒酿造公司与其他三家大型烈性酒企业合并的举措正在酝酿之中，我便把所有的钱都投在了美国烈酒酿造公司的股票上，因为这一合并本会将美国的威士忌业务几乎全都"装进一个瓶子中"。

即将合并的消息公布于众了——但事与愿违，美国烈酒酿造公司的股票此前像冒着气泡涌出瓶子的香槟酒一样噌噌地往上猛涨，这会儿再也不嘶嘶作响了。既然我没留下一分钱的现金储备，为了弥补保证金不足，无奈之下我被迫卖掉持有的其他股票。事实证明，这次操作真是应了"赔了夫人又折兵"那句话。

利杰特—迈尔斯烟草公司那桩交易大告成功，我洋洋自得，自视甚高；这之后不过几个星期，我又"刮桶底找酒喝"⊖了。

这是我至此为止遭遇的最为脆败的一次失利，就损失占全部财力的比例而言，还是一生中最大的损失。我之前给妻子买了一辆黑色的豪华折篷马车，车上装有厚玻璃制作的几盏吊灯，还雇了两个身穿制服的男仆照顾她乘车出行。现在，我只好告诉她，我们只能放弃我们"在戏院包厢里的那两个座位"，其他的梦想也只能推迟实现了。

我灰头土脸地向瑞恩先生老实说了自己为何变得如此落魄。

"我叫你买那只威士忌了吗？"他问道。

没有，我说，我从未问过他关于这只股票的事，可我听到过一个与他关系密切且喜欢我的人说瑞恩认为这只股票非常好。

"千万不要理会关于我向其他任何人讲了什么话的说辞，"瑞恩以他一贯平静的语气回答，"很多问我问题的人都没有权利知道答案，但你有这个权利。"

⊖ "刮桶底找酒喝"的意思是手上的资金亏得所剩无几。——译者注

我从投资威士忌遭受重创中学到了很多。**关于内幕消息，这次的挫败教会了我一点，即人们有时不经意地露出一些话语，其实是蓄意要把小米诺鱼⊖引进网中，好来喂大鱼。我就做了一回小小的米诺鱼。**

我在华尔街做交易的时间越长，便越不相信各种各样的小道消息和"内幕"信息。

如果假以时日，我相信内幕信息也能破坏英格兰银行或者美国财政部。

常常有人编造内幕信息来误导易于轻信的人，而且关于内幕信息，情况还不仅仅如此。即使内部人知道他们的公司正在做什么，他们也可能因为知道内情而疏忽大意，犯下愚蠢的错误。

关于内幕信息，似乎有些方面会令人麻痹，让你无法运用分析推理的理性思考能力。**其中一个原因，是对于知道他人所不知道的事情，人们非常重视，哪怕并非确有其事。一个人要是没有特别的信息渠道，可能会去研究某个形势下的经济事实，会冷静地以此为据实施行动。如果要让同一个人有了内幕信息，那么他会觉得自己比别人聪明得多，这样连最显而易见的事实是他也会视若无关紧要。我看到过有些内部人不愿卖出股票，几乎每个人都已看清他们应该卖出时，他们还是死死捂住不放。**

长期以来，我发现人们依靠自己对经济事实进行冷静而客观的判断是更为可取的做法。著名的库恩—洛布银行的奥托·卡恩（Otto Kahn）喜欢讲述一个情景。有一天，联合太平洋铁路公司股票在市场上交投活跃。他正开始告诉我些什么，我打断他说："请你别跟我说联太现在怎么样了。我不想让自己的判断受你的话影响。"

美国烈酒酿造公司自存在以来一路风风雨雨，让很多人的财富随之化为乌有，可谓狼藉遍野。后来詹姆斯·基恩对我说，一些与这家公司有关联的

⊖ 米诺鱼，是多种小型淡水鱼类的总称，喜群游，可做鱼食和活饵。——译者注

人不择手段，希望能让自己从绝境中摆脱出来。我在这里提起基恩的话，并不是要为自己找借口，也不是要解释自己为什么赔得那么惨。怪就怪自己判断错误，其他人都没有责任。

我在整个操作过程中，每一步都违背了合理明智的投机应遵循的行事准则。我将调查做得浮光掠影，只注意表面的东西，之后又根据未经核实的信息采取行动。到头来，就像此前和此后那些无以数计的人们那样，只会自食其果，咎由自取。

* * *

在投机"威士忌托拉斯"惨败之后，我费了几个月时间才找回勇气，不过勇气也来得及时。我四处寻找良机，开始注意到前州长罗斯威尔·弗劳尔（Roswell P. Flower）所做的事情。

亨利·克卢斯（Henry Clews）⊖说过，弗劳尔让他想起了知书达礼、身着节日盛装的农场主。这样描述弗劳尔恰如其分。的确，弗劳尔早年生活在纽约州北部的一个农场里，他幼时丧父，不仅要为养活自己奔波劳碌，还要在家里承担起一个男人的责任。他做过国会议员和纽约州州长。

弗劳尔先生已证明他是个经验丰富的公司高层管理人。在芝加哥煤气公司和芝加哥洛克岛太平洋公司时，他都显示了经营才干，可以接手破败不堪的公司，通过引进令人满意的行政管理方法提升公司的盈利。弗劳尔州长声望很高，据说，只要他在"街上"反复对朋友们说某只股票不久就要涨了，他就可以让公告版上任何一只股票涨起来。

当我开始注意到弗劳尔州长时，他已接手掌管布鲁克林捷运（BRT）公

⊖ 亨利·克卢斯，1836—1923，美国金融家，1908 年著有《华尔街 50 年》，此书已由机械工业出版社出版。—译者注

司。他刚上任那会儿，BRT 公司股票以 20 美元左右的价格在股市交易。州长宣布说：BRT 公司管理不善，经营不当；在胜任其责的管理层领导下，公司有能力实现盈利，提高后的盈利可以让股价名正言顺地达到 75 美元。于是，他开始拨乱反正，整顿公司的经营管理。公司营业收入上升，股价也随之起来了。

1899 年春季，BRT 公司股票是股市上的一只领涨股。在这只股票向上攀升的途中，我动手买了几次，但现在开始担忧起来。公司的财务报表不像应有的那么清晰明了。直觉告诉我，情况有些不对头。

不过，一直到现在，弗劳尔州长所做的每一次预测都兑现了。当股价 20 美元时，他宣称要涨到 75 美元；等股价涨到 50 美元，他又预测会涨到 125 美元。这些预测没有哪一次未变成现实。

4 月，股票上涨到 137 美元，然后开始萎靡下来。这时市场上有人议论，说这只股票推升得太快，也推得太高，任何合理稳健的盈利预测都难以支撑股价如此快速的飙升和如此巨大的涨幅。我同样持有这个看法。

1899 年 5 月 12 日的晨报上都刊载了一份声明，文章结尾处署有弗劳尔州长的大名，声明说 BRT 公司的盈利正在稳步增长，公司前景一片光明。这一消息刺激了股价上涨。

但是，当天下午，这只股票风云突变，猛然跳水，因为有利空消息传至证券交易所，不知道消息从何而来，消息说弗劳尔州长突然染病，病情危急。那天傍晚，交易所收盘后，《华尔街日报》以大字标题"前州长弗劳尔安然无恙"发表了一篇安抚性社论，文章说他突发消化不良症。但是，等报纸发售到"街上"时，弗劳尔州长的身体状况发生了变化，他已处于弥留之际。

弗劳尔州长先前带着疲惫不堪的身体，去长岛一家乡村俱乐部，准备钓一天的鱼。春风和煦，暖意融融。州长照例吃了一顿丰盛的午餐（只是他称之为晚餐而非午餐）之后又喝了一壶冰水。他差不多立马就病倒了。晚上 10 点半，他的死讯被公之于众。

　　第二天上午，恐慌占据了证券交易所。要不是有人组织强力护盘以缓冲消息对股价的冲击，可能灾难性后果就会随之而来了。参与联合护盘的有 J. P. 摩根、范德比尔特家族、达里尔斯·米尔斯（Darius Mills）、约翰·洛克菲勒（John D. Rockefeller）、亨利·罗杰斯（Henry H. Rogers）以及詹姆斯·基恩。

　　当股价跌到 100 美元后，市场上传言有一些大腕儿在维护股价，股票便出现了反弹，缓缓回升至 115 美元。然后，那些大腕儿为避免引起市场严重恐慌，悄悄地开始撤出 BRT 公司股票。虽然市场上其他股票都慢慢上涨了，但 BRT 公司股票逐渐滑向 100 美元。9 月的一天，股价击穿 100 美元。为让股价维持在 100 美元的位置，艾里·沃姆瑟尔（Allie Wormser），也就是 I. S. 沃姆瑟尔公司某位合伙人做运动员的那个儿子，出价 100 美元买两三千股。我眼睛眨也不眨一下就卖给了他。

　　那些股票再也没卖上那个价。这一年还没过完，BRT 公司股票就下跌到 60 多美元。我在 BRT 公司股票的整个操作中大约赚了 60 000 美元。我的信心又开始回来了。

＊　＊　＊

　　我重新找回的自信不久便受到一次至关重要的考验。1901 年春天——此时我 31 岁，联合铜业公司的发起人聚合在一起，准备联手抬高公司股价。联合铜业于 1899 年组建成立，作为一家联合企业，其设立宗旨是要像洛克菲勒运用美孚石油控制炼油业那样，在铜业实现垄断。⊖托马斯·罗森（Thomas

---

⊖ 1863 年，约翰·洛克菲勒与其合伙人成立 Rockefeller, Andrews & Flagler 石油提炼公司，并于 1868 年使其成为当时世界上最大的炼油公司。1870 年，洛克菲勒成立俄亥俄美孚石油公司，开始并购其他石油企业。1882 年，此公司联合其他石油公司成立美孚石油托拉斯，成为美国第一家托拉斯组织，控制了美国石油产业。美孚石油托拉斯的三位重要人物是约翰·洛克菲勒、亨利·罗杰斯和威廉·洛克菲勒。——译者注

Lawson）于 1905 年出版了一本极其精彩的书，名叫《疯狂金融》（*Frenzied Finance*），他在书中讲述了这次联手操作的全班人马如何奇怪地聚拢到一起。

联合铜业的发起人开始是从马科斯·戴里（Marcus Daly）手中收购 Anaconda Copper 及其他公司，总收购价为 3900 万美元。根据罗森在书中的描述，为这笔钱，戴里和他的一些朋友收到了一张由国民城市银行⊖签发的全额支票，他们得到私下约定，以后可以据此提出现金。

于是，联合铜业的股票开始认购了，核定股本为 7500 万美元。罗森负责引起公众的认购兴趣。美国金融界最耀眼的人物中有几位（亨利·罗杰斯、威廉·洛克菲勒和国民城市银行的詹姆斯·斯蒂尔曼（James Stillman））由广告宣传为铜业公司的保荐人。结果，公司股票以每股 100 美元的价格发行还受到了超额认购。罗森接着在书中说，公司发起人有了这 7500 万美元在手，便告诉戴里先生可以把支票兑成现金了。

他确实兑现了，余下的 3600 万美元打到联合铜业公司的账上，公司的发起人没让自己冒一分钱的险。

然而，在 1901 年春季，这些细节均无人知晓，此时联合铜业公司的发起人开始着手控制世界铜供应量。到 6 月时，他们已将股价从发行价 100 美元抬高到 130 美元。华尔街风声四起，人们议论纷纷，说股价要涨到 150 美元、200 美元。

不过，大约此时，我碰巧与赫尔曼·西尔肯（Herman Sielcken）进行了一次长谈。他是一位享有盛名的咖啡商，在所有商业事务上，他的判断力都是人们求之不得的。这时候，他正处在精力旺盛、魄力非凡的人生阶段，刚刚过了中年，身体强健壮实，身高超过 6 英尺，一双黑眼睛犀利逼人。他喜欢在股市投机，不过他的买卖操作只控制在相对较小的规模上。之所以这样

⊖ 国民城市银行是花旗银行的前身之一。——译者注

做，更多的是为了检验自己的判断，而不是为了赚钱，因为他经营的咖啡生意极为成功。

这天下午，西尔肯先生在他居住的华尔道夫酒店不知不觉地便把铜业形势做了清楚而细致的阐述。他认为，当下铜价普遍高企，在全世界范围内遏制了铜的使用。市场上铜的供应正变得过剩，美国铜出口量正在下降，而且几年前法国曾发生过一起未遂的铜价操纵事件，人们对此仍记忆犹新，因而已产生了担忧情绪。西尔肯先生预测说，联合铜业公司试图大幅度提高铜价的努力，甚至像法国发生的那次铜价操纵事件一样将会归于失败。

我认真思考西尔肯先生说的话，并亲自做了调查。我的调查结果证实他的担忧合情合理。7～8 月，联合铜业股价开始下跌。1901 年 9 月 6 日，威廉·麦金利（William McKinley）总统在水牛城参加泛美展览会时遭到枪击。只有 J. P. 摩根才有能力、有声望让证券交易所避免发生一场恐慌。股票纷纷暴跌，但又反弹了。大约此时，我决定卖空联合铜业股票。

当然，我卖空联合铜业就是在支持自己的判断，我认为，无论这家公司的发起人为了拉升股价会有什么动作，这只股票还是要跌。如果股票继续上涨，我付出的代价就很惨重了。

我刚开始进行卖空操作，托马斯·福琼·瑞恩就来找我谈话，他说："伯尼，听说你在卖空联合铜业。我只是想让你知道，那些大腕儿打算让你好看。"

跟联合铜业那帮人一起拉抬股价的大腕儿当中就有詹姆斯·基恩。瑞恩说的话和基恩的多头立场自然让我停下来做了一番思考。但是，在重新认真地考量之后，我仍然深信联合铜业发起人的所作所为正是在违抗供求法则。想起纽科姆教授在市立学院的教诲，我认定，既然铜的供应量很可能已超过铜的需求量，联合铜业公司的股价就得下跌。于是，我继续放空。

起初，在摩根影响市场从而导致股价反弹后不久，联合铜业的股价又掉回到 106 美元左右，这时我赚了钱。然而，联合铜业很快又涨了回去。

从最权威的渠道传来麦金利总统已恢复健康的保证之后，9 月 14 日，总统却去世了。这对市场产生了不良影响，而且在华尔街，有传言说联合铜业的一些内部人正在设法卖出股票。我又增加了空头仓位，不过是小心翼翼的。

我不断听说操纵联合铜业的重量级内部人知道我在卖空时气得嗷嗷狂叫，我对自己基本上已处在优势地位就更有信心了。有人告诉我，要是我继续卖空联合铜业，结果只会是得罪那些大腕儿，招致他们的对抗；对于这种威胁，我以年轻人特有的狂傲姿态，用鲍勃·菲茨西蒙斯曾讲过的话回答说："他们的体重越大，摔得越重。"也有人老是对我说，如果做空股票把一家于社会有益的企业弄垮，那太伤天害理了。

毫无疑问，这些全是一派胡言。倘若联合铜业的发起人没有过度募集股本，后来也没有操纵股票以吹胀股价，联合铜业就绝不可能涨到那么高，也绝不会像随后发生的那样跌得那么深。此时联合铜业股票下跌的原因正是经济引力不可抗拒的力量在寻找其恰当的平衡点。

我此时此刻并不是说他们有着邪恶的动机。很多时候，在这类企业从事经营的人，都会设想建起商业帝国，如果这种设想证明是合理的，那么他们可能已为企业付出的高昂代价便合乎情理。但是，我当时觉得联合铜业那帮人一路走来所做的一切并不能以合理的经济因素给出恰当解释。我认为他们人为推高股价是不明智的做法。我用自己的钱，而不是用其他任何人的钱，来支持自己的这个观点。

面对这些攻击，我坚持立场，并保持沉默。我知道，如果我是正确的，我会赢；如果我不正确，我就会输。

我这种保持沉默的态度可能是个错误。或许，我本应该用批评我的人对付我的武器来与他们较量，根据我亲眼所见的情况揭露他们犯下的错误，甚至还应该像他们那样进行人身攻击。但是，我在华尔街生涯里自始至终都采用了保持沉默的策略。也可能我沉默得过了头，但我当时真是希望以自己的方式独自从事投机交易，不希望因为自己可能说了什么而让其他人跟随我。

所有的眼睛都盯着联合铜业临近召开的董事会议。他们会继续发放 8% 的股利吗？是削减股利，还是对股利不做决议？

如果他们继续发放 8% 的股利，那么我们这些"空头"可能要遭到重创。这是令人兴奋不已又让人捉摸不定的一个星期。9 月 19 日，星期四，因麦金利总统的葬礼将举行，证券交易所休市。纽约的财经记者一致认为股利会保持不变。

董事会议于 1901 年 9 月 20 日（星期五）召开。股市收盘后传来重大消息，联合铜业的股利从 8 美元减至 6 美元。在星期六的短暂交易时段中，联合铜业下跌了 7 个点[⊖]，收盘价刚好位于 100 美元上方。我的预期下星期一我整个操作的紧要关头就要到来了。

这时，发生了一件奇怪的事情，也正是这件事情使得我不用通过运用自己的智慧和事先筹划就成功地迅速赚到一大笔钱。我的母亲打电话说："儿子，你知道赎罪日要到了吗？"赎罪日正好赶上星期一，也就是下一个交易日。

我听到这个心都凉了。我知道母亲会盼着我过这个节，赎罪日是犹太教圣日中最神圣的日子，过这个节就意味着要杜绝一切世俗事务。

我决定过赎罪日，于是尽量着手布置如何应对可能发生的情况。我让艾迪·诺顿（Eddie Norton）继续手上的操作，他是我为卖空这只股票一直在用的经纪人。然后，为了保护自己免受这只股票可能出现上涨而带来的损失，我又告诉另一个经纪人哈里·康登特（Harry Content），要是联合铜业的股票涨到某一价位，他就开始买入。尽管我几乎完全肯定股票会下跌，但谁也不敢说那些财大气粗的利益相关者暗中已有什么样的应变打算，因此，我便设

⊖ 在英文中，说股票涨跌几个点是指涨跌几美元。——译者注

法自我保护，以防任何不测之事发生。

然后，我留下话说，星期一无论有什么交易上的事，也不管事情的性质如何，谁也找不到我。

尽管如此，星期一找我的电话还是响了。我们这时还在新泽西州南埃尔贝伦自己度夏的房子里。当在纽约也找不到我时，在朗布兰奇的那些经纪人便被要求找到我，但我就是不想接悉任何消息。下午，我和妻子到大约 1 英里外的母亲家看望她，电话也不停地跟着打到那儿。

只是在太阳落山圣日过完之后，我才得知所发生的事情。联合铜业以 100 美元开盘，开盘后 1 小时内股价下跌了 2 个点。后来股价出现反弹，一直到正午都维持在 97 美元上方，此后股价又进一步下跌。要是我当时在交易大厅，很可能我就清仓了，果真如此的话，相对而言，我只能赚到较少的利润，而故事也就到此结束。但是，这只股票在下午持续下滑，最后收在 93.75 美元，这让我赚了一大笔钱，而且为应付反弹有了非常多的保证金，不会出现保证金不足的情况。

我深受鼓舞，更坚定自己的信念，认为联合铜业股票注定会跌得更深，于是，我就放开手痛痛快快地赚下去。12 月，股票下探 60 美元。

我现在想不起来自己究竟在哪个价位平掉仓位结束了交易，我记得赚了 70 万美元左右。这是我在到此时为止的一次操作中赚得最多的一回。有两件事促成我赚了那么多——我勉强同意母亲的要求，恪守了一个宗教圣日的习俗；联合铜业的那帮人犯了试图违抗供求法则的错误。

无论是我在"威士忌托拉斯"股票上遭遇败绩，还是我在联合铜业股票上大获成功，都突显了一点——获得关于某个形势的事实，不受小道消息、内部信息或一厢情愿的思考之影响，至关重要。**在努力寻找事实的过程中，我领会到，一个人必须像外科医生实施手术那样不能掺杂任何情感，要始终保持冷静客观。而一个人厘清了事实，就可以满怀信心地岿然不动，可以对**

抗人们认为最了解内情的人之意志或心愿。

后来在公共事务生活中，我发现这一准则同样适用。在处理政府交付给我的每一项任务时，我开始总会坚定不移地寻找关于任务所面临形势的所有事实。威尔逊总统养成了一个习惯，喜欢称呼我为"事实博士"。我当时总是努力让事实说话，让事实形成自己的政务建议。有很多次，比如在第一次世界大战期间及其后，我与通货膨胀做长期不懈的斗争时就是这样做的，以至于朋友们总会过来找我争辩："伯尼，你怎么就不能更讲道理些？你的提议在政治上是行不通的。"

但是，即便处在这样的情势当中，我也总是坚守自己的立场，我认为只要事实要求采取某些措施就足够了。我现在依然相信，无论是总统还是国会，无人能让二加二不等于四而得出别的任何结果。

第 11 章

恐 慌 袭 来

经常有人问我，世纪之交的华尔街有一些居于支配地位的金融巨人，为什么我们当代社会就没有与他们等量齐观的人物呢？美国人真的变成一个新的软弱物种了吗？

当然，部分答案是今天的股票市场与摩根、洛克菲勒、爱德华·哈里曼（Edward H. Harriman）以及其他巨头所处的时代已大不相同。即使晚至 1929 年的很多习惯做法要是出现在当代，根据法律法规，它们都必然是违法违规之举。在托马斯·福琼·瑞恩与詹姆斯·杜克展开的烟草大战中，我为瑞恩操作了有关交易，这种交易搁在今天便是不可能发生的事情；我在联合铜业股票中的交易如今也是不可能再现了。

另外当然还有一点，在现今的税收制度下，不管你赚了多么了不得的钱，其中相当大一部分去了政府那里。

不过，我认为，华尔街之所以失去我年轻时代个人跌宕起伏的金融冒险活动所具有的鲜明特质，主要原因还在于市场活动涉及的经济利益在范围和领域方面都出现了令人称奇的拓展。

这种变化反过来也反映了一个同样令人称奇的转变，即美国从一个不断开疆拓土、主要关心如何征服北美大陆的民族，转向一个维护整个西方文明稳定的首要力量。

你不妨将这种变化视为从几乎毫无约束的个人主义时代到承担全球责任时代的转变。关于这种转变的意义，我想在本书后面的叙述中再做探讨，因为这种转变在我们国家的历史演变中所占分量非常之大，而且这种转变在我们理解未来时依然是可能帮助我们打开未来之锁的钥匙之一。

我自己的职业生涯看来几乎纵跨了这两个时代，我既从事了金融交易，后来也从事了政治。这并不是因为我有先见之明，看到了将来要发生的事情，主要还是因为我身不由己地被推入时代巨变的大环境之中，不由自主地为这种转变贡献了自己的一分力量。我在进入商业和金融世界的时候，正好赶上目睹那些金融巨擘处于可以激荡风云的力量之巅。他们成了呼风唤雨的个人主义典型代表——他们也苦苦挣扎搏斗，我在这样的金融氛围当中突然被推向另一种环境，在第一次世界大战中被任命为战时工业委员会主席，这使我需要面对我们国家承担全球责任所遇到的一切问题。

第一次世界大战结束之后，其他人力求回归"正常状态"，而我则连续在几个职位上继续与这些棘手的问题纠缠在一起，从在巴黎和会上担任伍德罗·威尔逊的顾问一直到代表美国出任联合国原子能委员会委员，我都得想方设法处理这些问题。

实际上，我发现自己在 40 年多一点儿的时间里，都在努力将早年从金融交易和商业上学到的一切与一个不断收缩的世界强加给我们的国内和国际新需要调和在一起。

50 年前的华尔街如果不说易于受到少数人的控制，也可以说易于受到他们的影响，那时的华尔街与今天有着显著不同，所以这种控制或影响达到何种程度，现在的人可能很难加以认识。那个时代光芒四射的人物多半是金融家，所有的报纸和星期日特刊对他们当前正在进行的活动都有大量报道，在民众中制造了神秘感，引起了人们强烈的好奇——他们就是指以摩根、哈里曼、瑞恩、洛克菲勒及其他"大人物"各自为首的一群群人。

那时股市似乎可以受到某个果敢无畏的人物控制，为了举个有趣的例子说明这一点，我想起一个关于丹·雷德（Dan Reid）的故事，此人是美国钢铁公司的董事，但他还是喜欢偶尔在股市上扮演"超级大熊"的角色。

在一次股市深幅下挫期间，雷德袭击了一只又一只股票，直到看起来他已完全控制整个市场才住手。实际上，他能多次成功地做到"袭击市场"，是因为他适时地利用某个不稳定的市场形势，这种不稳定的市场形势为浑身是胆的人提供了袭击的有利条件，不过有利条件也只能暂时存在。雷德深谙个中奥妙，没人能比他更胜一筹。然而，即使是最强有力的银行家也还是惧怕雷德可能会做出什么。

雷德碰巧很喜欢亨利·戴维森（Henry P. Davison），戴维森当时理应是摩根最为重要的初级合伙人。一天，雷德打电话给戴维森，他说：

"哈里⊖，你知道我准备干什么吗？"

"不知道。"戴维森说。

"你想知道我准备干什么吗？"

"想知道。"戴维森急切地说。

"你真的想知道？"

"真的想知道。"戴维森说着，心想雷德说什么出人意料的事都有可能。

"告诉你吧，"雷德回答说，"我不打算继续干这该死的事了。"

股市几乎立即矫正了自身，恢复了常态。当然，在今天，任何一个个人也无法操纵市场，哪怕想操纵几天也做不到，任何一个个人打个电话就能让市场稳定下来，也是天方夜谭的事情。

在以前的股市上，市场参与者之间有着极为密切的联系，或许，比上面

⊖ 哈里是对亨利·戴维森的昵称。——译者注

的例子更能揭示这种内情的是人们在老华尔道夫酒店里的所见所闻，这家酒店当时位于帝国大厦现在所处的地方。那个时代，当收市的锣声在证券交易所响起之后，多数交易员会聚集在华尔道夫。要是你属于"华尔道夫那群人"，就意味着你已获得了成功。我在这个圈子里也已赢得接纳，因为我在收购利杰特—迈尔斯烟草公司的过程中确立了很高的声誉。

在华尔道夫待上一两个下午，你可能会与很多知名人物摩肩相遇，他们可能是理查德·哈丁·戴维斯（Richard Harding Davis）、马克·吐温、莉莉安·罗素（Lillian Russell）、"绅士吉姆"科贝特（Gentleman Jim Corbett）、海军上将杜威、马克·汉纳（Mark Hanna）、昌希·戴普（Chauncey Depew）、"钻石吉姆"布拉迪（Diamond Jim Brady）、艾德文·霍利（Edwin Hawley），㊀也可能是无数的银行和铁路公司的董事长、总裁。像查理·施瓦布（Charley Schwab）和詹姆斯·基恩一样，美国钢铁公司的头儿艾尔伯特·盖瑞（Elbert Gary）法官也住在华尔道夫。㊁正是在华尔道夫酒店的一次私人晚宴上，我亲眼看到约翰·盖茨（John W. Gates）㊂在玩百家乐时押了 100 万美元的赌注。

华尔街的重要人物几乎每个人你都能在华尔道夫看到他们的身影，在这里你会看到很多鲜为人知的事情，这一点让华尔道夫成了研究人性的实验室。有一回，我就利用这个事实对人类心理进行了一次实验。在实验中，一家公

㊀ 理查德·哈丁·戴维斯，美国著名浪漫派作家，名噪一时的新闻工作者，曾任《哈伯周刊》主编；莉莉安·罗素，美国著名女音乐剧演员，超级性感明星；"绅士吉姆"科贝特，世界上第一位重量级拳击冠军，后转而从事电影表演，身材短小精干，因而有"绅士吉姆"的绰号，吉姆是他的名字詹姆斯的昵称；马克·汉纳，美国参议员、企业家；昌希·戴普，美国参议员、纽约中央铁路公司总裁；"钻石吉姆"布拉迪，商人、金融家、慈善家，因痴迷珠宝，尤其是钻石，而有"钻石吉姆"的外号，下一章对此人有详细描述；艾德文·霍利，美国铁路建筑大王，常与哈里曼相提并论。——译者注
㊁ 查理·施瓦布，著名钢铁企业家；艾尔伯特·盖瑞，律师（公司法权威，曾任两三年县级法官，人们习惯称其为"盖瑞法官"）、企业家，1901 年与 J. P. 摩根合作组建美国钢铁公司，后任公司董事长，到他离世时一直是美国钢铁公司最具影响力的人。——译者注
㊂ 约翰·盖茨，企业家，人称"赌 100 万"盖茨，下一章有详细描述。——译者注

司只是出示一张银行保付支票⊖便得到了融资，我在后面对这件事再做叙述。华尔道夫酒店里有各式各样的房间——有帝国间、孔雀巷，也有台球室、男人咖啡屋，咖啡屋里设有著名的四面可走人的桃花心木吧台，这些房间宛如众多的美术馆展览室，每一种人类品性都在其中陈列展示。

坐在这些房间里，你努力对赝品与真品加以甄别，从夸夸其谈的人中辨出实干家，将虚情假意与真心实意区分开来，努力做出这些辨别总是一件令人着迷的事情。我也永远不会忘记一天晚上恐慌如何袭击华尔道夫、如何将它由展示一切流行时尚的炫耀场所变成惊恐万分的动物藏身的洞穴。

这是我第一次目击一场恐慌，而这场恐慌只持续了一个晚上。我后来经历的其他金融恐慌，譬如 1907 年和 1929 年发生的股市崩盘，较之整个经济产生的影响更具灾难性。不过，1901 年 5 月 8 日突然袭来的这场恐慌似乎更能揭示人类秉性，之所以如此，或许是因为恐慌来得如此迅速，消失得也如此迅速，抑或因为我恰巧做到了像个事不关己的看客而非其中突遭霉运的受害者冷静地目睹了这一切。

* * *

正如多数金融恐慌发生的那样，不切实际的奢望和热议一个“新时代”的来临，已经提前为这场恐慌搭就上演的舞台。各种各样的因素促成乐观情绪如潮水般汹涌奔腾。我们对西班牙战事赢得的胜利，激发了帝国主义的狂热梦想，也令人们对海外新市场产生了眼花缭乱的期待。大众过去从未像现在这样热情高涨地投身于股市。

我想，正是这个时候，女性第一次大规模地参与到股市中来。她们在华

⊖ 保付支票，一种支票形式。签发支票的银行向收款人保证出票人账户中有足够资金可供划转或提现，并保证支票上出票人签字真实可信；保付支票在典型情况下是在收款人对出票人信用不确定、不想支票遭拒付时使用。——译者注

尔道夫四周围有玻璃的棕榈间，一边手捧茶杯品茗，一边深知内情似的谈论着美国钢铁或联合太平洋或联合铜业肯定会有什么样的动作。杂役侍者、侍应生、理发师（每一个人）都会有一条"内部消息"可以传给他人。既然股市在上扬，每个看涨的内部消息也就变成了现实，每个提供内部消息的人似乎也就是市场先知了。

有好几次，股市看起来已走上正常轨道，健康合理的市场反应正在显现当中。接着，就有一只新股提前推向市场，市场又像气球升空一样出现了一波飙升。1901 年 4 月的最后一天，市场创下至此时为止史上最大单日成交量——3 270 884 股的交易量。这表明，在证券交易所 5 个小时的交易时段内，平均每分钟就有价值 100 万美元的股票易手。单是股票经纪行一天内收到的交易佣金便达到了 80 万美元。

5 月 3 日，股票突然纷纷下跌，少则跌去 7 个点，多则跌去 10 个点。包括我自己在内的很多人都以为，这预示着长时间以来预期会降临的股市下调终于来临了。可是，接下来，在星期一，也就是 5 月 6 日，一个奇怪的新因素开始进入股市——北方太平洋铁路公司（简称北太公司）的股票呈现令人叹为观止的上涨势头。

我想不起来自己在证券交易所从事证券交易的整个生涯中见到过跟这只股票相似的开盘情况。北方太平洋第一笔卖价为 114 美元，比上一个星期六的收盘价跳空高开 4 个点；第二笔卖价又跳到 117 美元。此后，在全天交易中，这只股票断断续续地突然急升，华尔街—诺顿经纪公司（Street & Norton）的艾迪·诺顿在市场上见到股票就吃进。

似乎谁也弄不清这只股票为何会出现如此疯狂的飙升行情。北方太平洋铁路公司的董事解释不了，银行家⊖也解释不了。艾迪·诺顿此时正不亦乐乎

⊖　这里的银行家是指 1933 年美国在颁布实施《格拉斯—斯蒂格尔法》即《1933 年银行法》之前商业银行和投资银行（提供证券承销和经纪、公司并购等中介服务）混业经营的银行。——译者注

地忙着买进，对此也闭口不谈。

由于难得一遇的好运气，我成了全世界屈指可数的知道内情的人之一，我们在这个至关重要的星期一上午就知道了北方太平洋铁路公司令人困惑的大幅飙升行情背后隐藏的关键事实——这种市场表现并非说明只是有人为了投机获利在操纵股价，而应视为分别在以库恩—洛布和 J. P. 摩根两家银行为代表的爱德华·哈里曼与詹姆斯·希尔（James Hill）之间，为争夺这条铁路的控制权展开的一场股市大战。

我暂且按下不谈我是怎么无意中得知这一信息的，先简略地说说两大巨头之间展开竞争的关键问题。

爱德华·哈里曼开始来华尔街时还是个办公室小职员，他的崛起多年来一直是 J. P. 摩根先生的眼中钉、肉中刺。哈里曼在往上爬的早期，就不是一次而是两三次与摩根狭路相逢，并彻底击败了摩根。两人之间的个人关系越来越恶劣，敌意不断升级，摩根先生从来就没放松过对哈里曼的仇视，习惯性地把哈里曼叫作"那个只拿 2 美元佣金的掮客"。

19 世纪 90 年代后期，联合太平洋铁路在全国似乎已成了最无可救药的铁路之一。在摩根拒绝重组这家公司之后，哈里曼收购了其控股权，使这条铁路重新焕发生机，并拓展了运输里程。他不仅让铁路产生大量盈利，还将铁路变成了大北方铁路（Great Northern）和北方太平洋铁路公司不可轻视的竞争对手，这两家铁路公司都在希尔—摩根集团的控制之下。

接下来，哈里曼又收购了南方太平洋铁路公司，而且收购动作一如既往地迅速敏捷，悄然不为人知，他的目的已达到了，对手才如梦初醒。就这样，"那个只拿 2 美元佣金的掮客"成了世界上最杰出的铁路大王之一。

顺便提一下，我们经纪公司曾给哈里曼做过一次大买卖，那次交易先由阿瑟·豪斯曼经手，后来由克莱伦斯·豪斯曼处理。1906 年，查尔斯·埃文斯·休斯（Charles Evans Hughes）和威廉·兰道夫·赫斯特（William

Randolph Hearst）竞选纽约州州长一职，哈里曼让豪斯曼兄弟下大注赌休斯赢得竞选。好几十万美元的钱押出去以后，豪斯曼两兄弟停下不押了。哈里曼听到这事就给他们打电话。

"我不是叫你们下注了吗？"他质问道，"继续下。"

克莱伦斯·豪斯曼告诉我，他在获准进入哈里曼办公室报告已投注多少钱时，看到了民主党委员会老板水牛城的康纳斯（"Fingy"Connors）。康纳斯在那儿可能是为了商谈解决水牛城码头运输的生意合同，但我们在解释他为什么待在那儿时冷嘲热讽，认为他没安什么好心。

哈里曼收购南方太平洋铁路公司主要也是通过豪斯曼公司来操作的。大部分交易由艾德文·霍利亲自指挥。不过，我没参与这次交易，那时也不认识哈里曼。

我记得，有一天，在证券交易所的交易大厅里看到一个有点儿罗圈腿的有些神经质的小个子男人，戴着一副大大的圆边眼镜。我转身问一个交易员："那小个子家伙想吃进全部联太优先股，他是谁啊？"

交易员告诉我他就是爱德华·哈里曼。我现在还不明白那天他为何亲自到交易大厅来。此后，我再也没看到他在那里出现过。

既然哈里曼控制了联合太平洋和南方太平洋铁路公司，希尔—摩根公司便需要得到进入芝加哥的线路。于是，他们买下柏灵顿铁路，这条铁路哈里曼也看中了。哈里曼提出收购柏灵顿铁路 1/3 的股份，但摩根拒绝了他。哈里曼做出回应，立即采取华尔街历史上一次最为铤而走险的行动——在公开市场秘密买进北方太平洋铁路公司总计 1.55 亿股普通股和优先股中的多数股票。

1901 年 4 月初，摩根拒绝给哈里曼柏灵顿铁路股份之后，乘船前往欧洲。哈里曼和库恩—洛布银行的高级合伙人雅各布·西弗开始吃进北方太平洋铁路公司的股票。

在这种买入行动的刺激之下，北太公司股票大约上涨了 25 个点。不过，因为整个股市都在急剧上扬，便没什么人会考虑北太公司股票的大幅攀升了。具有讽刺意味的是，人们普遍认为是大众预期收购柏灵顿会让北太公司股票处于优势地位而在买进股票。即使摩根银行和北太公司的一些内部人也抵挡不住股价高攀的诱惑，卖出手中的北太公司股票。

4 月下旬，大北方铁路公司老谋深算的董事长詹姆斯·希尔，远在西雅图也感到有些不对劲儿。他预订了一辆专列和一条铁路线，飞速驰往纽约，速度之快打破了现有的列车运行记录。他在 5 月 3 日一个星期五上午赶到纽约，像平常习惯的那样在荷兰宾馆住下来。这天晚上，西弗先生告知他哈里曼已控制了北太公司。

这个头发又长又乱的西部人怎么也不相信这一消息。西弗先生一直是个最会故作温文的人，他文绉绉地说着话，让希尔确信实有其事。

不过，后来事实证明西弗也并不完全正确。哈里曼已持有明显多数的优先股，也在普通股和优先股加在一起的总股本中占有明显多数，可单就普通股来说，并未持有多数。第二天是一个星期六，哈里曼打电话给库恩—洛布银行，叫他们买进 4 万股北太公司普通股，要是买进了，便能让他占有多数普通股。接到这个信息的一位合伙人等着要征求西弗先生的意见，西弗先生当时正在一个犹太教堂。西弗说，今天就别买了。

到星期一时，再想买进已经太晚了。原来，在与西弗谈话之后，希尔设法找到摩根银行的罗伯特·培根（Robert Bacon）。电报打给了在欧洲的摩根。5 月 5 日，星期天，摩根先生回了电报，授权在市场上吃进 15 万股北太公司普通股。西弗忽略了一点，他没想到北太公司的董事有权收回优先股，因此摩根他们通过控制普通股仍然可以保有这条铁路的控制权。

正是在这个节骨眼上，我得到一条信息，知道了正在发生的控股权大战。下面就会讲到我是怎么得到消息的。

* * *

还在科恩公司做办公室小职员的时候，我就养成了一个习惯，每天总在证券交易所开盘之前一两个小时赶到市中心，就是想看看能否从伦敦股市的报价中找到赚取套利差价的机会。尤其是星期一，我更会早点儿赶过去，利用周末可能新出现的情况进行套利交易。

这个星期一上午，北太公司开始了令人困惑不解的一天大幅上涨行情，此时我正站在证券交易所的套利交易台旁，从这个交易台可以收发伦敦股市的交易电报。站在我身边的是泰尔伯特·泰勒（Talbot Taylor），他是一位比较出色的经纪人，也是詹姆斯·基恩的女婿，而摩根他们要是进行棘手的股市操作通常都会请基恩帮忙。

我让泰勒注意一下，北太公司可以在伦敦以低于纽约当前价好几个点的价钱买到。

泰勒的一双棕色眼睛全神贯注地盯着我，脸上毫无表情。

"伯尼，"他一边说一边拿着铅笔粗大的一端不停地敲着嘴唇，"你是不是要在北太公司上搞点儿什么？"

"是啊，"我回答说，"我告诉你怎么从中赚些钱。在伦敦买进，在这儿卖出，可以赚到套利利润。"

泰勒继续用铅笔敲着双唇，接着又敲额头，过了好长时间，他才说："如果我是你，就不会做套利。"

我没问他为什么。要是泰勒想让我知道，他会告诉我的。我主动跟他提出，我此前在伦敦买进了股票，如果对他有所帮助的话，可以卖一些给他。

"好吧，"泰勒同意着说，"你可以在伦敦买进北太公司股票，但是，如果我需要这只股票，我想让你以我设定的价格加些赚头卖给我。"

我答应了他的要求。泰勒又在原地站了一会儿，然后拉起我的胳膊，领我到谁也听不到的地方。

"伯尼，"他用低得几乎无法听清的声音说，"我知道你绝不会干扰我执行买入指令，所以才愿意向你透露消息。现在对北太公司控股权的争夺热闹着呢，基恩先生正在替 J. P. 摩根操作此事。"

"你小心点儿，"泰勒最后说，"不要卖空这只股票。我买的股票必须马上交割。伦敦买的不起作用。"

有了这条极其重要的信息，艾迪·诺顿在当天后来那么疯狂地吃进北太公司股票，对我来说当然就没什么神秘的了。我本来可以告诉其他人正在发生的事，要是我真的说了，后来发生的一切有很多便绝不可能出现。但是，我果真告诉他人，那必然会让泰勒不信任我，他也没信心执行买入操作。一旦消息传出去，给泰勒公司的买入指令他执行起来就更困难了。

一些经纪人经常满怀信任地告诉我他们手上的买卖指令，他们知道我会严守秘密，不会打乱他们的操作。通常我会尽量躲着，不让人跟我说这类知心话，因为有时候可能会出现很尴尬的事情。比如，有好几次，我都被迫放弃已打定主意要进行的交易，因为这样看起来好像我就不是在利用机密信息跟告诉我信息的人对着干了。不过，这次不同寻常，一个关系不错的经纪人告诉了我非同一般的秘密。

我一边离开套利交易台，一边细致地想着基恩的女婿告诉我的事情。每一股可能买到手的股票，摩根和哈里曼都急切地想吃进，在这种情形下，北太公司股票可能很快便"被轧空"（cornered）[○]。有些交易员预计股票下跌而进行卖空交易，这些人在这种情形下就无法回补股票。他们会被迫报出极高的价格竞购北太公司股票。为了防止出现这种损失，他们将不得不卖出其他股票来筹集资金，这样其他股票必然会出现压价抛售的情况。换句话说，北

○ "corner" 最原始的动词意思是"逼人于死角、陷人于绝境"；这里是指"囤积、垄断股票等来源而形成市场挤压"。——译者注

太公司股票被轧空之后，将会导致整个股市全面崩溃。

于是，我决定沽空好几只市场上其他重要的股票，在这几只股票受到抛压时，我就能赚到钱。我决意在北太公司股票上不做任何交易。后来的结果说明，站在场外旁观，可以最清楚地观察纽交所迄今为止最为疯狂的风云变幻。

第二天，即 5 月 7 日，星期二，形势很明朗，北太公司已经被轧空了。市场上几乎谁也不想卖出北太公司股票。在交易过程中，股价上摸 149 美元，最后收盘 143 美元。不过，对这只股票的疯狂抢夺还是出现在下午 3 点锣声响过之后。

根据当时纽交所的交易规则，所有买进或卖出的股票必须在第二天交割完毕。如果某人卖空某只股票，按照通行做法，此人必须向某个经纪人借入该股票的股权凭证，如果有必要，因为使用股权凭证，他还得支付一笔使用费。要是一个交易员无法借到他需要的股权凭证，那么已从他手上买入股票的人可以进入市场为股票支付任何价格。被轧空的卖空交易员便不得不认可这一价格，并按价支付欠款。

可是，在北太公司股票这个情形下，市场上根本没有足够的股权凭证可供已做空的所有交易员弥补空缺。当收市的锣声响起时，如热锅上的蚂蚁的交易员惊恐万分地蜂拥在北太公司股票交易席位周围，他们竞相出高价要借入任何可以借到手的北太公司股票。

我查看了《纽约先驱论坛报》的以往报道，好让自己更清晰地回想起当时发生的情景。如果我的记忆可算作评判标准的话，这份报纸描述那天疯狂争抢股票的画面丝毫也不夸张。

一个交易员走进人群，其他交易员以为他可能有些北太公司股票，都朝他冲过去，把他撞压在栏杆上。

"放开我，好不好？"他高声吼道，"这只股票我一股也没有。你们以为我揣在衣服里吗？"

这时，赫兹菲尔德—斯特恩公司（Herzfeld & Stern）的艾尔·斯特恩（Al Stern）大步走过绝望无告的人群。他是一个充满活力的年轻经纪人。他到这里是受库恩—洛布银行之托来执行一个特殊使命，库恩—洛布银行正在代理哈里曼买入北太公司股票。斯特恩漫不经心地问道："谁要借北太公司股票？我有一批可以借出来。"

那些交易员一听有股票可借，立即声嘶力竭地喊着要股票，呼声震天响。人群停了极短的一瞬间，然后那些绝望的经纪人不顾一切地奔向斯特恩。他们拼命地挤近斯特恩，希望他能听见自己高声喊出的借入价格，他们把一台台股票自动收报机撞翻在地，弄得满处狼藉。身体强壮的经纪人猛力把身体瘦弱的推向一边。一双双手在空中挥舞、颤抖。

斯特恩被挤坐在一把椅子上，一本便签簿紧挨着脸，他开始记下借出股票的交易。他一会儿对这个人嘟囔着说："行，行，借给你了。"一会儿又抱怨另一个人："天哪，手指戳到我眼里了！"

有个经纪人突然倾过身，一把扯下斯特恩戴着的帽子，像击鼓一样连续快速地敲打他的头，想引起他的注意。

"把帽子还我！"斯特恩尖叫，"你不这么激动，或许对你还好些，该死的东西！"

那些交易员继续推搡、争夺，有些人几乎爬到他人的背上，奋力要靠近斯特恩。他们像渴得发疯的人群在争抢水一样，身高最高的人、体格最壮的人、嗓门最响的人最可能得到自己想要的。

斯特恩很快便把股票借光了。他脸色惨白，衣服被扯得凌乱不堪，好不容易才从人群中挣脱出来。

第二天，5月8日，北太公司股票受到轧空的消息尽人皆知，市场恐慌蔓延开来。空头们明白自己得在当天交易结束之前借入股票以填补卖空头寸，于是便疯狂地出高价要弄到股票。股票以 155 美元开盘，较前一天最后一笔报价高出 12 个点。很快股票就飙升到 180 美元。

这一天，西弗先生公开宣布哈里曼已掌握北太公司的控股权。但是，希尔—摩根"军团"拒绝摇旗认输，他们依赖"战地元帅"詹姆斯·基恩——当代最了不起的股市运作人，相信他的判断和决断。

基恩在此次操作中始终未在证券交易大厅露过面，他做其他的交易时也从不出现在那里。的确，他不是证券交易所的会员。在争夺北太公司控制权的整个过程中，他没待在泰尔伯特·泰勒公司的办公室，外人都找不到他。为了把行情报告送达基恩，艾迪·诺顿总会传话给哈里·康登特，康登特接到消息后会在房间里徘徊片刻，然后才走到泰勒身边，把给基恩的信息告诉泰勒。

在证券交易所，人们的恐惧完全取代了理性。股票纷纷遭到抛售，股价疯狂下挫，下跌幅度从 10～20 个点不等。市场传言，另外又有一些股票出现了轧空行情。

在恐慌混乱之中，想避免不被疯狂的抛售浪潮席卷而去谈何容易。然而，在这次恐慌性暴跌当中，因为事先已制订计划，所以我能走到一边冷眼旁观，保持头脑清醒。当股票遭到压价抛售时，我买进股票平掉空头仓位，我那天赚到的净利比我此前和此后任何一天在股市赚到的都要多。

我当时还认定，其他任何股票都不会出现遭到轧空的情形。那些联手行动的铁路巨头和银行家差不多也已受够了，不久便会尽力终结股市的恐慌行情。在我看来，整个局势正掌握在两大对立的"军团"手上，他们迟早得相互妥协——我感觉是更早。

不过，那天下午，在收市锣声敲过之后，市场上的情景从表面看来并没有显示出两大敌对派系之间有任何讲和的迹象。

下午 3 点到 3 点半，借入股票的交易员人群中涌动着一片混乱。当艾尔·斯特恩再次出现在交易大厅时，惊恐的交易员如潮水般朝他冲过去，推推搡搡地把他抵在一根柱子上，要他续借前一天借出的股票。斯特恩爬上一把椅子，大叫着让交易员让开点儿，说自己有话要讲。

交易员人群终于安静下来，斯特恩打破平静，宣布了一个让人承受不了的毁灭性消息——从他手上已借入股票的人必须交还股票，因为他不能再续借了。

我不妨解释一下，斯特恩这样做并非要挤压空头，想迫使他们把最后1美元的钱都掏出来，而杰伊·古尔德（Jay Gould）于1872年在逼空芝加哥西北公司股票时却正是要榨干别人的每一分钱。斯特恩要收回已借出股票的原因，在于哈里曼和摩根两大集团争夺北太公司控制权的对垒已到最后摊牌的紧要关头。双方谁也不清楚各自一方已持有多少拥有投票权的股票，只有等到股权凭证实实在在拿到手上，他们才真正清楚。

当天晚上，在华尔道夫酒店，所有公共房间和走廊都被人群堵得水泄不通，但此时的人群迥然有别于几天前，他们几天前还在这宫殿般的地方营造了充满闲适和欢乐的氛围。而此时，女士已不见踪影，男人也顾不上在这种消遣娱乐场所应有的着装体面。

你注意到过，在阳光灿烂的日子里，没有危险威胁时，动物都是怎么表现的吗？它们或用舌舔着自己的皮毛，或用喙整理自己的羽毛，都在精心装扮自己；它们会昂首阔步，耀武扬威，它们会放声歌唱，“唧唧复唧唧”，清脆而婉转；每个动物都要表现得比同伴更加出色，发挥得比同伴更为精彩。人类同样如此，而且人类如同走兽飞禽，每当恐惧侵袭他们的心时，他们会忘记一切优雅的做派，有时甚至连最起码的礼貌举止也抛诸脑后。

那天晚上，在华尔道夫酒店，只要扫视一眼，便足以让你猛然领悟我们与动物的差异实在是微乎其微。华尔道夫由一个富丽堂皇的所在变成惊恐得已处于崩溃边缘的人们藏身躲避危险的窝穴。一群群惶恐不已的人漫无目的地乱兜圈子，焦急万分地想逮住任何有关形势变化的消息。有些人吓得要死，喝不下一点儿东西；有些人怕得要命，只能不停地饮水灌酒。总而言之，那是一帮暴民，一帮被所有不合情理的恐惧、冲动和激情占据了头脑的暴民，他们已完全丧失理智。

只有最为勇敢坚定的人才能保持外表镇定。我看到阿瑟·豪斯曼和享有"赌100万美元"盛名的约翰·盖茨在一起。盖茨是位爽朗粗率的芝加哥人，他带着轻松的神态故作往常的勇敢自信。他对所有关于他在北太公司股票上持有空头仓位的传闻——否认，说自己一分钱也没赔，要是真做空了，也不会发出刺耳的长啸。

如果说盖茨讲的话前半部分不真实，那么后半部分却属于实情。实际上，盖茨以前赚到的那一笔笔百万美元全都岌岌可危。他和其他大腕儿这时只有一个疑问——在这漫漫无期的晚上会达成妥协吗？

＊　＊　＊

第二天上午，一帮紧张不安、面色苍白的几乎死寂无声的人围在北太公司交易席位旁。在交战双方的"将军"以及他们这次行动的现场"指挥官"有人把守的一扇扇门背后，并没传来任何妥协的消息，也未看出任何休战的希望。

一阵叽叽喳喳的说话声淹没了开盘小木槌在空中的回声。不出1小时，北太公司股票就卖到了每股400美元的价钱。到正午时，股价涨到700美元。下午2点刚过一会儿，有300股北太公司股票卖出30万美元的价钱，用现金支付——每股1000美元。

我碰巧知道艾迪·诺顿本人倒是做空了这只股票。他后来告诉我，他当时就是在赌：股价不可能维持那么高；要是保持在那么高的位置，那整个股市就垮掉了。

北太公司股票不断飙升，而其他所有股票都在崩塌，被不计价钱地抛售，有的竟跌去 60 个点。银行贷给经纪人保证金的利率一开始便涨到 40%，一度触及 60%。人们已完全丧失心智，所有的价值感已不复存在。

艾迪·诺顿站在那儿，想着很多朋友即将遭遇灭顶之灾，眼眶中浸满泪水。谣言疯狂恣肆地传来传去。后来我才知道，有一个报告还用电报打到伦敦，说阿瑟·豪斯曼轰然倒地，猝死在我们经纪公司的办公室。为了辟谣，他不得不亲自到证券交易所的交易大厅里露面。

在各家经纪公司的办公室里，情景如同交易大厅一样惨不忍睹。我的一位朋友，H. B. 豪林斯经纪公司的弗雷德·艾迪（Fred Edey），冲到摩根银行，在一个个办公室里警告他们说，要是借款不能马上筹到，到傍晚就会有 20 家经纪公司破产倒闭。艾迪跑了一家又一家银行，极力恳求它们、说服它们。他的努力给交易所的交易员带来了数百万美元，帮着抵挡了一场毁灭性灾难。

下午 2 点 15 分，是空头必须拿出股权凭证回补前一天卖空仓位的截止时间。此刻之前几分钟，库恩—洛布银行的特使艾尔·斯特恩走上了交易大厅。他踩上一把椅子，亮开嗓门让人听清他说话，他宣布说，自己的公司不会强行让交易员交割昨天公司买入的北太公司股票。

斯特恩说完之后，艾迪·诺顿紧跟着宣布，他的公司也不会执意要求交割该给他们的 8 万股股票。

这场危机终告结束。北太公司股价回落到 300 美元，整个市场也稳定下来。

这天傍晚 5 点钟，华尔道夫酒店里的一群群人终于如释重负，因为股票自动报价机上已传来一则公告，公告称摩根银行和库恩—洛布银行将以 150 美元的价格向卖空者提供股票。这比多数空头期待的交易条件慷慨多了。恐慌宣告结束。

谁也不比奇人盖茨更加宽心释怀，他再也掩盖不了自己做空的事实。这天晚上，他在华尔道夫酒店男人咖啡屋发表了一通风趣幽默的讲话，陪在他两侧的是他的律师马科斯·潘姆（Max Pam）和阿瑟·豪斯曼，人们都挤着要拥到他的身边。他一副兴高采烈的样子，不过做到这一点还是费了很大的努力。

"盖茨先生，你对这场突然刮起的阵风有什么看法？"有人问他。

"是阵风吗？"他反驳说，"要是你把这叫作阵风，那么我永远也不想遇到龙卷风。"

"你破产了吧？"有人莽撞无礼地问道。

"只是压弯了腰而已。"⊖他像爱对付刁难问题的老练政治家一样反驳说，"你知道吗？我感觉我就跟自己过去在伊利诺伊州养的一条狗一样。那条狗四处遭人踢打，踢打多了以后，它只敢侧着身子走。最后，它对踢打习以为常了，就不把踢打放在心上，又直起身子端端正正地往前走。这会儿之前，我就侧着身子走，不敢面对他人。我被踢打得鼻青脸肿，遍体鳞伤，没了人样儿，但是，我一直走到了今天傍晚，走到了夕阳西下，我的身子又正过来了。现在我可以像旁边的伙计一样，目不斜视地往前走，我可以面对无数条通向星期天的路。"

大概一两天之后，盖茨先生漂洋过海前往欧洲，整个事情已从他的心头撤得干干净净，或者说，至少从外表上，谁也看不出他还在想这件事。

硝烟散尽时，人们不免要问一问究竟是谁控制了北太公司。哈里曼是一头雄狮，他随时准备继续搏斗下去，但摩根和希尔感到受够了，他们愿意做出妥协，以免将来再发生激烈对抗。双方达成协议，根据该协议，哈里曼在柏灵顿铁路公司和北方太平洋铁路公司的董事会均获得代表席位，这超过了他当初提出的要求。

⊖ "破产"的原文是"broke"，这个词会让人联想到"break"（折断、摔断）的意思，所以盖茨机智地说"压弯了腰"。——译者注

第 12 章

华尔道夫的几个特色人物

历史学家已有撰述，他们将北方太平洋股票在股市被轧空一事视为金融巨头时代发展至巅峰的标志。在这之后的多年里，也发生过其他一些所谓"巨人"之间的权势争夺战，但就斗争的对抗强度而言，无论哪一次也无法与哈里曼和摩根之间的这场大战相提并论。

这场控股权争夺战有个方面特别值得一提。尽管从表面看它似乎是强有力的人物之间发生的一场冲突，但从更大意义上说，它只是在为了成就同样事情的两种不同行动方式之间进行的一场争斗——双方都想对全国的铁路系统实施更有效的整合。

无论是摩根还是哈里曼，他们只是受国家经济增长和社会发展之无形力量利用的人物。他们可能对经济增长和社会发展所采取的形态、形式产生了影响，但是，如果他们没有出现在历史演变的舞台之上，经济增长和社会发展无论如何也会继续下去。

回顾过去发生的这件事，我想它很可能就是我在华尔道夫酒店亲眼看到的那一幕幕场景的核心意义所在。华尔道夫挤满了各种各样自视为舞台主角的人物。但是，在国家历史发展这样一个规模更为宏大的戏剧当中，难道他们不只是众多敢于冒险的表面的（匆匆而逝的）人物吗？

在华尔道夫，总是有太多的趾高气扬，太多的自吹自擂，但我看不一定真有多少人受到欺骗和愚弄。比如，艾迪·沃瑟曼（Eddie Wasserman）是一个出了名的好人，只是有一个缺点——喜欢吹嘘自己操作的交易规模。有一天，他走到华尔街最精明的交易员之一雅各布·菲尔德（Jacob Field）的身边，问道：

"雅克，你猜我今天做了多少交易？"

"打对折。"雅克立马回他说。

雅克没受过什么教育，个头矮小，说话带有德国口音。他的经纪人总会跟在他屁股后面在证券交易大厅里四处走动，因为他并不总是把自己的交易记录记对。

有一回，几个答谢雅克帮忙的朋友请他参加一个晚宴。因为他是主宾，所以就坐在两位非常迷人的女士之间。这两位女士几乎不知道该跟他聊些什么话题。最后，一位女士问他是否喜欢巴尔扎克。雅克像他平常茫然失语时总是拽着自己的小胡子那样，这回也照例捏拉着胡子回答说："外面大些⊖股票我从来不做的。"

但是，如果说雅克不熟悉那些该知道的法国作家，他对华尔街可是很了解。晚宴进行当中，他给了在座每位女士 100 股里丁公司的半股（half-shares）。每份半股在市场上的价值大约 4.5 美元。他告诉那些女士要把股票留着，因为股票不久就会卖到 100 美元的价钱。不过，他没说对，股票涨到了200 美元。

在华尔道夫，各色人物登台表演的队列无穷无尽，但有三个人物特别引起了我的好奇，他们是——"钻石吉姆"布拉迪、詹姆斯·基恩和约翰·盖茨。他们每个人都以不同的方式提出同样的关于人性的谜——每个人在公开场合展现的外表之下，真实个性又是什么呢？

⊖ "大些"应为"那些"，雅克没什么文化，发音不准。——译者注

* * *

我平常看到衣着华丽的人，无不想到他们要是与"钻石吉姆"布拉迪站在一起，外表该显得多么苍白乏味。吉姆就是喜欢让人吃惊，总想吓人一跳，也爱别人谈论自己。他从来不用旧钱。如果有人把皱巴巴的或是弄脏了的钱给他，他总会把钱送到银行，换来捏在手里发出脆响的簇新钞票。只要在公众场合露面，他总是身穿正式服装，而且通常挽着一个漂亮女人。

不过，尽管那么嗜好炫耀自己，他可是个和蔼可亲的人，与朋友相处也会让人感到极为愉快。在他的个性中，没有一丝一毫的害人之心。

人们普遍以为吉姆深深地爱着莉莉安·罗素。实际上，在多年里，他都鞍前马后地献殷勤，想讨伊达娜·迈考雷（Edna McCauley）的欢心，而身材高大、英俊潇洒的杰斯·卢维森（Jesse Lewisohn）显然是卢维森铜业公司巨额财富的继承人，他总是不离莉莉安·罗素的左右，跟个侍从一样。他们四人常常结伴外出，一起露面的时候很多，看起来像是亲密无间，不可分离。有一天，吉姆来找我，他说："伯尼，太糟糕了，杰斯跑了，和伊达娜结婚了。"数年后，莉莉安·罗素嫁给了亚历山大·摩尔（Alexander P. Moore），这个人成了驻西班牙大使。

吉姆是推销铁路设备的销售员，在这一行干得极为出色。他通过艰苦卓绝的努力逐渐积累了大笔财富。詹姆斯·布拉迪作为一个商人既具有极好的判断力，又行事保守稳重，而在百老汇大街他却是偏爱炫耀作秀的"钻石吉姆"。如何将这两种个性调和在一起，给出恰当的解释，我想把这个问题留给对心理研究感兴趣也比我做得更好的人。

吉姆在跟人说话时，有自己的方式，他总是轻言细语地吐出一个个字词，又总是毫不在乎地自我解嘲。有一次，他对我说："有个家伙要跟我打赌，说比我食量大。我在下注前问他能吃几根火腿。"

吉姆从来不喝茶，不喝咖啡，也不饮酒。他还不抽烟。但我从没见过有哪三个人在一起时能吃得像他那样多。单单是坐一会儿的工夫，他吃冰激凌就是论夸脱㊀，吃橘子则是论打。要是外出旅行，他会用板条箱装几箱橘子随身带着。我见过他一次餐前开胃小吃就吃了三四打牡蛎。㊁

一次吃 1 磅糖果，对吉姆来说也只是个小花絮。其实，他是佩吉萧糖果公司（Page and Shaw）最大的客户。佩吉萧糖果公司曾特别为他制作过什锦糖果，这些糖包括 10～12 个品种，每个品种有 1/4 磅重。

吉姆大约有 6 英尺高，体态肥胖无比，可他热衷于跳舞。他和我最小的弟弟塞林是关系特别密切的朋友，他们俩喜欢一道去参加跳舞比赛，塞林经常获胜。有一次在吉姆位于西 86 大街的家里举行的舞会上，我获得了舞姿最优美奖。奖品是一只手表，那只表除了大小适合男士之外，从其他方面看更适合女士佩戴。表盒外壳还装饰了薄薄的一层珍珠。

吉姆多数的娱乐活动是在公开场合进行的，不过，有一次我告诉他我和妻子想带一些朋友去他家里看看珠宝。他说得安排个时间，他会为朋友们准备好晚餐。我们大概邀请了 12 个人。我至今从没吃过那么精心烹调的一餐，也从没吃过招待得那么殷勤周到的一餐。每上一道菜，在座的每位女士就会收到一件新奇的珠宝礼物。

在这种场合，吉姆绝不会比客人吃得多。在客人到来之前，他已用过晚餐了。他到朋友家赴宴时，也是如此。

那天晚上，吉姆从保险库里搬来他个人用的珠宝，让我们欣赏。总共有25～30 套，每套首饰都有领口扣、饰钉、袖口扣、西服背心扣、长围巾别针、手表链、怀表带、眼镜盒、名片盒、背带扣环、腰带搭扣、戒指、手杖上使用的活动把手。这些物件都与钻石、翡翠、红宝石、蓝宝石、珍珠、月

㊀ 1 夸脱（美）=0.946 升。——译者注
㊁ 医生给吉姆检查身体时发现他的胃有常人的 9 倍大。——译者注

光石等配套放在一起。吉姆解释说，有一整套炮铜制的首饰他留着是为参加
葬礼用的。

然后，吉姆领我们看了他的大衣柜。里面整个架子都用来放礼服套装和赴晚
宴时穿的大衣，颜色除黑色外有珍珠灰、海军蓝、李子深红。除了在商店里，我
从没见过那么多衣服和鞋子。壁橱里挂了一排排饰有佩斯利图案的披肩。客房
套间的浴室装有一个纯银浴缸，梳妆室里的梳妆打扮用品则全是纯金制的。

吉姆有一匹马叫"金蹄"，他让金蹄在郊区或布鲁克林参加障碍赛。"小
意思，"吉姆信誓旦旦地跟朋友们保证，"金蹄会赢得比赛，比别的马要领先
一条街。"这似乎是人们对金蹄形成的普遍看法，因为金蹄是大热门，给它开
出的赔率是 16:5。那天，吉姆坐在看台包厢里，身边围着羡慕不已的朋友，
他感到荣耀无比。他一再说金蹄会以一条街的优势赢得冠军。

结果，这场赛马是我迄今为止在现场看到过的成绩最为接近的比赛之一。
当赛马跑上临近终点的跑道时，有两三匹马鼻子挨着鼻子并驾齐驱，吉姆挥
舞着双臂，张着嘴巴大喊，却发不出任何声音。杰斯·卢维森给金蹄下了重
注，不停地揩去额头上大把大把的汗水。

金蹄险胜，只以一个鼻子的优势赢了比赛，吉姆的朋友聚在身边向他道
喜。卢维森依然脸色惨白，埋怨说："我还以为你说这匹马要赢一条街呢。"

吉姆霎时满脸通红。他指着张贴获胜马匹的公告板，结结巴巴说不出话，
最后终于脱口而出："谁的号在上面？"

有些人你千辛万苦地引导他们获得了成功，到头来他们却因过程艰辛而
抱怨不已，我常常就想把同样的回答抛给这些人。

* * *

如果说曾经真正出现过"华尔街巫师"，那么他就是詹姆斯·基恩。在股

市操盘方面，我从未见过谁有他那样的奇才。他曾应摩根的要求操作美国钢铁公司的做市交易（market making），这是他做市的一大杰作。

这家钢铁托拉斯组建的时候，需要给 5 亿美元的普通股和 5 亿美元的优先股确立一个交易市场。很少有人相信 10 亿美元的股票可以放出来向大众出售，而不压低这只钢铁股的价格或让整个市场受到了冲击。但是，基恩拥有不可思议的能力，他可以将各种买单和卖单撮合在一起，让市场听命于他的控制。他这次做市非常成功，结果摩根银行总共只需投入 2500 万美元的资金，公众则提供其余的全部资金。

我不妨补充一句，根据证券交易委员会的监管规定，基恩在做市中采用的那些手法再也不允许使用了。

基恩自学成才，你也可以说他白手起家，不过话说回来，人人都得靠个人奋斗获得成功。他出生于英国，在美国西海岸长大，做过牛仔、骡夫、矿工、报社编辑，后来在旧金山矿业交易所买了一个交易席位，正是在这个交易所，他发现了自己与生俱来的操盘能力。

基恩中等身材，穿着总是洁净整齐，但也不过分正式。他留着短短的灰色络腮胡子，这让他获得了"银狐"的绰号，胡子看起来总是那么清新利落。关于他在早年生活中养成的粗糙但管用的个性，唯一的外在表现大概就是激动时可能会使用加州人说脏话时才会带出的坚定语气。每当此时，他尖细刺耳的嗓音就会让脏话产生一种具有穿透力的效果。

基恩于 19 世纪 70 年代来到纽约，这时杰伊·古尔德正处于其股市操作的鼎盛时期。等我认识基恩时，他已几起几落，赚过很多钱，也赔光过很多钱了。他赔钱时总会面不改色，泰然地接受损失。有一回，他不得不变卖家当，但即便此时，他也不向任何人寻求同情，还婉言谢绝所有主动提出的帮助。

在准备发起一场金融交易的过程中，基恩与我认识的任何人比起来总会更加小心谨慎，而执行计划时又更为快捷，更为坚定。只要他认为自己正确，他就会耐心行动，非常耐心地行动。可当他相信自己出了差错时，就会在一瞬间迅速改变行动方向。

他有一次操作教会了我很多，让我知道该如何做人。当时，基恩正在给美国科达奇公司（Cordage）的股票进行做市操作，突然得知这家公司的盈利达不到应有预期，不能合理支持目前股价。基恩立即停止买入科达奇，开始卖出他为自己所代表的合资操作者已买入的这只股票。他给我留下的深刻印象并不是如何迅速地决定抛出股票，而是首先卖掉集资操作的其他交易人的股票，最后才自我保护，卖出自己持有的股票。

还有一次，股市正在疯狂投机美国炼糖公司的股票。有一份报告送到交易所，说一艘船上感染的黄热病随一批粗糖进了港口。美国炼糖公司的股票应声下挫。但是，基恩没有为逃避困局而卖出这只股票，因为他相信股票没有问题。他继续买入股票，以表示对股票的支持。

这时，米德尔顿·斯库布雷德·巴里尔（读者会想起来，正是他把我介绍给了基恩）问基恩关于黄热病的报告会对市场产生什么样的影响。"嗯，"他以英国人常有的说话方式答道，"我恐怕不会说这个报告正好说明股票应该看涨。"

基恩在股市操作中通常是看多做多（bullish）或持乐观态度的一方。正是他第一次说出了这样的话："你并没看到第五大道上有哪座豪宅名邸是由熊（bears）建造完成的。"有些作者却一直说这句话是我首创的。

曾经有人问基恩："你既然已赚了大钱，干吗还继续在华尔街做投机交易呢？"他回答说："一条狗追逐了999只兔子，为何还要追第1000只呢？所有的生命都在投机。投机精神是人类生来就有的。"

基恩喜欢赌博。他拥有几匹出了名的赛马。叫福克斯霍尔的那匹马就是根据基恩独子的名字起的名，那匹马于1881年在巴黎赢得了 Grand Prix 大赛[⊖]冠军。基恩最钟爱的马叫 Sysonby。

Sysonby 死后，基恩把它的全副骨骼送给了自然历史博物馆，这匹名马被安放在一个底座上来让人们参观。有一回，基恩正参加一次赛马展览会，突然想起 Sysonby，心中难抑思念之情，想去看看它。于是，他和几个朋友一道离开展会，去了博物馆，在博物馆逗留了好几个小时，不停地缅怀 Sysonby 曾取得过的英雄业绩。

有一天，股市行情很糟，收市后我见到了基恩，或许他已喝了一两杯酒，但外表依然像云杉一样挺拔，神情一如既往地泰然自若。我有一次向他报告当天的行情如何糟糕，他回答说："有时我会山穷水尽，但总会强势回归的。"

这句话成了华尔街的一句名言，当形势对人们不利的时候，人们总会一再重复这句话。我知道，在问题丛生、苦恼不堪时，我常常想起基恩说过的这句话，也像他一样，我决心要"强势回归"。

* * *

基恩安静而不张扬的行事方式不但与"钻石吉姆"布拉迪形成了鲜明对照，与约翰·盖茨也迥异其趣。盖茨衣着华丽，用的东西也都华而不实，说话哇啦哇啦吵死人，他还自高自大，喜欢自吹自擂，不过，无论在股市上还是在股市之外，他毫无疑问都是我过去所认识的赌徒中最了不起的人。

盖茨拥有成功赌徒所需的一切，可以说在这方面他是万里挑一的。其实，成功的赌徒真是凤毛麟角。盖茨浑身是胆，面对险情镇定自若——没有丝毫的胆怯不安。在他粗糙的外表之下，潜藏着冷静、果敢和能洞察事物本质的理解力。

盖茨开始起步时是个推销员——他一定做过典型的中西部鼓手，穿着花

⊖ Grand Prix 大赛是当时世界上最有影响力的马赛。——译者注

哨扎眼的马甲，怀表的链带气势不凡，圆顶黑礼帽高耸着歪向头的一侧。盖茨直到最后都是个推销员。如果说盖茨在推销货物时宣称的一切并不总是滴水不漏，那么无论是成就非凡的大推销员还是不起眼的小推销员，他们在推销商品时也并非始终经得起推敲。盖茨对美国的未来充满信心，他相信国家的发展将会超出任何人的预期。他散发出来的乐观气息像传染病一样可以影响很多人。

我喜欢盖茨，乐于跟他交往，不管在股市交易上还是在其他方面，与他相处都能从中得到乐趣。不过，我早早就知道，当他甩开膀子抱着你的肩头说"伯尼，我要帮你个忙"时，你最好躲开他。即使盖茨意识到我采取了一些明智措施以免受他剧毒性的乐观情绪影响——我敢肯定，凭他那样的敏锐直觉，他肯定会意识到这一点，不过这也无伤我们之间的关系。

盖茨在华尔道夫最喜欢光顾的地方是有桃花心木吧台的酒吧和台球室。通常，他手上总端着一杯酒，不过，盖茨给人留下饮酒过量的印象是人们判断错了。他只是想喝多少便喝多少，但总是省着点儿喝。

有一回，盖茨坐镇指挥，狠狠教训了一家著名的连锁投机商号。他之所以要惩罚它们，究竟是受以道义为基础的动机之驱使，还是出于赚钱的目的，抑或心痒难耐就是想找点儿刺激，我在此就不尝试做出说明了。

在那个时代，一家投机商号严格说来就是地地道道的赌博场所，来此光顾的人可以下注赌纽交所公告板上股票价格的涨落。股票所有权并不发生任何转移。有些经营规模较大投机商号的人，要是发现本商号内某只股票上的"买卖报单"数量很大，便会进入证券交易所实际买卖股票，迫使这只股票上涨或下跌，以便将押注的顾客扫荡出局。

盖茨和其他几个人决定如法炮制，拿投机商号经营人给别人吃的毒药来强迫他们自己吞下。盖茨一帮人在一家规模特别大的商号就一些股票下了很重的"买单"，这些股票在此前很长时间里基本上一直横盘不动。当他们将自己的人派去要清理账户拿回赚到的钱时，却发现这家投机商号的玻璃门上已换了一家新公司的名头。盖茨只是威胁着要打官司，要让报纸揭露真相，就迫使经营这家投机商号的那些人赔付了他们的部分损失。

盖茨的能量消耗大得惊人，参与赌博会让他得到放松，赌博于他是一种消遣娱乐方式。他坐火车在芝加哥与纽约之间来回跑的时候会玩扑克牌，玩惠斯特牌，从上车一直玩到下车，要么赢得很多钱，要么输掉很多钱⊖，不过到了城里，他又精神饱满、面带桃花了。

我记得曾在伦敦偶然碰到盖茨和伊克·艾尔伍德上校。后来我们三人在皇家阿斯科特赛马场相会，那天闷热得让人透不过气来，我们还得进入皇家观赛区观看比赛，所以都盛装出行，带着高高的礼帽，穿着阿尔伯特王子牌礼服。我在皇家观赛区外面溜达着去找投注站。盖茨也在投注站，他戴的高礼帽推到了后脑勺，阿尔伯特王子牌礼服和马甲也都敞开着。

"约翰，这场赛马有什么好消息吗？"我问他。

"没什么好消息，伯尼，"他说，"我准备投点儿小注。"

他说投点儿小注，结果却投了 7000 英镑。

爱滔滔不绝说话的赌徒通常说着说着就把自己的钱说没了，可是盖茨不同，他可以通过絮絮叨叨地说话把其他赌伴的钱给说输了——即便跟别人玩泥鸽射击⊜比赛，他也会如此。盖茨虽然是个相当好的泥鸽射击手，但他的技术也没好到没多少人能击败他。不过，盖茨还是会押自己赢，他总能从比他技高一筹的神射手那里赢到钱。他赢钱的手段就是始终喋喋不休地说个不停，不知不觉中把赌注弄得越来越大，最后对手都变得紧张不安。后来，盖茨一边告诉他人他如何把泥鸽射击赛变成谈话比赛而赢得了射击赛，一边头往后

⊖ 盖茨有一次在这条铁路线上旅行时赌了一场马拉松式扑克牌，在一周的时间里几乎不停地赌（边赌边吃饭），结束时大约有 50 万美元的赌资易手。——译者注
⊜ 泥鸽射击是当时流行的一项运动，泥鸽是用黏土制成的盘形飞靶。——译者注

仰着，大笑不已。

1900 年，同花大顺赢得了 Goodwood 杯赛马大赛，关于这场异乎寻常的马赛，一直流传着很多故事。我曾亲耳听到盖茨讲起这场赛事，下面是我根据记忆中盖茨的描述写下的经过。

好像开始时约翰·德拉克（John A. Drake）正计划着带一批马去英国，盖茨想小试身手，随便玩玩，于是就买下了一半权益。约翰·德拉克是艾奥瓦州一位著名的州长身为运动员的儿子，除了盖茨之外，此人在我认识的人当中是最敢于不计后果下大注的一位。

他们在英国雇了一个顶级驯马师，赢了好几场比赛。他们看中了一条跑道上名叫同花大顺的马。虽然同花大顺从没赢过比赛，但他们还是买下了它。同花大顺随后便转交给那位驯马师进行训练。

盖茨很快就得知，这匹无名赛马跑起来速度越来越神奇。他对这匹马进行了多次秘密测试，还请了著名驯马师约翰·哈金斯参加过一次秘密测试。哈金斯跛着脚走路，盖茨跟我说起这件事时还模仿他怎么瘸腿走。盖茨不停地打着各种手势，做着各种表情，演示那场测试的经过——同花大顺如何前后摆着头跑过了小山顶，哈金斯又如何把双手抛向空中兴奋地大叫：

"天哪！哪匹马也跑不了那么快！"

不过，这一切全都秘而不宣。当同花大顺参加 Goodwood 杯大赛时，那些投注站的赌注登记人开始给它开出的赔率是 50∶1。夺冠热门是阿美利加斯，这匹马的主人叫理查德·柯罗克尔（Richard Croker），也就是塔曼尼协会的老板。

然后，盖茨和德拉克开始实施一连串的投注行动，从英国到南非，从阿姆斯特丹到澳大利亚，他们在全世界范围内都对同花大顺押了钱。即使这样，赛马界的同人还是听到了这样下注的风声。一匹默默无闻的赛马居然得到了如此规模盛大的支持，对此谁也给不出合乎逻辑的解释，不过赔率倒是降下来了。

比赛当天，人们兴奋不已，一片喧哗。盖茨告诉我，就在比赛开始之前，他怎么问一名赌注登记人，问他是否愿意按 4∶5 的赔率接受对同花大顺押的"小注"。每当盖茨提到"小注"时，就该对他小心了。赌注登记人说："行。"盖茨说："我押 5 万英镑。"这几乎相当于 25 万美元。

现在谁也不知道盖茨和德拉克在这场马赛中赢了多少钱。人们纷纷猜疑同花大顺赢得 Goodwood 杯大赛不像亲眼看到的那么简单，怀疑之声不绝于耳。如果我没记错的话，比赛之后有关方面对此进行了一次调查，调查的结果是裁定这匹马（以及与它有关的某些人）永远不得出现在英国赛马场。

不过，且不管约翰·盖茨在赌博方面有多么疯傻，他在构筑今天呈现在我们面前的美国工业结构的过程中都赢得了属于自己的位置。他对国家的未来怀有激励人心的展望，而且我相信他是构想出建立 10 亿美元公司的第一人。一天晚上，他在华尔道夫酒店玩台球时以他特有的自我标榜的态度宣布了这一构想。我不妨加一句，这时候的 10 亿美元可不像后来司空见惯的可以纵情地投来投去的几十亿美元。

有些人说盖茨妄自尊大，痴人说梦，但谁也不像年长的 J. P. 摩根那样往往喜欢追求虚无缥缈的彩虹般的绚烂美景，他认为盖茨的设想切实可行。结果，美国钢铁公司便组建成了。

盖茨曾是第一位制造带刺铁丝的伊克·艾尔伍德上校的明星推销员。盖茨很快便开办了一家带刺铁丝工厂，成了艾尔伍德的竞争对手，最后逼得艾尔伍德收购了他的公司。随后，盖茨展开了一系列并购行动，在铁丝行业建成了具有垄断优势的美国钢铁铁丝公司。盖茨后来将这家公司卖给摩根，公司成了美国钢铁公司的一个组成部分。

摩根从卡内基钢铁公司请来 37 岁的查尔斯·施瓦布（Charles M. Schwab）担任新组建的美国钢铁公司的董事会主席。几年后，艾尔伯特·盖瑞接替施瓦布掌管公司，盖瑞是伊利诺伊州的律师，当初也是盖茨把他介绍给摩根的。

在盖瑞身上，摩根肯定发现了他与施瓦布或盖茨是有天壤之别的人物。盖瑞与摩根同样有着云泥之别。如果说盖瑞在生活中曾有过什么乐趣的话，我不知道他是怎么得到乐趣的。

关于摩根如何组建美国钢铁公司，一直以来都有大量议论。据我回忆，促使摩根组建公司的直接原因是在钢铁行业存在着价格战的威胁。但是，这次整合钢铁行业的行动，摩根是否真的受到弗里克（Frick）、施瓦布、盖茨或别的什么人的劝说才付诸实施，仍然是个小小的谜。每种说法都有其支持者。

不管怎么说，盖茨认为自己应在董事会占有一席之地。摩根排挤盖茨，导致双方长期不和，结下的仇怨在盖茨生前一直未曾消弭。他们之间展开过多次财务争夺战，我至少有一次也被拉入其中，扮演了一个颇为重要的角色。

第 13 章

我生命中的一大憾事

尽管相对而言我生命中很少出现令人抱憾的事情，但有一件事始终让我抱憾不已——我从未成功地拥有过一条铁路，也未经营过一条铁路。

从孩提时代开始，拥有或经营一条铁路就是我的梦想。记得少时，当货运火车在夏洛特—哥伦比亚—奥古斯塔铁路线上驰过外祖父在温斯伯勒的庭院时，我总会朝车上的司机挥挥手。

我最接近实现梦想的一次是在第一次世界大战之后。我与詹姆斯·杜克和托马斯·福琼·瑞恩进行过一次长谈，席间，我特别跟他们指出，美国南方存在着前景诱人的经济发展机会，从纽约延伸至佛罗里达的大西洋沿岸铁路会对南方经济发展产生巨大的促进作用。

瑞恩对杜克说："我们何不为伯尼买下这条铁路，让他经营呢？"

这次谈话过后没多久，我和妻子在杜克位于 78 大街和第五大道交界处的房子里做客。吃过晚餐，几张桥牌桌摆好了，我无意中与亨利·沃尔特斯（Henry Walters）坐在同一张桌子边，他是大西洋沿岸铁路公司的头儿。在打一局牌的时候，没打牌的杜克走到沃尔特斯身边，对他说："我想现在就为伯尼买下大西洋沿岸铁路。你要什么价？"

"是吗？"沃尔特斯吃惊地问，"每股 65 美元。"

"买下了。"杜克毫不迟疑地说。

然而，第二天上午，沃尔特斯去见 J. P. 摩根，摩根否决了这个交易。后来有人告诉我，摩根他们觉得我可能会把铁路的融资业务转给库恩—洛布银行。这种事我是不会做的。谁给铁路的交易条件最好，融资业务就该给谁。

说来也奇怪，这还不是摩根"众议院"第一次阻挠我实现经营一条铁路的梦想。第一次发生在 1902 年，当时我在尽力争取路易斯维尔至纳什维尔铁路（以下简称路纳铁路）的控股权。现在人们普遍认为，正是在这同一次运作中，约翰·盖茨蒙骗摩根让他给自己支付 750 万美元的赚头以交换这条铁路的控股权。我可以用至今未曾公开的交易细节让这件事的经过显得更加全面些，或许现在说出来为时不晚。

在 1901 年夏季，华尔街因受北方太平洋铁路公司股票造成的市场恐慌影响仍然在逐渐恢复之中，我做了一项研究，确信路纳铁路有着成为一条卓越铁路的潜质，并且确信这条铁路的股票或许是纽交所里最合算的买入对象。于是，我开始买进这只股票，当时的股价在 100 美元以下，我心里想着要把自己的大部分流动资金投到这只股票上——如果不经过深思熟虑，谁也不应该这样做。

我知道单单用自己的资金还不足以获得控股权，于是便请一些朋友和我一道来操作。我找到的其中一个人是艾德文·霍利，他在铁路事务方面的经验和技能我极为看重。他既是明尼阿波利斯—圣保罗铁路的董事长，也是艾奥瓦中央铁路的董事长，他还为爱德华·哈里曼买下过亨廷顿（Huntington）手上持有的南方太平洋铁路公司的股票。

首先，我向霍利说明，与纽约证券交易所上市的其他铁路股票相比，路纳铁路股票几乎是最便宜的。其次，我根据自己的看法，向他勾勒了这条铁路将来发展的可能性：与芝加哥东伊利诺伊铁路连接就可以进入芝加哥；与大西洋沿岸铁路、南方铁路和滨海铁路这三条中任何一条连接，便可以利用南方经济发展的潜力获得益处。

我向霍利指出，路纳铁路股票主要由国外的罗斯柴尔德家族持有，这个家族在美国的代理人是奥古斯特·贝尔蒙。所有者缺位和经营管理松散使路纳铁路发展缓慢。要是由美国人掌握所有权，便可以让积极进取的新管理层取代现有的管理层。

霍利是我过去认识的少数天生具有扑克脸的人之一，他总是面无表情，不动声色。那张脸面色苍白，像浮雕一样，而他说话时，也几乎不动嘴唇。在这次谈话过程中，他没有直接给我任何答复，我当时想自己没有打动他。

雅克·菲尔德及其他几个人都加入进来和我一道操作此事。雅克在北方太平洋铁路公司被轧空的行情中赚了很多钱，这次他买进了 10 000 股。一天，雅克注意到我买进路纳铁路股票时买入量逐渐减少，他说："那样买真傻。我第二批买进的量总比第一批多，第三批又比第二批多。"

换句话说，雅克乐意通过逐级加量来支持自己的判断，不过，这种判断必须得立即自我证明是正确的才行。一般说来，雅克那一套想法还是合理的。

我的朋友们开始买进，他们的行动也引来其他买家介入，这便推高了路纳铁路股票股价。不久，根据我的建议买进的多数人决定卖出股票，获利了结。我竭力劝说雅克·菲尔德不要卖，但他还是卖了。这样一来，除了罗斯柴尔德家族之外，我成了路纳铁路最大的股东之一。我再次四处寻找同盟者，同时继续买进。

* * *

从 1902 年 1 月初一直到进入 2 月，路纳铁路股票的交易只是不温不火地往前走着。突然间，这只股票的交易开始沸腾起来。

一天，我坐在路纳铁路股票交易席位上，第一次朦胧地感到买方兴趣骤增。看见另一个买家报了一些买单，我很吃惊。我心里认定这个买家是想买进一大批股票。每次他开始买进，我都报出更高的价格。最后，他这种买进操作的背后支持者终于露面了，他们是芝加哥东伊利诺伊铁路公司那帮人。

然后，约翰·盖茨也加入了买家的行列。他的买入量很大，起初是通过华盛顿经纪人席布斯买进，后来又通过自己的儿子在纽约新设立的经纪行哈里斯·盖茨公司买入。盖茨买进股票让人们心生猜疑，以为路纳铁路股票行情上涨只不过是受到投机性操控而已。

在所有这些买入交易进行当中，艾德文·霍利于3月的一天下午刚过3点时就出现在我的办公室，他带着惯有的扑克脸表情说：

"伯尼，你可以为我买进路纳铁路的控股权。"

我特别跟他指出买控股权需要一大笔资金，并问他与他合作的人都有哪些。他点出了以下这些人的名字：乔治·柯罗克尔、H. E. 亨廷顿、克丽丝·亨廷顿夫人、威尔（亚当斯捷运公司总裁）、托马斯·汉姆林·哈伯德将军（路纳铁路公司律师）以及我的合伙人阿瑟·豪斯曼。所有这些人包括我自己的姓名及持有的股份数后来都有公开记录。

我当初就路纳铁路发展前景对霍利说的一席话，给他留下的印象实际上比我自己意识到的要深得多。

在同意为霍利及其集团展开买入控股权的行动之前，我向他透露了自己已持有多少股路纳铁路股票。我主动提出把自己手上的股票与我将为他买进的股票合在一起，按所有这些股票买入的平均价给他。他说，这对我不公平，因为那会减少我在已买进股票上可能赚到的利润。不过，霍利还是请我继续持有股票，以便他为实现控股需要股票时再给他。我表示同意。

那天晚上，我睡得很少，一直计划着如何展开收购行动。霍利及其合作人的支持，可能会帮助我实现经营一条铁路的梦想。同时，我也能看到——有盖茨、霍利及其他人参与其中，情况也许会朝着非常不同的方向转变。不管怎样，首先要采取的步骤就是尽我们所能多吃进路纳铁路股票。我认定，开局行动最好是在伦敦市场获得大宗路纳铁路股票的看涨期权。黎明时分，我已赶到办公室给伦敦发电报，我大约支付了 7 万美元的期权费，买进了 2 万股期权。

那天下午霍利来到我的办公室，我正在证券交易所的交易大厅里。我在交易大厅的电话里跟他解释我采取了哪些行动。他不喜欢我已在伦敦买下的期权。

我能理解他为什么不乐意。我们花 7 万美元买到的期权只是给我们提供了一种权利：我们有权在 90 天内按期权交易达成之前一天股票的市场平均价加上利息买入股票。这就意味着，等期权执行时，股票必须上涨足够幅度，才能弥补期权成本以及利息。例如，如果市场价是 107 美元，股票必须涨到大约 111 美元，我们才能在执行期权时实现盈亏持平。

我告诉霍利我认为这只股票会涨到 130 美元或 130 美元左右一点儿——后来事实证明我是正确的。期权有个很大的好处，即期权可以让我们悄悄地收集大量股票，同时又不至于像我们直接从市场买进那样会迅速推高股价。

我力劝霍利把 2 万股期权全部拿下，并且我告诉他，要是他不愿意全拿下，我会拿下一半，再叫别人接手另外 1 万股。霍利最后还是拿了 1 万股——我想他拿下来主要还是不想显示出对我判断的不信任。我按照他的建议拿下了另外 1 万股。

在所有这些买入的刺激之下，路纳铁路股票的交易量迅速上升，4 月 1 日的成交量不过才几千股，到 4 月 4 日、5 日，平均成交量已超过 6 万股。然后，从 4 月 7 日～10 日，成交量达到顶峰，总共有 60 万余股换手，这种情况使股票面临着"被轧空"的危险，就像北方太平洋铁路公司股票曾出现过的那样。

北方太平洋铁路公司股票之所以加速陷入被轧空的状态，主要原因在于雅各布·西弗犯了个错误，他未在星期六按哈里曼的指令买入普通股，结果到星期一便发现再行买入为时已晚。令人奇怪的是，路纳铁路股票险些受到轧空也是由一次愚蠢的疏忽造成的——只不过这次是奥古斯特·贝尔蒙犯了粗心的过失，他代表罗斯柴尔德家族，是路纳铁路的董事会主席。

路纳铁路碰巧持有 5 万股没有上市交易的库存股。贝尔蒙看着路纳铁路股票在市场上不断上扬，觉得发现了一个机会，可以把这些库存股拿出来卖个好价钱，为公司干净利落地赚取一笔额外资本。4 月 7 日，他让路纳铁路董事会授权发行这 5 万股股票。现在看来贝尔蒙似乎丝毫未觉察到一场收购路纳铁路控股权的行动正在他眼皮底下进行着。

我给霍利的建议是，贝尔蒙把股票一发出来，我们马上就将股票弄到手。霍利赞同我的建议，盖茨那伙人也要采取同样的策略。

根据纽交所的发行上市规则，这些股票发行之后必须过 30 天才可以上市。这就意味着，贝尔蒙他们不能交割这些股票，从技术上来说，他们"已被发现缺乏头寸"，除非他们可以借到股权凭证来完成交割。

盖茨起初想挤压贝尔蒙他们，但我并没有这种打算。我和霍利每天下午碰头，讨论第二天的行动策略。我告诉霍利，要是我们逼迫贝尔蒙，就会出现一场轧空行情。不过，果真如此的话，我第一个就不答应参与这种事，这会重演 11 个月之前北方太平洋公司股票遭到轧空带来的一幕幕恐慌场景。我和霍利达成一致，同意按公允价格借给贝尔蒙他们股票，好让他们执行交割。盖茨后来宣布说，他无意允许一场轧空行情出现。

形势发展至此，盖茨那帮人和我们一直是两个不同的阵营，双方一直相互对抗，相互较着劲。我们感到盖茨正在阻止我们按照公允价格借给贝尔蒙股票。不过到此时，情况已很清楚，我们将不得不与盖茨达成某种谅解。

* * *

当我和霍利在华尔道夫酒店男人咖啡屋时，我们注意到盖茨就坐在不远处的一张桌子旁边。我建议霍利过去跟盖茨谈谈，看看如果我们和盖茨他们把资金和已有的股票合在一起能否实现对路纳铁路的控股。霍利过去和盖茨谈了，发现双方加在一起几乎已掌握了控股权。协议当场就达成了，根据协议，盖茨他们和我们将共同行动拿到控股权，拿到控股权后，铁路的经营管理留给我们来做。这也正是我想要的结果。

第二天，我们请经纪人普罗弗斯特（Provost）设法买进 4 万股，要实现控股，我们还差这么多股票。

与此同时，路纳铁路公司股票面临被轧空的危险以及股票交易异常活跃的情形，已让摩根银行感到焦虑不安，摩根银行在南方拥有一些铁路权益。摩根先生此时正在法国，但他的一位合伙人乔治·伯金斯（George W. Perkins）找盖茨商谈，问盖茨，要是我们出让路纳铁路的控股权，我们愿意接受多高的价钱。

这些谈判还在进行当中，有一天一大早，泰尔伯特·泰勒告诉我，伯金斯前一天晚上已根据摩根授意与詹姆斯·基恩进行了商谈。基恩建议伯金斯说，伯金斯需要付出多少就得付出多少，哪怕是代价很大也要接受。我听到这一消息，立马飞奔着去见霍利。他的办公室在 13 层，我现在还记得当时心想电梯怎么升得这么慢。

我看到霍利在穿外套、戴帽子，他说正准备去摩根银行，他和盖茨已约定在摩根银行见伯金斯先生。我跟霍利强调说，我自己是绝不会卖掉一股股票的；要是他和别人想卖，他们应该坚持立场，卖个好价钱。

霍利从摩根银行回来时兴高采烈的。原来，在霍利到达摩根银行时，盖茨已经与摩根银行达成交易，霍利所能做的就是同意这桩交易。根据协议，摩根他们必须按每股 130 美元的价格买下我们持有的 1/3 股份，余下的 2/3 我们按每股 150 美元的价格给予他们 6 个月期限的看涨期权。真是令人抱憾，我拥有一条铁路的梦想就这样破碎了。

我告诉霍利我不喜欢这桩交易，他有些吃惊。的确，我们以 130 美元的价钱卖出自己持有的 1/3 股票能赚一大笔钱，因为我们最初买进的那 1/3 股票平均价格还不到 110 美元，不过，要是经济形势变糟了，摩根先生决定不执行期权——这是他拥有的权利，那么会出现什么情况呢？如果发生这种事，路纳铁路股票就会砸在本来愿意卖掉的投机者的手中。这些人可能会不计成本地抛售股票，从而导致灾难性后果，但霍利对这些担忧很不以为然。

"要是你认为这桩交易还不够好，"他告诉我，"你可以在公开市场上卖出你手上的股票。"

"你说真的？"我惊讶地问。

"当然是真的，"霍利回答说，"如果你认为我们达成的交易你不满意，既然事先也没征求你的许可，我愿意让你退出交易。不过，我希望你留下 1 万股，表示一下你的诚意，同时也算是对我本人表示一点儿赞赏。我不想让盖茨和其他的哥们儿满腹狐疑，怎么你就是不愿和他们保持一致。"

我同意留下 1 万股。除了这 1 万股，我把所有的路纳铁路股票全卖了——摩根拿走我持有的 1/3 股份之后不久，我手上只剩下 6666 股。

* * *

尽管失去经营一条南方好铁路的机会让我感到无比失望，但我的财务状况极好。然而，我们经纪公司仍然牵涉其中，这一方面是因为阿瑟·豪斯曼本人还持有路纳铁路股票，另一方面是因为我们还在为霍利的一些合作人处理大量的路纳铁路股票。

我试图跟豪斯曼解释，要是摩根决定不把期权继续执行下去，他和其他人将会陷入极其危险的境地。豪斯曼先生向来是个乐天派，他就是不同意我的看法，认为与摩根签的协议不会有不执行的危险。

过了不久，盖茨的儿子查利（Charley）得知我几乎已卖光路纳铁路股票。

我没告诉他为何要那样做。我只向霍利和豪斯曼两个人说明了自己仓位的变动情况，因为我觉得有义务告诉他们，但盖茨自己弄清楚了这件事，我想他不会感到很舒服的。

快到 5 月底时，也就是期权到期日之前，摩根银行宣布为路纳铁路公司和南方铁路公司收购茂农铁路（Monon Route），即芝加哥—印第安纳波利斯—路易斯维尔铁路。

对于这次收购行动，我建议霍利致函摩根银行，鉴于路纳铁路的资产在未征得我们许可的情况下为收购茂农铁路提供担保，我们便将此次收购行动视为自动通知，即通知我们摩根将执行我们持有的剩余 2/3 股票的期权。

这封函件发出之后，我好好地睡了一觉，这是自我着手收购路纳铁路以来第一次美美地睡了个安稳觉。我们所有人都很高兴。宣布收购茂农铁路一事改变了摩根对期权合同的执行选择。

1902 年 8 月下旬，摩根先生从欧洲返回。他派人来请霍利，随同霍利一起去的还有查利·盖茨。在他们去见摩根前，我事先跟他们做了交谈。总体金融形势这时显得越来越不明朗。

"他要是做出执行期权之外的任何提议，"我说，"你们应该婉言拒绝。因为有了茂农铁路那桩交易，所以一定要坚持立场。"

果不其然，摩根先生要求给期权 6 个月的展期。接下来，摩根先生和我们的人进行了好几次商谈。有一次在商谈时，摩根先生告诉盖茨，我们只要等一等，就可以让手上的股票拿到更好的卖价。西奥多·罗斯福总统已对北方证券公司提起那场著名的诉讼，如果法院支持北方证券公司，摩根说他可能会设立一家叫南方证券的公司，南方证券公司将会提升那些南方铁路公司的股票价值。

我现在认为，霍利本来会同意让期权展期，或者同意在一定程度上推迟执行期权。但是，盖茨坚持己见，立场强硬。期权总共包括 30.6 万股路纳铁路股票，其中 1/3 摩根先前已支付价款。现在他继续执行期权，以每股 150 美元的价格买下剩余的 20.4 万股。接下来的 6 个月还没过完，一场金融风暴已席卷全美。要是那些路纳铁路股票在市场上压价抛售，会产生什么样的后果也就无须多说了。

在这些运作的最后阶段，我个人赚的利润相对较少，因为在给摩根的一篮子期权股票中，我只剩下 6666 股。不过自始至终，整个交易让我净赚了 100 万美元。这笔利润（如果不比其他任何人多）很可能也不比任何人少。因为我买入股票比其他任何人都要早，我持有的股票平均成本要低 15 个点。

当时，人们私下广泛议论盖茨及其合作人净赚 750 万美元，自此之后，这件事也时常有人反复提起。人们在提到这场交易时还将它视为典型的盖茨式漂亮之举——他通过威胁要控制一条铁路，蒙骗摩根为了让铁路保持在信誉卓著的人手中而不得不买下铁路。要是让人们认为自己用鲸鱼叉叉中了摩根这条鲸鱼，盖茨定会心痒难熬，想一试身手；摩根也一定相信自己被盖茨逮住了，因为他身边的人就在帮着传扬这个故事。

不过，要说盖茨参与此运作是为了让摩根难堪，也并不符合实情。实际上，从路纳铁路股票收购的肇始来看，较之盖茨，我与此事更加相关，他只是在时机已成熟时才参与进来。我最初收购股票的动机是想设法拥有或经营一条铁路。当这一希望变得越来越小而我最初未曾预见到的股权争夺战愈演愈烈时，我的目标又变成了设法摆脱我们那群人的束缚。我们持有摩根后来所拿股票的 1/3 份额，而盖茨及其合作人持有另外 2/3。

路纳铁路股票交易结束之后，我已是个富有的人了。我在这件事的前前后后也都表现出色，这引起了金融圈中一些思考严肃而周全的人的注意。我尤其感到高兴的是，安东尼·布拉迪主动提出请我到中央信托公司执行委员会任职。

要是接受这一邀请，那就意味着我会与以下这些人合作共事：弗雷德里

克·奥尔考特（Frederic P. Olcott）、小亚德里安·伊塞林（Adrian Iselin，Jr.）、
詹姆斯·斯贝耶（James Speyer）、布里斯（C. N. Bliss）、奥古斯塔·朱利亚德
（Augustus P. Juilliard）、詹姆斯·沃利斯（James N. Wallace）。这一邀请的确
诱人，而且作为一个只专心做交易的人，我受到这样的邀请确实非同寻常。

　　没过多久，我又受到邀请到凤凰人寿保险公司担任董事。我婉言谢绝了
凤凰人寿和中央信托公司的邀请。我向布拉迪先生解释说："我的意愿还是继
续在证券市场从事投机交易。我认为，要是一个人做了一家银行或保险公司
的董事，他就不该再进行投机操作。"

　　我没告诉布拉迪的是，实际上我已开始强烈怀疑自己是否想在华尔街继
续待下去了。

第 14 章

一个转折点

　　我永远不会忘记有一天去看望父亲，告诉他我已身价百万了。他平素亲切和蔼的脸上现出探询的表情，好像领会 100 万美元的事实有些困难。我想他可能在怀疑我算得不准确，便提出要给他看看实实在在的证券。

　　"不用了，"他说，"我相信你说的话。"接着他就谈起别的事情。

　　或许，我本不该期待父亲会有其他任何反应。父亲始终认为，与道德价值和对社会所做贡献相比，一个人赚钱多少，其重要性是位居其次的。还在南卡罗来纳州的时候，他就是这个态度，那时母亲常抱怨他把该花在诊疗上的时间用在他的"试验农场"上。我在普特因贝铁路投机中赔了他的储蓄金，他也是这个态度，他认为对我表示有信心非常重要，于是便允许我拿了他更多的储蓄金去冒险投资。

　　不过，父亲的反应让我真正开始认真思考此前不止一次困扰我的问题。一个人要是不拿钱做些有价值的事情，100 万美元于他有何用呢？

　　但凡外面出售的我想要的任何东西，我现在都可以买到，可是我又认识到有很多东西是用钱买不来的。我不禁将自己的职业与父亲的事业放在一起加以比较——我赚到了钱，而他在医学和卫生领域以及帮助自己的同胞方面取得了成就。

我发现自己真希望没有放弃最初学医的打算。我羡慕弟弟赫尔曼，他这时已是一位医生。

我决定至少要以某种方式让自己在情感上认同父亲所做的工作。当时，父亲努力为之争取的第一批公共浴室正在纽约的莱文顿大街建立起来；父亲撰写的水疗法方面的书籍也有两本译成了德文和法文。但父亲还在做着一般开业医生所做的辛苦乏味的工作，他还是乘坐自己的轻型马车出门问诊，几乎不知道晚上休息不被打扰是什么滋味。当母亲和他与朋友们一起吃晚饭时，他总有可能在席间被叫走，去给人看病。他们去戏院看戏的时候，也总是把父亲的名字留给售票处。

尽管我从未听到过他抱怨自己的职业，但这些事情显然已开始越来越消磨他的身体。1900 年 7 月，他过 60 岁生日那天，我好言相劝，叫他放弃执业，接受一份收入。这份收入能够让他从医学实验的角度继续从事自己的事业，能获得这份新的自由令他心驰神往。自己的儿子能够主动提出这个邀请，他也感到非常高兴。直到那一刻之前，他对我已是个富有的人这个事实都没什么兴趣。

不过，父亲犹豫不决，有几个病人他无法舍弃。他对这些病人的病情了解深透，觉得自己不能把他们转给别的医生。他继续给这些病人看病，不管白天还是黑夜，他仍然会随叫随到。

我乐于认为，我能用钱给父亲买来的时间，有助于他拓展在水疗法方面的开创性工作。到 1906 年时，他在美国已被公认为这一领域最重要的权威。从 1907 年到 1913 年，他担任哥伦比亚大学内外科医学院水疗系的主任。

那时候，很多医生对水疗法不屑一顾，认为水疗法是一种江湖冒牌医生的骗术。直到 20 世纪 40 年代后期，我才体会到父亲为了推广水疗法得克服多少障碍，这时我给一些大学和医疗机构捐了不少钱，目的就是要促进对物理医学的研究。我还帮助贝勒福医院（Bellevue）建立了物理医学与康复研究所，该研究所现已在全世界成了这一领域的模范机构。

在极力促成这些进步的过程中，我发现自己必须与美国医疗协会的一个部门做斗争，才最终让物理医学被认可为值得信任尊敬的医学领域。1957 年春季，我感到尤为欣喜，因为我得知美国医疗协会准备授予小亨利·维斯卡迪（Henry Viscardi，Jr.）杰出贡献奖，表彰他在理疗康复方面取得的成就。维斯卡迪天生没有双腿，他帮助很多残疾病人康复，让他们能够从事一些生产性工作。维斯卡迪长期坚持的工作正是我父亲首先发起的，现在这种工作似乎终于赢得了医学界的支持。

我回过头来再说 1900 年，这年夏季我帮父亲拓展了他对社会的贡献，我对此感到非常满意。不过，一个人帮助他人做事并不能真正填补自己内心的空虚。只有你自己付出行动才能让你成为一个完整的人。对于只是赚钱，我仍然觉得不满意。我还意识到，虽然把钱用于一个有价值的事业上是往正确的方向迈出了一步，但这并不像因为某种事业而亲自付出努力那样更能让我感到心满意足。

*　*　*

然而，我并未因受到不满意心绪的搅扰而真正付出过行动，直到一年多以后在华尔道夫酒店出席了一次晚宴，这些烦忧又被重新唤醒了。这次晚宴专门为戴蒙德火柴公司的董事长巴布尔（Barber）举行。

自助冷餐会之后，有人布置好桌子，大家准备玩百家乐。曾在 Goodwood 杯马赛中与盖茨合伙支持同花大顺夺冠的约翰·德拉克和房地产商人劳伊尔·史密斯（Loyal Smith）联席坐庄。我们都落了座，买好了筹码。白色筹码代表金额最少的赌资，每枚价值 1000 美元。

押了几轮 2000 美元、3000 美元、5000 美元的赌注后，盖茨开始骂我们是派克佬[⊖]，又提高了自己的赌注。哈里·布莱克（Harry Black）和人称哈蒂的哈德森也跟着盖茨把赌注押到了 2.5 万美元；但接着，哈德森又拒绝提高赌注。我看到盖茨正准备大赌一场，便把每局赌注限定在 5000 美元以内。看到我预先有了防范，其他客人中至少有两人也效仿我采取了预防措施，他们两人是后来做了驻法大使的休·沃利斯（Hugh Wallace）和威里斯·麦考米克（Willis McCormick）。

这让劳伊尔·史密斯很不高兴，他正在帮着收进各家赚到的筹码，拿出坐庄输掉的筹码。"真受不了你们这帮派克佬，"他说，"拿进拿出筹码你们得自己动手了。"

赌注又上升了——一局升到 5 万美元、7.5 万美元。

是什么原因让平常的押注变成不计后果的赌博呢？输得惨的人铤而走险、孤注一掷是一个因素。另外，据我观察，如果一个人手风很顺，一直赢钱，他就会冲昏头脑，以为要是把赌注再抬高些，就可能会多赢很多钱。不过，这场赌局到此都没谁输得很惨，也没谁赢了很多。很奇怪，整个晚上下来，基本上都打成了平手，注押得很大和押得很小的都没什么输赢。总是输了赢，赢了输，谁也没有朝一个方向走得很远。

或许，正是赌下来没个输赢的结果让盖茨有些气恼。他随意往桌上扔出 2 枚黄色筹码，每枚价值 5 万美元。庄家接受他押的注。其他玩家也都提高赌注，但我还是坚持用不超过 5 枚 1000 美元的筹码下注。

这是我有生以来第一次看到有人拿 10 万美元凭翻看一张牌来冒险。我纳闷了一会儿，心想这还是不是真钱。当我看到德拉克和史密斯脸上的表情时，我知道那还是真钱。

[⊖] 19 世纪中期，密苏里州派克县人到西部淘金，他们非常节俭，不赌博、不饮酒、不乱花钱，他们因此而出名，有了派克佬的外号。后来，派克佬开始用来表示赌博时押注很少的人，再到后来又可指在股市不敢大投资的人，现在一般指没有胆量或雄心的人。——译者注

盖茨仍不满意。他又往桌上扔了4枚黄色筹码。两个庄家商量了一下，接受盖茨的挑战。谁也没有把赌注翻番。现在一局赌20万美元，我们所有人都成了派克佬。盖茨有好几次都押了同样的注，结果还是不输不赢。

然后，他收起自己的筹码，捧在手里晃了一会儿，弄得叮当响。接着只见他粗短的手指灵巧地摆出两叠一样多的筹码，把一叠放在自己一门，另一叠放在我正在玩的那一门。每叠都堆着10枚黄色筹码——两叠合计100万美元！

"只是很小的赌注，"盖茨一边说着，一边抬眼期待地看着两个庄家。如果说他也会稍稍喘喘粗气，就像他有时在压力之下激动不已时那样，或者说他说话的声音里带有什么不同往常的语调，那么我没觉察到。

我们所有的人都看着两个庄家。史密斯表示反对。他说押得太多，他可冒不了那个险。

"快点儿，"德拉克催促说，"我们让他把钱都掏出来，他竭尽了全力才会赢。"

又做了一番说服之后，史密斯同意接受赌注。德拉克抓起牌开始派发。他脸色煞白，但手上发牌的动作还是稳稳当当的。他身后站着史密斯，史密斯的脸色白得跟死人一样，汗水一滴滴从额头上滚下。

我看了看自己的两张牌。那是一个天然9点，我很快就亮了牌。盖茨既押了我的牌，也押了自己的牌，在我这一门他首先赢了50万美元。

然后，盖茨把自己的两张牌翻起来看，牌点不合他的意。他又要了牌，想让点数好些，但他输了。盖茨和庄家打了个平手。

即使是德拉克，我迄今认识的最胆大自信的人之一，也对这个结果感到满意，但盖茨不满意。他押注的时候，就是要押赢。

这天晚上剩下的时间里，赌局高潮跌落，因为庄家宣布，要是桌面上的赌注超过50万美元，他们就不愿意接受。不过，我们还是玩了挺长时间，赌注大小挺适合我。实际上，赌注还是太高了，我只是拿着白色筹码跟在后面应应景，一次押注绝不超过 5000 美元。

奇怪得很，牌局继续以平衡的方式发展。押得多的那些人大体上都盈亏相抵，输得最惨的一位倒是在场的人中最输不起的。我自己离开时留下了 1 万美元。

＊　＊　＊

第二天上午，像平常某些时候那样，我在艾德文·霍利位于 57 大街与百老汇大街之间的单身公寓短暂停留了一会儿，然后和他坐车去市中心。他告诉我盖茨和德拉克为何来了纽约。他们俩正准备与基恩、丹·雷德、霍利以及其他好几个人联手拉抬股市。我听着，什么也没说。

霍利接着又解释他们打算如何吃进 30 万股不同的股票。他一路上都跟我说着准备联手操作的细节，故意引我开心，并邀请我加入。

我还是保持沉默。我暗自思忖，一群抱着投机目的的人联手炒作股票，这表明股市已出现脆弱迹象。我们到了百老汇大街 20 号我们公司所在地，站在楼梯脚时，霍利问我：

"那么，伯尼，你想占多少份额？"

"或许 25% 吧。"我回答说。

霍利眉眼扬了扬。"我想我们无法让你买下那么多。"他回答说。

"霍利，实际上我什么也不想买，"我说，"我要卖出。"

我接着跟他解释，在与他一路谈话的过程中，我心里一直想着前一天晚上华尔道夫的那场赌局。我发现那场赌局既令人不安又有教育意义。它向我表明，钱要是轻轻松松地到了人们手上，会发生什么样的事情。这样的钱好像不是真钱似的。

人们在赌牌、赌赛马时把那么大的赌注押来押去，这便意味着他们已丧失了所有的价值感。我告诉霍利，在这样的人手上，市场不可能稳定，也不可能是真正意义上的市场。

市场股价已经够高了，我继续对霍利说。一定要说有什么不同，股价实际上是太高了。

我对霍利说的一番话可能使他有所触动，毕竟从根本上讲他还是个有判断力、有见地的人。不过，在那一刻，他就是不愿意赞同我的看法。他临别时绝不会说看淡股市的话，除非我想跟他闹别扭。

我爬上楼梯，到了公司就提出要下单开始卖出股票。我的合伙人阿瑟·豪斯曼一直是个乐观派，他不赞同我的意见。当天下午，华尔道夫那帮看多股市的人弄得我非常恼火，他们不是开着玩笑数落我，就是纠缠着要我加入。不过我想，在他们嬉笑怒骂的背后，我觉察到他们有了一种不安稳的感觉，他们言辞激烈，语势强硬，好像就是为了遮掩自己的弱势。

我在电话中对霍利说："谁要是跟他们搅和在一起，肯定傻到家了。"

"是啊，"他勉强承认，"也许你是对的。"

在他们合伙重仓买入的刺激下，股市起先上涨了，但不久又萎靡下来。

"只是看空的人造成市场走弱，"那些聪明人说，"下跌不会持续的。"

但市场还是继续下跌。有一次跌幅特别大，收盘后我坐在华尔道夫酒吧里的一张桌子旁，听到一些交易员说着自我安慰的话。雅克·菲尔德这次也站在看空股市一边，他代表我们两人的观点跟他们交谈。我绝不会就眼下发生的行情与人争辩，我只是力图让结果说明一切。不一会儿，詹姆斯·基恩走了过来。

"先生，你认为豪斯曼这家了不起的公司怎么样？"他声音尖利地问道，"一边是咆哮震天的公牛，一边又是龇牙咧嘴低声吼叫、爪子乱抓的大熊！"

或许，能够将自己的损失归罪于看空市场的人，会让受伤的自我得到一

些宽慰。但是，真正让市场跌落的当然不是我在卖出股票，而是因为股票价格已经推升得过高——超过了从任何经济意义上可以合理解释的高度。要说有什么区别，看空者的批评意见和卖出操作倒是拯救了那些赌徒，也拯救了大众。否则，倘若看空者未加阻止本来无法支撑的行情继续走高，从而未能阻止算总账的时刻到来时本会出现的更具灾难性的下跌，那些赌徒和一般大众将会蒙受更加惨重的损失。

甚至那些经验丰富的股市操作者，也难以认识到操纵只能在市场上产生有限的暂时性效果。归根结底，始终还是经济事实（价值）才是决定一切的力量。做空股市的人也只有在做多的人把股票推升到价格过高而站不住脚的时候，才可以赚到钱。

在我们国家，看多一直以来总是比看空更为普遍，因为乐观精神是长期以来根植于我们文化中的一种极为强烈的传承。然而，过度乐观造成的损害会比悲观情绪来得更大，因为过度乐观往往把谨慎行事抛掷一旁。

要享有自由市场带来的种种益处，我们必须既要有买家，也要有卖家，既要有看多做多的人，也要有看空做空的人。一个没有看空做空的市场就像一个没有自由言论的国家一样，没有任何人批评，没有任何人抑制错谬虚幻的乐观情绪，灾难必将降临。

＊　＊　＊

大约这个时候，我也开始厌恶自己的处境，作为一个经纪人，我要不断地为其他人管理投机账户。我在向安东尼·布拉迪解释为何拒绝加入中央信托的董事会时说，我认为一个投机者不应该担任公司董事。**我逐渐感觉到一个投机者应该孤身一人踏上自己的旅程——后来的经历更是让我坚定了这一信念。**

　　有一个简单的事实真相是，市场上根本不存在"有十足把握的事情"，而且我不想因他人可能依据我的判断行事而承担责任。即使是最优秀的投机者也必须做好犯错误的准备，他的操作可能会有一定比例的失误。在发现自己犯了错误的情况下，他必须当机立断，迅速、娴熟而悄悄地撤出。

　　如果他犯了诱导大批跟随者与他一道同行的错误，那么他便无法做到这一点。要是他承担了这种责任，做人的基本准则必然要求他给予别人与自己完全相同的逃脱机会。我数次发现自己处于这样的困境之中，此时，我要么替所有的人行动，要么立即告知他人我打算采取什么样的行动，但这种责任承担起来实在让人提心吊胆。

　　正如上面说的，我尚未深刻认识到投机者为何应独自走自己的路，但我这时正开始感到有些不对劲儿，我一方面从事着自己的投机交易，另一方面继续打理别人的账户。

　　然而，要想与其他人的账户彻底隔绝，那就意味着我必须退出豪斯曼经纪公司，而这又是难以迈开的一步。

　　另外，一旦我离开公司，接下来会怎样呢？这个问题可不容易回答。

　　32 岁时，我自己想象中需要有的或想得到的钱，我都有了。实际上，每年我都可以花销 10 万美元的钱，并且持有的还都是现金。这些钱全在 5 年的时间里赚得。

　　除了外祖父沃尔夫之外，我们家族中没有任何人，当然是指自从独立战争以来，发财致富过，但外祖父沃尔夫去世时还是个贫困的人。不过，我父亲家的那些人和母亲家的那些人都活得有意义，也都感到满足。我发现自己感到困惑，不知是否应该离开华尔街去学习法律，为穷困和不幸的人做一个守护者。

　　那年夏天——1902 年夏天，我决定去欧洲，要彻底把事情想明白。

　　考虑到股价已经普遍高企，我将持有的多数股票转换成现金。就在动身离开前，为了对自己的资本重新做些配置，我从公司提出一些钱，走到国民城市银行去存放。我没带介绍信，进去后要求见银行总裁詹姆斯·斯蒂尔曼。在那个时代，银行不像现在有那么多的副总裁。他们让我见出纳员霍利斯·吉尔伯恩。

吉尔伯恩先生问能为我做些什么，我回答说希望开个账户。他问我是谁。这可打击了年轻的自我，本来我以为银行一定熟悉我的名字，因为在斯蒂尔曼先生感兴趣的联合铜业和其他交易上我都积极参与过。

我有点儿尴尬，便主动提到咖啡商赫尔曼·西尔肯。我看出这起了一些作用。然后，吉尔伯恩先生问我希望开多大规模的账户。我掏出一张 100 万美元的保付支票。我拿出的这张支票产生了任何妄自尊大的人都可能会羡慕的效果。

跟我一道坐船去欧洲的有我的妻子和父亲，还有亨利·戴维斯（Henry C. Davis）。戴维斯被引进我们公司，是因为阿瑟·豪斯曼觉得我们需要一个人，可以告诉我们霍博肯○以西的美国当时正在发生的事情。戴维斯对美国的了解，几乎胜过我过去认识的任何人，他在豪斯曼公司干得非常出色，让我们对美国有了更多了解。在这次旅行当中，我设法回报他，想让他熟悉欧洲的情况，但我所做的努力并未产生效果。

戴维斯和我们一道去了伦敦，但之后便不愿再走下去。用他自己的话说，"我不会说当地话"的地方，他都不喜欢。戴维斯不喜欢欧洲，不了解欧洲，也不想了解欧洲。

戴维斯在铺设北方太平洋铁路的工程大军中做过探路工。他熟悉股票市场上的运作，但不怎么关心。如果他想知道股票是涨还是跌，他总会将视线越过我们这些盯盘者，看向广阔的乡间田野，从那儿寻找想要的答案。我记

○ 霍博肯市位于新泽西州东北部的哈德逊河边，隔河便是曼哈顿，19 世纪末是重要工商业中心。——译者注

得有一次和他一道驾车穿过一片麦浪翻滚的广袤田野。

"只要把每年土地上长出的连鬓胡子剃掉就行了，"他说，"那是我们所有人获得成功的途径。"

我和妻子、父亲从伦敦出发，踏上悠闲自在的旅程，一路往东穿过欧洲大陆，一直到了君士坦丁堡。然后，父亲和我们分手，独自去维也纳、柏林和巴黎的专业圈访问，他在这些地方越来越知名。我和妻子又从容地回到巴黎。

就我自己的前途来说，我在旅行后并不比刚开始时思考得更深入。不过，我已放弃成为穷苦人法律守护者的想法，因为我想到，再回学校读书并开始一个新职业费时太长。但对于自己究竟想做什么，我还是没有头绪。

我们在巴黎住在丽兹酒店（Ritz）。有一天晚上，我突然从酣睡中被叫醒，我最小的弟弟发来电报，说我的合伙人阿瑟·豪斯曼正处于遭受灭顶之灾的危险之中。当然，这意味着我们公司也处于危险境地。我无比震惊，几乎瘫软在地。

我做出安排，立即从我的账户上划出一部分资金给公司，并赶上最早一班汽轮返回美国。阿瑟·豪斯曼在码头接我。他告诉我，明尼阿波利斯—圣保罗和科罗拉多南方这两条铁路的股价已巨幅下挫，他和艾德文·霍利投资了这两只股票。我接手合伙人的账户，注入很多资金，足以让他继续持有与他的财富息息相关的那些股票。这些股票一直放在我的箱子里，直到一段时间以后那两条铁路的情况有了改善，豪斯曼先生可以卖出获利，我才交给他。

我感到无与伦比的快乐，我可以利用自己的信用和资金让豪斯曼先生度过那段生死攸关的时期，帮助他保住一生辛苦积累下来的钱财。他给了我在华尔街起步的机会，在我最初几年奋力挣扎的时候，他给了我同样的帮助，或许比我给他的还要多。

我心里翻来覆去地受着折磨，反复地思考着该让自己的事业实现什么样的转变，最后终于做出一个重大决定——逐渐退出豪斯曼公司。这是难以跨越的一步，因为我对豪斯曼兄弟的感情实在太深，不过，在做好决定之后，我还是觉得轻松多了。毕竟，谁也不能同时服侍好两位主人。现在，我可以在财务上实现和保持绝对自由了。

我把自己的感受告诉托马斯·福琼·瑞恩。他说我做得对。后来，他好几次要拉我与他合作，但我再三提到他当初给我提出的劝告，告诉他我想独自走自己的路。

1903 年 8 月，我已完全撤出豪斯曼公司。我搬到百老汇大街 111 号，在那里一直待到后来退出纽交所会员席位。尽管这时我已 33 岁，但搬进自己开设的公司，兴奋刺激的感受完全不输于我和别人玩棒球时自己打出本垒打，也不输于菲茨西蒙斯对我说我具有成为拳击冠军的潜质，同样也不输于我好不容易谋取了第一份工作、推销出第一份债券、把自己持有的一份债券的息票剪下来——那是佐治亚太平洋公司年息 5% 的一期抵押债券。

我的新公司开业那天，母亲发来一份贺电，我把电文装裱好挂在办公室的墙上。她还送给我一只绿色瓷猫，上面缀有红色斑点，现在这只猫依然放在我的写字台上。父亲送给我一张他自己的照片，在照片上题了这样一句话："让矢至不渝的诚实信用永远作为你的座右铭。"

我给自己定下的第一条准则是"不为任何人代理证券账户"。我严格按照这一准则行事，只有几个例外。一个例外是代理罗得岛参议员纳尔森·艾尔德里奇（Nelson Aldrich）的账户，我和他在一家橡胶勘察和开发公司结成了生意伙伴。有一回橡胶公司开完会，艾尔德里奇参议员问我，怎样把一些钱投资出去获得收益。我告诉他说，我认为美国钢铁公司的股价被低估了，因为我觉得国家将迎来经济复苏，这家公司会得到巨量钢铁订单。他请我代他买些股票，我说自己不替其他人代理账户。

艾尔德里奇参议员跟我父亲年岁相仿——曾在北方联盟军队中当过兵。

他宽容地看着我说：

"听着，孩子，你买下那只钢铁股，放在我的名下。我打算一碰到有资格知道这个信息的人，就告诉他我正在买入美国钢铁，我把买单给了你。"

我买下股票，交给了他。不久，他告诉一些在美国钢铁公司的朋友，说自己买了他们公司的股票。那些朋友说他们担心他犯了个错误。参议员回答说，他当时是听从年轻朋友巴鲁克的建议买的。

"哦。"美国钢铁的人说。后来有人告诉我，他们就说了这个字。

尽管我并不总是赞同艾尔德里奇参议员持有的政治观点，但一直到他去世，我们都是很好的朋友。我注意到替他买的那些股票成了他遗产的一部分，我感到非常高兴。

不过，除了像这样的几次私人帮忙之外，我不愿代人管理证券账户。我自己开办公司，整个目标就是要能够独自追求自己的投机事业。这样一来，如果我判断错误，其他人谁也不会受到伤害。

在采取所有这些步骤之后，我可以更加自由地从事投机交易了，但这时发生了一件特别的事情。我非但不能较先前进行更多的投机交易，反而投机操作得更少了。1903年秋季过后，我花在股票市场上的时间越来越少，对股市涨涨跌跌的行情关注得较少了。我发现自己已经将视野转向一些崭新的领域，于社会有益的事业和投资越来越多地占去了我的时间。

第 15 章

与古根海姆家族的合作

1889 年，母亲阻止我去墨西哥为古根海姆家族学习矿石采购业务，毫无疑问，她这时改变了我的人生道路。16 年的时光匆匆逝去，我又从古根海姆家族接到一个邀请。在这 16 年里，古根海姆家族兴旺发达，逐渐由在科罗拉多州一个矿山占有半数股份的矿主发展成整个矿石采掘业一股最强大的力量。

在这 16 年里，我也有了脱胎换骨的变化。当初向丹尼尔·古根海姆寻求第一份工作时，我还是个又高又瘦、窘迫得不知手脚往哪儿放的毛头小伙子。后来，我在金融交易上的判断力一再得到检验——我常常逆市而为；一些知名公司提出让我加入董事会，这说明其他人越来越尊重我在谈判和证券市场运作方面的技能和技巧。

我也通过不懈努力获得了财务资本。1893 年金融恐慌之后，我察觉到，以经济萧条时期极低的价格买入证券，受益于必将到来的经济复苏，便能赚到很多钱。但那时我无钱投资，也就无法利用自己看到的机会。

1903 年金融恐慌袭来，我的处境已远非从前。我感到 1902 年的证券市场价格已推升得过高，便将手中持有的大部分证券卖出兑现，以便市场下跌时，我会有现金买入证券，再等待将来国家经济出现增长。实际上，我不仅拓展了在经济领域的兴趣，更是率先采取行动，在新领域展开了风险投资。

或许 1893 年恐慌之后金融市场取得的成就在于对全国铁路进行了整合。而在 1903 年金融恐慌之后那些年，国家经济发展主要表现在，工业迅速发展所需的原材料基础出现了巨大扩展。第一次世界大战之前的 10 年里，我投资的一些公司力图开发诸如铜、橡胶、铁矿、黄金、硫黄等各种原材料的供应来源。我天生是个喜欢求变的人，一旦这些公司发展到可以分配股利的阶段，我通常就会撤出公司，再四处寻找其他投资目标。对于这些风险企业，有一样尤其令我高兴，就是可以利用它们从地球深处夺取新资源，将之置于人类的掌控之下。简而言之，这些公司创造的是真正的财富，不是金钱，是有用的东西。

当伍德罗·威尔逊总统在第一次世界大战爆发后任命我为国防委员会下属咨询委员会委员时，我通过上述投资获得的知识也被证明极有价值。我受委托担任的第一份工作是负责为备战计划确保充足的原材料供应。这份工作又导致我担任了战时工业委员会主席。

我第一次进入原材料世界是作为古根海姆家族的代理人。这是一个不同寻常、值得赞赏的家族。领导这个家族的老梅耶尔·古根海姆（Meyer Guggenheim）是我父亲的一位病人。尽管我从没和他说过话，但时不时地能见到他，记得他总是抽着雪茄，丝毫不在意烟灰洒落在自己的外套上。

他有个儿子喜欢说起关于他的一个故事，从这故事中可看出老梅耶尔的经营理念。某人带着一个赚钱计划来见梅耶尔·古根海姆，激动地大声说："古根海姆先生，您看看，要是接受这个计划，您会获得多少财富、赢得多大权势啊！"

老人轻抚着连鬓胡子，说道："Und dann？" ⊖

⊖ 这句话是德语，意思是："然后呢？除了这个，就没别的？"老梅耶尔·古根海姆 1847 年从说德语的瑞士某地区移民至美国。或许人在某种情境下脱口说出家乡话更能表达自己的想法、心情吧。——译者注

这是所有古根海姆家族人的一大特点。他们认为,一个项目不仅仅要赚钱,还得有别的。他们对慈善事业的兴趣与商业一样广泛,他们将大量的家族财富用于艺术、音乐、航空技术和学术研究。

老梅耶尔对采掘业产生兴趣时已年近花甲。家族的财富主要是靠经营精致的网眼、花边织物和刺绣织物获得的,但梅耶尔觉得这个领域不会有太大前途。一经自己的一位客户店主力劝,梅耶尔就在科罗拉多州的莱德维尔买下了 A. Y. Minnie 铅银矿的半数股权。

1881 年,老梅耶尔决定去看看矿山。他发现矿里灌满了水,便注资购买排水设备。结果,这一举措实际上开启了家族的致富之源。

老梅耶尔着手学习采矿业务,还命令 7 个儿子也这样做。全家人齐心协力,奋力开拓业务,凝聚力成了家族做强做大的首要动力。黄金、白银、铅、铜、锌的开采和提炼密切关联。这些金属以及其他金属常常伴生于同一矿石中。实际上,如果矿石所含金属的构成适当,提炼会更加容易。古根海姆家族人人潜下心来学习采掘提炼业的某一部分业务,整个家族就像在最高统帅老梅耶尔指挥下纪律严明的军队一样协同发展事业。

比如,老梅耶尔的六子西蒙(Simon)在欧洲用 2 年时间来学习西班牙语和法语,目的就是能在墨西哥更好地为家族利益服务。后来,他又背起行囊到科罗拉多州,在比油布罗的一个提炼厂做一名计时员。

丹尼尔很快就展现了出众的才干,甚至比他父亲更有能力,成了家族团队的领军人物。他对采掘业的统治一直持续到他去世时的 20 世纪 30 年代,现在流传着很多他在全盛时期的故事。我想有个故事可以揭示他的真实品性,他为第一次世界大战期间的其他企业家树立了爱国主义典范。

当时我们尚未进入战争状态,但已开始加强自身的国防力量。军方估计他们将需要近 4500 万磅铜。作为国防委员会负责原材料供应的委员,我必须确保铜能随要随有。我面临的问题是,决定政府该支付什么样的价格才公平合理。

我设法找到小尤金·梅耶尔（Eugene Meyer, Jr.）⊖，他熟悉铜业生意，也是极讲诚信的人，并热切希望能为公共事务做出贡献。梅耶尔建议我们按战前 10 年间的平均价格给铜定价。这算下来是每磅 $16\frac{2}{3}$ 美分，而当时的市场交易价为每磅 36 美分。

矿业界愿意做出这么大幅度的降价吗？那个时候，丹尼尔·古根海姆住在圣雷吉斯宾馆（St. Regis），每个星期天下午 5 点开门迎客。任何希望短暂来访的朋友都知道他此时一定在家，可以登门见他。我和梅耶尔去了圣雷吉斯宾馆。我们询问是否可以与丹尼尔先生单独谈谈。

我告诉丹尼尔先生，在为备战采购材料的过程中，我们想树立一个榜样，激励全国其他企业家支持战争。这时形势看来日益明朗，我们可能要被拉进战争之中。很多美国家庭可能不久就会送自己的儿子去前线参战。我们不应该让这些家庭觉得战争在进行，自己的孩子在流血牺牲，而那些富人或大公司却可以从中大赚其钱。我想让铜价大幅度下调，足以让人们清楚地看到产业界也已做好准备，愿意承担自己的一份责任。

丹尼尔先生静静地听着我们说话。我和梅耶尔讲完之后，他说："我得跟几个兄弟说说，然后我再找其他铜业公司谈谈。"当问到需要多少时间我们才能得到答复时，他说："明天去市中心的路上接我吧。"

我们接了他。丹尼尔先生上车后就说："我想你要的铜可以给你。"

我叙述这个故事就是想举个例子说明一下古根海姆家族的优秀品格。我相信，正是这同一种品格可以解释他们何以在采掘业取得了那样的辉煌成功。

古根海姆家族在采掘业大约经营了 1 年，这时他们得知，要是开采和提

⊖ 小尤金·梅耶尔，美国金融家、报纸出版商（1933 年收购《华盛顿邮报》）。1917 年接受任命，指导美国战时工业生产和战时金融，在多个政府机构任职。1946 年就职首任国际复兴开发银行（世行）行长。——译者注

炼相结合，那么采掘业会产生极大利润，于是，他们在科罗拉多州的比油布罗建立了一个价值 125 万美元的提炼厂。提炼厂提炼的矿石有很多从墨西哥进口。当国会对墨西哥矿石施行禁运时，古根海姆家族便在墨西哥建了一家提炼厂。

19 世纪 90 年代期间，银矿和铅矿采掘业举步维艰，1899 年就有 18 家企业被并入美国矿石熔炼精炼公司，亨利·罗杰斯、洛克菲勒家族和卢维森家族在这家公司共同占有的股份即使没达到控股也相当之大。古根海姆家族也受到邀请加入该"托拉斯"企业，但他们婉言拒绝了，除非他们可以控股。其他人均不接受这一条件。

随后，一场生死攸关的战役在古根海姆家族与这家"托拉斯"企业之间展开，古根海姆家族几乎在每次交火中都赢得了胜利。到 1901 年时，这家"托拉斯"企业实际上按古根海姆家族开出的条件缴械投降了。丹尼尔进入美国矿石熔炼精炼公司的执行委员会，他的 4 个兄弟被选为公司董事，整个家族控制了多数股权。

＊　＊　＊

正是这场整合之后过了一段时间，我对美国矿石熔炼精炼公司的股票产生了兴趣。在所罗门·古根海姆的协助之下，我对这家公司进行了一番研究。我开始买入股票，并将这只股票作为投资对象推荐给一些朋友。结果，通常被称为熔炼公司的美国矿石熔炼精炼公司的普通股明显出现交投活跃的情形，在 1 年半的时间里，股价从 36 美元左右推升至 80 美元。这一升幅发生在始于 1905 年的全面投机性浪潮推高所有股票之前。

不过，古根海姆家族与洛克菲勒家族之间的竞争并未彻底消停。1904 年，洛克菲勒家族收购加利福尼亚联邦铅矿采掘熔炼公司。太平洋沿岸还有另外两家大型熔炼公司，即华盛顿塔科马铅矿熔炼公司和加利福尼亚塞尔比铅矿熔炼公司。倘若能收购这两家公司中的任何一家，美孚石油集团旗下公司便可以在太平洋沿岸和刚进入开发阶段的阿拉斯加成为古根海姆家族必须小心应付的竞争对手。当时，人们对阿拉斯加的发展潜力怀有无限遐想——甚至到目前为止那里的发展也未达到人们的预期。

古根海姆家族好几次尝试收购塞尔比和塔科马都败下阵来。我向丹尼尔·古根海姆建议，我自己会尽力帮助他们扭转局面。

我的朋友亨利·戴维斯与威廉·拉斯特（William R. Rust）私交甚笃，拉斯特正是塔科马的掌门人。戴维斯告诉我，拉斯特本人对古根海姆家族并不持有任何偏见。要是我摊牌说出真相，戴维斯认为拉斯特会竭尽所能帮助我。

这是个振奋人心的好消息，但我首先要赢得支持的人恰好在纽约，与我的公司仅有 5 分钟步行距离。他就是极其富有的达利阿斯·米尔斯（Darius Ogden Mills），他曾是 1849 年加利福尼亚淘金热中的老手，年届 80 岁仍对自己涉猎广泛的公司业务保持着积极控制。他经营商业效率很高，设立了多家米尔斯旅馆帮助穷人就是很好的例子。这些旅馆提供的房间每晚只收费 20 美分，一日三餐只需支付 15 美分。不过，这些旅馆管理有方，仍能获得一些微薄利润。

达利阿斯·米尔斯是塔科马最大的股东，在塞尔比也持有很多股份。他在百老汇大街米尔斯大厦自己的办公室里，以不失尊严、老派守旧的礼节招待了我。他蓄着连鬓胡子，但上唇和下巴都刮得干干净净。他的外表和言谈举止酷似我在南卡罗来纳州做种植园园主的外祖父沃尔夫。

我们进行了一席长谈，米尔斯先生还追忆他在淘金热期间如何经常睡在马车身下。当我们谈到正题时，我请他提供他持有的塞尔比和塔科马股票的看跌期权。他拒绝了我，但告诉我可以继续进行交易谈判，还对我说他不会同时和洛克菲勒家族进行交易。

1905 年 1 月初，我和亨利·戴维斯乘火车去西海岸。卓普林（A. C. Jopling）也随我们一道前往，他是来自佩吉律师事务所的一名律师，读者可能还记得，我第一次执行公司并购使命为瑞恩收购利杰特—迈尔斯烟草公司时和佩吉律师事务所合作过。我们在华盛顿州的埃弗里特市塔科马公司办公室里会见拉斯特。我提出按每股 800 美元的价格收购普通股，这个交易条件很有吸引力，不出几天，期限 45 天的看涨期权协议就已签好，我们拿到了手。这笔期权交易要求交付 90% 的普通股、转让开采金矿的 4 个现有合同（其中 3 座金矿位于阿拉斯加）以及塔科马所有董事退出董事会。

此事之后，我们南下旧金山，开始做塞尔比人的工作。我们遇到了更多困难。塞尔比公司的股东非常分散，其中有些人不愿意放弃在公司里的发言权，而且我可能并非仅为自己进行交易的事实也泄露开来。旧金山所有报纸把人们的注意力都吸引到我与古根海姆家族的牵连上。人们街谈巷议得出的结论当然属于实情，不过，这让我们的谈判更为艰难。

与此同时，洛克菲勒家族也已嗅到我们收购股权的气息。有一天，我接到从纽约打来的电话，叫我立即搞定收购交易，好像这不是我一直竭力想做成的事一样！

在收购塔科马公司股权的过程中，威廉·拉斯特给我留下了深刻印象，我请他帮忙解决塞尔比公司的股东，达利阿斯·米尔斯也答应我运用他的重大影响力。最后，我让了几个点，设法把交易的一切条件敲定，仅仅未签订正式的股权收购合同。然后，3 月的头一周，我乘上开往纽约的"Overland"特快客运列车。卓普林留下来处理收尾工作。

我返回纽约后过了几天，塞尔比股票的期权交易正式通过。接着，在我正准备执行塔科马期权时，旧金山一位叫弗雷德·布拉德利（Fred Bradley）的矿业工程师吵吵闹闹，威胁着要推翻塔科马交易的谈判结果。布拉德利那一帮闹事的人在 3 周的时间里打爆了电报，我感到非常不安。幸亏威廉·拉斯特和亨利·戴维斯两人施以援手，最终把布拉德利争取了过来。

通过两笔期权交易，古根海姆家族在太平洋沿岸和阿拉斯加把洛克菲勒家族给将死了。在交易开始之前，我们已事先讲明，要是做成交易，我将会得到丰厚回报。丹尼尔·古根海姆最初计划将太平洋沿岸的这两家熔炼公司合并成一家新公司，我在其中可以得到一大批股份作为中介费用，但丹尼尔后来改了主意，他把塞尔比和塔科马两家公司吸收合并进了美国矿石熔炼精炼公司。

公司并购出现了新安排，这就需要对我的应得报酬做出不同处理。丹尼尔他们让我与萨缪尔·安特梅耶（Samuel Untermeyer）商讨此事，他是那个时代最精明老练的律师之一。我想这是我第一次在生意上跟他打交道。安特梅耶先生尽力为自己的客户争取利益，跟我讨价还价，想得到最好的结果，我像一只毛发被刷错了方向的猫一样情绪激烈、奋力抗争。

倘若按照当初的计划设立一家新公司，我为交易辛苦付出本来可以赚到大约100万美元。我告诉安特梅耶先生，我就要这么多，我不想就这个问题再辩来辩去。安特梅耶先生问我是否打算"抢劫"美国矿石熔炼精炼公司。

他坐在桌子对面，我一下子倾过身去回答说："不，安特梅耶先生，到此刻为止我尚未想过此事。"

接着我道了声日安，就离开了房间。

这个问题转给丹尼尔·古根海姆来决定，他以自己特有的方式了结此事。"要是伯尼说他应该得到100万美元，那就如数给他。"

我拿到支票后便付清法律费用和一些杂费，两项合计大约10万美元。然后，我开了两张各30万美元的支票，一张给亨利·戴维斯，一张给威廉·拉斯特。

戴维斯和拉斯特收到支票后大为惊诧，全美国再没有比他们两人更感到意外的人了。两人都坚决反对接受这笔钱。我对他们说，他们必须得拿下钱，因为这是他们自己挣来的。的确如此。要是没他们的鼎力相助，我绝不会达成交易。

* * *

有件事把我急急忙忙地从加利福尼亚拉回纽约，那就是美国矿石熔炼精炼公司的股票一直在不断攀升。我不在纽约的 2 个月里——从 1 月初至 3 月初，这只股票已从 80 多美元涨到了 100 美元以上。然后，我正在了结塞尔比和塔科马两家公司的期权执行事宜，熔炼公司股价又越过了 120 美元。在我看来，这种大幅上涨似乎不太正常。在此之前，我给朋友们推荐了这只股票；要是股票继续上涨，我担心其中很多朋友会受到伤害。我去见古根海姆家族的人，把我的担忧告诉他们，并对他们说我得建议我的朋友们卖出股票。

古根海姆家族不乐意看到这种情况。他们不赞同我的看法，不认为自己的股票已拔得太高。他们这种反应又提供了一个例子，说明"内部人"对自己的公司保持客观判断有多么不易，同时还说明获得极大成功的工商企业家可能对股票市场的了解又何其少。古根海姆家族的人比世界上的任何人都更了解矿业经营，不过，他们对股票市场的了解不会有我多。

成就非凡的铁路建筑商很少能掌握股票市场的运作技巧。爱德华·哈里曼是个突出的例外。詹姆斯·希尔建设了大北方铁路，但要谈到股票市场操作，他简直就跟个小孩儿一样幼稚。我信不过那些据说是多才多艺的能人，因为生活教会我没几个人可以做好一件以上的事。

正如我告诉古根海姆家族的那样，我把股票都卖了。我有些朋友也抛空了自己持有的熔炼公司股票。有些朋友忽视我的建议，尤其是那些与古根海姆家族很接近的人更是置之不理。

1905～1906年的牛市此时正在狂热地向上推进，我私下给人提出的警告不起作用。在一次短暂调整之后，熔炼公司股票又开始向上攀爬，起初爬得慢，但随着缓慢上升，后来加速上扬。1905年8月，股价越过130美元，11月初越过140美元，这个月还没过完就站上157.5美元的高位。

确实，我不喜欢这种疯狂的表现。

古根海姆家族虽然因我对他们的股票持看淡态度而弄得很不高兴，但看到我的悲观预期似乎已遭到挫败便又得到了一些满足。所罗门·古根海姆倒是很信任我，他私下跟我透露很希望收购全美铅矿公司，以便让熔炼公司实现对铅矿行业的全面控制。

在所有独立的铅矿公司中，全美铅矿公司实力最强，公司股本却很小——只有15万股。在通常情况下，这家公司的股票交易非常清淡；不过公司盈利报告不错，而且整个股市都在上涨，1905年10月间和11月初，全美铅矿公司的股价也上扬了。

尽管如此，我告诉所罗门·古根海姆，要收购全美铅矿，最佳途径便是在公开市场吃进大部分股票。他叫我照此办理。我请他不要将这一行动透露给任何朋友，公司成员也尽可能少让他们知道。

第二天上午，我指示那位股市最好的经纪人哈里·康登特买入全美铅矿的控股权。我叫他一开始就迅速推高股票，吓退其他人参与竞买。我觉得，我们等待的时间越长，买入足以实现控股权股票的机会就越小。

证券交易所10点钟开盘，我在自己办公室里的股票自动报价机前坐下来。一只与证券交易所交易大厅直接相通的电话就在手边。全美铅矿在57美元左右开盘。随着康登特逐渐买进，股票大约上涨了3个点。然后，康登特打电话报告说，有对手一直在争着吃进这只股票。

我立即告诉他停止买入。不久，康登特打电话告诉我不知是谁在竞买股票，反正买家已感到惧怕，不再买了。然后，竞争性买家开始卖出股票。于是，我重新给康登特下达指令，叫他急速拉升股价让对手买家不敢跟进。我心里明白，这会鼓动抛盘涌出，又会阻吓其他买家进场。

当收市锣声在下午 3 点钟敲响时，古根海姆家族已经获得了控股权。这次收购控股权只在一个交易日中便大功告成。康登特操盘机敏灵巧，这只股票收在 64 美元多一点儿，比开盘价上涨了不到 8 个点。

在哪儿能再找到一位操盘如此娴熟机智的经纪人呢？

全美铅矿公司收购一事推动熔炼公司的股票创了几次新高。1906 年 1 月，熔炼公司的股票触及 174 美元的高位。接近公司管理层那些因赚钱而欢欣鼓舞的人热烈地谈论着股票，说会涨到 200 美元。

接下来股市出现整体跳水。熔炼公司的股票掉到 161 美元，继而出现反弹，然后又掉头向下。古根海姆家族的经纪人奋力阻止股票下跌——但毫无效果。

当不幸突然降临我们身上时，如果能够责怪他人，我们所有的人往往都会归咎于他人，而通常情况下，我们认为自己可以责怪他人。这种维护自我尊严的本能是人类本性中最根深蒂固的特点之一。坊间传说，熔炼公司股价骤跌并非因为股票已过度高估，而是因为巴鲁克对股票进行“空头”操作。当股价位于 120 美元时，我曾提醒过一些人，此后又反复警示过他们，正是这些人因失望而失明，看不清事实真相，再三散播我做空的流言。

这绝对是无中生有的谎言。要是我卖空与自己关系密切的那些股票，那就与我从未违背过的行为准则南辕北辙。我绝不会“袭击”像古根海姆家族那样曾给予我机会的那些人所拥有公司的股票。

这些令人不快的流言蜚语传到古根海姆家族人的耳中，致使他们好几位兄弟对我避而远之。我感到郁闷不已。不过，我下了决心，坚决不否认对我的指责，除非古根海姆家族的某个人再次提起此事。我耐心等待着。最后，我得知所罗门·古根海姆说我做空了他们的股票。

我去见他，颇为努力地保持镇静，简明扼要地跟他讲述了熔炼公司股票上涨和下跌前前后后的整个过程，向他说明他指责我做空的事情完全是子虚乌有。我跟他分手时，他仍然深感气愤，但我认为他之所以还在生气，与其说是因为相信我的确一直在"袭击"他们的股票，还不如说是因为他忽视了我提过的建议。

令人痛苦的会面之后第二天，身为古根海姆家族亲戚的一位证券经纪人告诉所罗门·古根海姆，自己和其他人此前声称我在股市做空的说法是错误的。所罗门·古根海姆立即过来给我道歉。

这阵风还没过去呢，质疑古根海姆家族财务稳定性的残酷谣言就在华尔街传扬开来。在这种时候，又流传这样的谣言，除了给人平静的心带来折磨之外，还会造成诸多其他伤害。一天下午，我去古根海姆家族位于百老汇大街 71 号的办公室。他们有三四个兄弟在那儿。我问他们是否愿意接受我存放 50 万美元，以表示对他们家族的财务状况怀有信心。丹尼尔先生眼里噙着泪水，代表自己和家族对我表示感谢。我问他还能为他们做些什么，他说："什么也不用了，只要能让人们确信公司经营一切正常就行了。"

要让人们对熔炼公司有信心，我能做到的最好是买入公司股票，而我也这样做了。

还有一件事也加深了我与古根海姆家族之间的关系。古根海姆矿石勘探公司拥有犹他铜业公司的大量股票，他们打算处置这些股票。有人建议该公司将股票卖给古根海姆家族有股份在其中的一个辛迪加财团，说抛售股票很可能有利可图。丹尼尔·古根海姆将情况大致跟我描述后说："你知道，我们请你来这儿，愿意把你当作我们的兄弟一样看待。"

"如果你把我看作兄弟，"我回答说，"那我就以兄弟的身份说话了。"

我告诉他，古根海姆家族要是卖出另一个控股公司持有的股票，将会铸成大错。那看起来会让人误以为古根海姆家族在利用古根海姆矿石勘探公司其他股东为自己谋取私利。丹尼尔先生举起手来。"你不必往下说了，"他说，"你说得对。"

丹尼尔先生很激动，握着我的手，感谢我让他注意到本来可能会出现的一次重大疏忽。在好几个场合，他都提到过这件事。

| 第 16 章 |

探 寻 橡 胶

我最早拥有的汽车是一辆 8 或 12 马力⊖的潘哈德⊜，那辆车有一次在参加巴黎至波尔多⊜的车赛时获得了第二名。1901 年，我在伯斯维克（A. C. Bostwick）的建议下买了那辆车，伯斯维克继承了一大笔从投资美孚石油公司中赚取的财富。

就那个时代来说，潘哈德跑起来像个怪兽一样，速度很快；我买下它感到非常自豪，我自己学会驾驶后就更得意了。买车的时候，我还雇了个专职司机，他叫海因里希·希尔根巴赫，熟谙操作汽车的技艺。海因里希不醉酒时是个很不错的人，但他常常喝得太多，让本来已令人兴奋的驾车活动增添了更多刺激。

潘哈德的点火系统由一些电子线圈组成，点燃时会发出爆响，如同小型加农炮在轰鸣。有些人因此而不敢坐在车上。在我们度夏的北泽西沿岸，每个人都知道我们的潘哈德何时会开过来。人们总是从自己的小马车上跳下来，牵住马的龙头，不让马受惊。

⊖ 1 马力=735.499 瓦［特］。
⊜ 潘哈德，始建于 1887 年的一家汽车制造公司，在第二次世界大战前一直是法国一家大型汽车制造商。——译者注
⊜ 波尔多，世界葡萄酒之都，是继巴黎、里昂、马赛之后的法国第四大城市。——译者注

至少有一位邻居（小尤金·梅耶尔的父亲）认为我那辆潘哈德是"在公共场所滋扰他人的东西"，但我要等到多年以后才领会到。

我买的第二辆车是 40 马力黄色车身的梅赛德斯。这辆车花了 22 000 美元。W. K. 范德比尔特有一辆与我相同的车。或者说，我有一辆与他相同的车，因为他那辆车在美国是同类车型中的第一辆。

那辆梅塞德斯也装有电子管。我第一天开上它就跑得很远，一直跑到格兰特将军墓，出了故障才歇下来。后来，我驾着这辆车在朗布兰奇的小路上与伯斯维克进行了一场表演赛，他开的是一辆国产车，每分钟只能跑 1 英里多一点儿。大家都认为这次表演赛非常精彩，不过谁也不会比我更觉得精彩。

在汽车时代早期，有个交通规则，规定当一辆马车上的人举手示意时，汽车驾驶员必须停车，等待马车主从车上下来勒住自己的马。纽约的汽车行驶速度上限为 10 英里每时[⊖]。汽车禁止驶入中央公园。由于存在这些限制，我多数时候都在新泽西州飙车。那个时代，欧洲道路的等级比我们国家的高多了，所以我会在夏季把车运出国，就是想称心如意开个痛快。

早期的汽车是价格昂贵、性能很不稳定的玩物。一个车胎要是能撑几百英里而不爆裂就已经谢天谢地了。

我不敢冒充说自己富有远见，预见到汽车会发生令人惊奇的大发展。不过，我当时的确认为，驾车"时尚"日益深受人们喜爱，会对橡胶产业一样带来极为有利的影响。

1903 年金融恐慌期间，我买进的工业股中就有橡胶制品制造公司的股票，这家公司当时是为数不多的生产橡胶制品的美国公司之一。我持有这家公司的股票促使我对橡胶消费进行了深入研究，这反过来又激励我设想建立一个庞大的联合企业，在橡胶产业实现整合，就像洛克菲勒家族曾经为石油工业所做的那样。

⊖ 1 英里每时＝0.447 04 米每秒。

　　单靠自己的财力，我无法做成这件事，所以 1903 年金融恐慌第一波冲击尚未过去，我就着手四处寻找一些富有创造力的企业家，他们既要有雄厚的资本，还要在业界起到领袖作用。从各方面来看，古根海姆家族最为适合，我首次带着建立一个橡胶帝国梦想时找的人正是丹尼尔·古根海姆。

　　我请丹尼尔先生和我一起收购橡胶制品制造公司的控股权。当这只股票因金融恐慌而处于低位时，我已买进一批，此时从那些低点上涨了一些；我主动提出将为已买入股票所付出的价格与为获得控股权需另行买入的更高价格进行平均。为了能与古根海姆家族合作共事，我愿意付出这个代价。

　　丹尼尔先生说，他会仔细考虑并与几个兄弟商量一下。挺长一段时间过去了，我再没听到什么消息。

　　当我买的橡胶制品股票涨至已经产生可观利润的价位时，我心里没有着落，不知期望的事能否实现，于是只好让建立橡胶联合企业的设想置于次要地位，将股票悉数抛出。

　　几个月之后，丹尼尔先生问起我持有的那些橡胶股。我告诉他因等得失去耐心已抛空股票，他说我把股票卖了太可惜了。然后，他请我就另一个与橡胶有关的提议进行调查。

　　这个提议的目标，在于设法找到一个供应量大且真正靠得住的橡胶来源。如果能做到这一点，橡胶的工业用途将得到极大扩展。这个时候，种植园橡胶才开始种植。所有可获得的橡胶几乎全是野生的，其中大部分又来自亚马孙河下游流域的巴西帕拉（Para）地区。野生橡胶品质不一，而且野生橡胶由土著人采集，依靠他们提供稳定的供应来源也行不通。

　　在那个时代，10 万吨橡胶对全世界来说也是很大的需求量。而到了第二次世界大战期间，我担任国防部橡胶委员会主席，仅仅美国一年就需要 67.2 万吨橡胶。

　　一位名叫威廉·劳伦斯（William A. Lawrence）的发明家开发了一种新工

艺，可以从银胶菊中提取橡胶。银胶菊是一种银灰色灌木，属于菊科紫苑族植物，产于墨西哥北部地区。劳伦斯游说托马斯·福琼·瑞恩和纳尔森·艾尔德里奇参议员，让他们对此产生了兴趣。他们两位又竭力拉进古根海姆家族，就像我此前拉他们入伙一样。正是瑞恩和艾尔德里奇的提议促使丹尼尔·古根海姆找到了我。

我去墨西哥做第一手调查，想弄清楚银菊胶的发展前景。我发现，这种生长于数百万英亩半沙漠土地上的灌木，能够通过简单方法进行人工培植，大约三年就可以成熟。随着考察越来越深入，我的兴趣也越来越大。就在我们家门口这儿，在益于健康的气候条件下，存在着一种可以和热症肆虐的南美洲和非洲丛林所产橡胶相竞争的可能的橡胶供应来源。

我的实地考察促使 1904 年 11 月大陆橡胶公司成立，后来公司又变更为洲际橡胶公司。艾尔德里奇参议员、瑞恩先生、丹尼尔和我在公司里持有相同股份。还有些股份由约翰·洛克菲勒、H. P. 惠特尼、列维·莫顿（Levi P. Morton）、毕林斯（C. K. G. Billings）以及这些人的一部分亲戚和朋友拿走。

* * *

墨西哥并非我们探寻橡胶的唯一国家。实际上，曾有一个时期，我们公司在地球上很多地方进行探险勘察。我们派出的人深入亚马孙河上游河段，翻越安第斯山脉，沿着山脉西面山脊往下探寻。在非洲，他们沿刚果河逆流而上，勘遍刚果河支流。另外还有几个分队勘察婆罗洲半岛和海峡殖民地。⊖

我们在非洲有 2 人失踪，在加勒比海有 1 人遇暴风雨落水身亡。威廉·斯戴顿（William Stayton）曾困于委内瑞拉的热带丛林之中，他后来因力

⊖ 婆罗洲半岛位于东南亚，归属印尼、马来西亚和文莱三国。海峡殖民地，原英属殖民地，包括马来半岛南部和西部及附近岛屿，也包括新加坡。——译者注

争废除禁酒修正案而知名。在历尽千难万险之后，斯戴顿终于跋涉到海边。看到远处的海上有一只双桅小帆船，他便大声呼喊，游到海里上了船。他们的相遇无论对这只船上所有的人还是对斯戴顿来说都值得庆幸。帆船上全体船员已染上黄热病，而斯戴顿在美国海军军官学校受过教育，他接管帆船，将船带进了港口。

我们应利奥波德二世（Leopold II）[⊖]的邀请进入非洲探险。利奥波德是个非同寻常的人。年轻的时候，他发现，自己的小王国所得岁入不够满足他那些奢华的喜好，也不足以实现对自己国家所抱有的宏大理想。于是，他着手补救这两点不足，手段便是让比利时成为一个殖民强国。

通过运用一连串机智灵活的策略，利奥波德将物产丰饶的刚果河盆地组织成了貌似独立的刚果自由国，然后又将刚果自由国纳入比利时的主权控制之下。这些举动都是在英国及其他强国的眼皮底下实施的。从经济上看，这些漂亮之举本应是像摩根、哈里曼、洛克菲勒或瑞恩这样的人才能干得出的大手笔。

刚果河流域最富饶地区的经营特许权都留给了比利时王室。他们对这些地区的开发异常野蛮，尤其在早期更是残酷无情。刚果橡胶以"红色橡胶"而闻名，部分原因在于橡胶的颜色，但主要原因还在于据说当地居民为生产橡胶牺牲生命而流出了无数鲜血。骇人听闻的残暴故事有些由其他强国刻意加以传播，那些强国因利奥波德玩弄狡诈的政治手腕而大为气恼。不过，虽然比利时也做出反向宣传，将一切归因于对手国家的嫉贤妒能，但我始终相信"红色橡胶"的名号爱得其所。

时至 1906 年夏季，已经 71 岁的利奥波德，感到是对刚果政府进行重组的时候了。他残酷地对待当地居民已引起国际社会义愤填膺的反对，他再也

⊖ 利奥波德二世（1835—1909），1865～1909 继承比利时王位；因 19 世纪在中非实行极其残暴的殖民政策而闻名。——译者注

不能对此充耳不闻。利奥波德打听谁是美国最有能耐且信奉天主教的资本家。有人向他提及托马斯·福琼·瑞恩，瑞恩那时在自己家里建了一座私人天主教堂。

利奥波德正打听这事的时候，瑞恩碰巧在瑞士。他当时正投入很多时间和金钱购买艺术收藏品。在被召到布鲁塞尔之后，瑞恩觐见利奥波德，利奥波德对他提出了一些构想。结果，便有了美国刚果公司和刚果森林矿业合作公司的成立，后者通常称为森矿公司。美国刚果公司享有特许权，可以寻找和开发橡胶新来源，而森矿公司将作为经营更为全面的企业开发矿业和林业产品。

利奥波德是个精明的商人。他拿特许权做交换，在两家公司都获得了半数股权。另外，森矿公司有 1/4 的股权留给了比利时资本家，瑞恩只拿到了 1/4 的股份。我无法想象，除了一个国王，一个精于商道的国王，还有谁能诱使托马斯·福琼·瑞恩在哪项交易中接受这样的结果。

比利时王室给予的支持让瑞恩受宠若惊，他回到家后，对这些新项目满怀热情。他成功地将古根海姆家族、H. P. 惠特尼、艾尔德里奇参议员、我以及其他一两个人拉进了项目。起先，丹尼尔·古根海姆并不感兴趣。作为一个以自己与劳工保持良好关系为傲的人，他不喜欢利奥波德作为雇主的恶名。他提出，若要他参与项目，公正对待当地工人必须作为先决条件。

我参与这些风险投资也拖了些时间，因为我怀疑利奥波德的举动意在消除美国对其政策进行的批评。但瑞恩热情高涨，并坚信那些特许权提供了实行人道主义的极好机会，同时也可能让我们每个人成为塞西尔·罗得斯（Cecil Rhodes）⊖，因此，当丹尼尔·古根海姆加入时，我便决定跟进。后来事实表明，瑞恩对刚果劳工状况会有所改善的期望还是得到了实现的。

经过两年充满危险的探险勘察，美国刚果公司的特许权并未带来任何结果。不过，在森矿公司的地产上倒是找到了钻石，这使得森矿公司股票成了

⊖ 塞西尔·罗得斯，生于英国，曾参与南非淘钻热，是德比尔斯矿业公司（De Beers）创始人、狂热的殖民主义者。——译者注

很好的投资对象。瑞恩对这两家公司从未丧失热情。我以为，其中一个原因是一位国王请他帮忙开办了公司。在首次发现钻石之后，瑞恩常常在口袋里揣着几颗，四处向人展示，欣喜之情溢于言表，仿佛小男孩在炫耀自己收集的玻璃弹珠。

＊　＊　＊

不过，我们寻找橡胶的努力主要还是集中在墨西哥。1904 年年初，我在墨西哥期间做出安排，购买几百万英亩土地用来种植银菊胶，并且建立了一家工厂，利用劳伦斯的新工艺专利从银菊胶植物中提取橡胶。

我们乘坐自己的私人专列去墨西哥。与我同行的有我的妻子、弟弟塞林、在北方太平洋股票轧空行情中表现极为突出的艾迪·诺顿，以及另外一些人，他们的名字我想不起来了。

我们在得克萨斯州 Laredo 过河进入墨西哥。列车行至铁路线海拔最高处的阿瓜卡连特时，我突然感到腹部和胸口疼痛。等车翻过极高的地方后，疼痛又随之消失了。

在墨西哥城，我们住在 Iturbide 宾馆——当地人称之为 Ity Bitty。我们平生第一次看到斗牛。大多数运动我都非常喜欢，尤其是赛马，我始终感到紧张刺激，即使现在我也仍然在南卡罗来纳州寻找那份激动得浑身发抖的感觉。可是这次墨西哥斗牛是我最不希望看到的。有好几匹马被公牛顶伤，伤口流出的血凝成了块，我感到恶心、愤慨。

我妻子和塞林多数时间在购物，买了各种各样的东西，其中有些半宝石和墨西哥珠宝。他们出门旅游时，我一头扎进生意里，与墨西哥官员进行交易谈判。很快我便发现自己深陷于法律、技术、农业甚至社会问题之中，所有这些问题让我对我们以南这个共和国有了更深切的认识。

在短暂的逗留期间，我逐渐了解的墨西哥给我呈现了一幅对比鲜明的画面。波菲里奥·迪亚兹（Porfirio Diaz）⊖在自己周围聚集了一个志趣相投的小团体，他们才干非凡，彬彬有礼，活动其间的社交圈优雅得堪比任何欧洲国家首都的社交圈。但是，在他们草木葱茏、鲜花盛开的庭园之外，数以百万计的抵债奴却鲜有改善自己命运的机会。

我们后来发现这种状况不可能永远持续下去，不过，我当时并未预见到这一点。这种社会问题并未引起我的足够关心，而在人生的那个阶段我本应更为关切。

在去墨西哥之前，我已有所耳闻，知道在那里与官场打交道有些特别流行的做法。从我与他们交往的情况来看，我只能说并没有发现墨西哥人与我长期以来进行交易的其他人有任何不同之处。我接触到一些诚实的墨西哥人，也接触到一些不诚实的，我发现有些墨西哥人自私自利，有些人热爱国家——总之，不管在什么国家，你又期望会看到什么样的人呢？

在我结识的墨西哥人中，有一位给我的印象最为深刻，他叫帕布罗·马丁内兹·戴尔·里奥。他会说英语、法语、德语和意大利语。他有着西班牙大公般的形象，受过良好教育，文化背景宽广，在世界上任何一群人中，都会引起众人瞩目。

戴尔·里奥担忧会让美国人在墨西哥产生太多的经济影响。据他对我解释，他担心给予美国人的特许权不知哪一天可能会被用做攫取墨西哥北部的借口。

几年之后，我想起他说过的话。我们石油界有些人提议要做戴尔·里奥担忧的事情——倘若伍德罗·威尔逊不加阻止，那些人可能真的想怎样就怎样了。

⊖ 波菲里奥·迪亚兹（1830—1915），于1870~1880年和1884~1911年期间任墨西哥总统。——译者注

这件事发生于我们介入第一次世界大战之后不久。威尔逊总统邀请我到白宫参加一次关于石油短缺的讨论，当时石油短缺使我们各项军事计划面临被扰乱的危险。有位官员提议占领位于坦皮科（Tampico）的几座墨西哥油田。数支海军分遣舰队已得到预警。

威尔逊总统几乎等不及争论结束。他在情绪激动时，会以坚定、慎重而缓慢的语气说话，心中所想表露无遗。

"你们现在要我做的，正是我们反对德国所犯下的罪行，"他严厉地谴责说，"你们说墨西哥的那些石油对于我们是必不可少的。德国人在侵入比利时的时候，也这样说。进入法国也是'必不可少的'，先生们，"他最后说，"你们自己有多少石油，就拿多少用于战争。"

为了在墨西哥开展橡胶项目，我们买下了 300 多万英亩土地。所有这些土地都是通过常规渠道购买的，我们支付了公平合理的价格，未付出其他任何代价。我听说有些捷径可走，但从没找到合适机会尝试一下。我们在向墨西哥人描述自己时，说我们热切希望给墨西哥引进一种产业，让数百万英亩闲置土地被利用起来，也让墨西哥人民获得工作。在我眼里，这些似乎是迪亚兹真心想做到的。我们和墨西哥人签订了大量合同，这些合同后来的执行程度与在其他任何地方基本上一样。

实际上，我们执行合同的麻烦并非出现在墨西哥，而是在美国国内。我们在墨西哥 Torreon 建了一家从银菊胶植物中提取橡胶的工厂。甚至在工厂开工之前，我们便已签订了一份协议，按照协议，美国的橡胶制品制造公司将在两年里按实际产量接收 Torreon 工厂所产的橡胶。Torreon 工厂刚开始生产生胶，橡胶制品公司就拒绝履行协议。他们硬说我们的产品不合规格。这并非实情。

要是出现生意上的分歧，我通常总能想出办法在法庭之外解决，但这次我要对美国橡胶公司提起诉讼，美国橡胶公司先前已收购橡胶制品制造公司的控股权。然而，摩根和第一国民银行的乔治·贝克尔（George F. Baker）偏要拉住我们，不让控告。于是我便建议让我们收购美国橡胶公司，将之作为我们所产原材料的制造业出路。在这件事没做成之后，我又尽力想与戴蒙德橡胶公司建立生意往来，但我的那些合作人因为想得到过于有利的交易条件把事情弄砸了。

我对无法与美国橡胶公司对着干感到气愤至极，于是我处理掉持有的洲际橡胶公司股份，退出了这家公司。然而，洲际橡胶公司找到了其他买家采购自己的产品，而且在1910年墨西哥发生马德罗革命推翻迪亚兹的统治时，公司正开始支付红利。反对派军队肆意侵扰我们的种植园，最后，Torreon工厂关门歇业。不过，此时这一风险项目已建立了稳健的经营管理。

虽然我相信老迈的迪亚兹确实为自己的国家做出了很多贡献，但从迪亚兹被推翻后在政治骚乱中新生的墨西哥，此后一直优于先前。当时，我在墨西哥，感觉美国人正在忽视自己在墨西哥的大好机会。尽管现在局面已有改观，但我仍然认为可以取得多得多的进展。

* * *

困扰墨西哥的问题，有一部分在于遗留下来的对过去帝国主义的疑虑——其他欠发达国家的情形更是如此。我出生于美国南北内战后重建时期，知道过去的罪孽会给人们留下多么凄苦而深刻的记忆。然而，如果这些欠发达国家要让经济难题变得易于处理，就必须埋葬过去，绝不能让过去像幽灵一样游荡从而给现在带来挫折。

在亚洲、非洲和南美洲的很多地方，政府领导人的思想沉湎于对过去不平遭遇的记忆之中，这使得他们看不清自身利益。

这些国家完全没注意到一件事，即未能真正理解人们的利润动机。社会要取得进步，只有让人们的辛勤付出获得一定的利润——如果收入大于投入。要是亏本产出，余下可供所有人分享的就必然更少。一家盈利企业对国家独立和自由的贡献肯定大于一家亏本经营的企业。

诚然，利润可能经常分配不公，但那些徇私舞弊的行为可以在不破坏利润的条件下得以矫正。

利润动机还是个人获得自由的宝贵工具。是什么让人们去工作？一般而言，有三个诱导因素：喜欢付出劳动或渴望为他人服务，渴求利润和收益，受迫于某个更高权威而工作。

在吸引人们热望改变自身命运的因素活跃的社会之中，所需的推动力量较之这种激励因素缺乏的社会更少。

欠发达国家关于利润动机的观念，在很大程度上反映了马克思主义者的一个理念，即帝国主义是资本主义经济体特有的事物。在这些欠发达土地上的很多地方，资本主义国家过去的确扮演了帝国主义代理人的角色，但古罗马、古希腊和古代波斯的历史表明，在资本主义逐渐兴盛之前很久，帝国主义就已经存在过。

判断一个国家的优劣，不要通过某个如"资本主义""社会主义"或其他什么"主义"的意识形态标签，我建议不妨用另一种衡量标准，即一个国家为改善其人民生活正在取得的进步。

我强调使用这一点作为判断标尺，是因为国家对外政策的水平极少会高出其国内水平。任何一个国家在海外的运作都不会与国内有显著差异。一个国家若将资源运用于改善民众生活，通常也会将对外政策指向于帮助其他国家提高生活水平。一个蓄意降低人民收入的政府，很可能会被迫推低每个与其打交道的国家的生活水平。

引入外来资本的确会给一个国家带来自身不具备的资源。与引进资本一道进入的还有管理技能，而欠发达国家通常正欠缺这些管理技能。

只要为引进资本和管理技能而付出的代价不是太高，欠发达国家定将从外来投资中获得利益。在这样的相互交往中，欠发达国家必须认清一点，如果它们增加外国投资者必须承担的风险，它们也就增加了自己对任何外来投资必须付出的代价。

简而言之，欠发达国家和发达国家目前所应争取的，就是在使私人投资互惠双赢的条件方面达成一致。在一套公平的国与国之间投资做法上达成谅解应该不会太难。当然，外国投资应该改善欠发达国家的生活水平。这些投资在欠发达国家也应该对各种技能的培训做出贡献，应该稳步提高受训工人和经理人员的数量。在可获得本地资本的地方，外国投资应该尽可能给予本地资本更多的股份。

对于欠发达国家来说，它们必须懂得有序管理国家的重要性。它们应该谨防对这种意识形态的颂扬和吹捧：承诺带来一切但结果只带来束缚和制约。学会自我治理的方法和艺术需要时间。在我们自己的对外政策中，我们不应努力做出比别国更多的承诺，而应帮助这些新独立的国家赢得它们学习如何自我治理所需的时间。

我们和这些新独立的国家至少有一个能以之为发展基础的共同兴趣——这个共同兴趣就是这些国家要保持自由。

| 第 17 章 |

为美国寻找铜

　　到世纪之交时，我已逐渐认识到世界上发生的任何事情都可能会影响证券市场或商品市场。

　　我在伦敦所做的套利交易以及我们在圣迭戈海战后几乎战胜了所有纽约经纪行一类的交易，有助于我认识到空间上的相互关联性，认识到在世界上最遥远的角落里发生的事件会多么迅速地在华尔街为人所感知。我在从事铜、糖、橡胶及其他原材料的交易中，也逐渐领会到任何商品的供给和需求在全世界范围内都可以自动实现平衡。

　　不过，直至第一次世界大战爆发后，我才真正理解我们这个世界上发生的事情和各种力量之间的相关性已变得多么全面。面对超过现有供给的一切需求，我都不得不权衡同样的东西在众多竞争用途之间的相对重要性。这经常就是拿一个紧急情况与另一个更紧急的情况进行权衡的问题。比如，像潘兴（Pershing）将军要得到骡子拉枪炮到前线一样，我们不得不与西班牙进行贸易，将我们自己尚且短缺的硫酸铵售出。同样，我常常得决定将同样吨位的钢材用于何处才会产生最大贡献——是用来建造一艘驱逐舰还是建造一艘商船，是留在国内还是运往法国的某家军工厂，等等。

　　当然，所有这些我都被迫在战争激烈进行的过程中学会处理。不过，即使在战争爆发之前，由于从事金融交易的诸多经历，对于将经济因素与国家防务紧密结合在一起的各种联系，我也有了一些认识。

20 世纪初出现的两种新情况，尤其预示着未来的发展方向。首先是德国和美国作为新兴海军强国出现在世界版图上，其次是一个崭新的"电气时代"来临。

新生的电气技术在全世界鼓励着人们搜寻每一种原材料。有人认为，这种寻找原材料新来源的行动，反映了应是资本主义制度弱点之一的赚取利润的动机。

但是，追逐利润的动机当然存在，但在全世界各地开发自然资源，实际上是由我们的工业文明全面大步发展所驱动的。后来使广大民众生活水平得以发生巨大变化的技术新发展，要求利用更多的物质资源。同样的技术进步也彻底改变了安全和国防方面的需要。例如，随着旧式武器被淘汰废弃，所有海军舰队必须完全重建。

搜寻新材料的行动也并非仅仅指向国外。比如，1880～1890 年，世界铜产量增长 10 倍，整个地球的表面像用梳子梳理一样地搜寻新矿体。正是这种急速增长的需求驱使古根海姆家族进入铜业领域，但这同一需求也在美国西部各州开辟了使用低品位矿石的新思路，这最终使得我们国家在铜的供应上基本实现了自给自足。

我始终提倡对国内矿石加大集约式开发力度，我很高兴为国家在这方面进行首次试验做出了融资贡献。9 年的辛苦努力加上大量的资金投入终于使这一项目大功告成。

* * *

在犹他州宾厄姆附近，正巧有一个大而幽深的矿化斑岩峡谷。岩体测试表明这里的斑岩在生成过程中蕴含铜，但矿石品位太低，似乎谁也不觉得可以进行有利可图的商业开采。一位长期待在宾厄姆地区的老者——恩诺斯·华尔（Enos A. Wall）上校，在这个含铜峡谷买下 200 英亩地，花费 20 000 美元试图加以开发——没有成功。

华尔的钱看上去白白扔进了谷底，这时突然从密苏里州来了一位名叫丹尼尔·杰克林（Daniel C. Jackling）的矿业工程师。杰克林是个高大健壮、爱虚张声势、面色红润的家伙，看起来就像是个矿工，尽管最初他还是个大学教授。在来宾厄姆之前，杰克林一直在科罗拉多州卡农城经营一家锌矿，他相信可以发明一种新方法，开采这种低品位铜矿石也能获得利润。

一个名叫戴勒马（Delamar）的生于国外的资本家持有一份买入宾厄姆地产的期权，但还是让期权过期作废了，因为他的一位工程师说开采峡谷铜矿不可能赚到钱。杰克林建议查尔斯·麦克内尔（Charles MacNeill）买下峡谷。

1903 年 6 月，犹他铜业公司宣告成立，麦克内尔任董事长，华尔任副董事长，杰克林任总经理。

正如所有了不起的想法都很简单一样，杰克林的想法本质上也很简单。他在发现通过常规的隧道和竖井开采矿石无法获利之后，提出用蒸汽掘土机开采——也就是现在知名的露天开采。然后，将挖掘出来的一切输入研磨机，再通过一种浮选工艺分离出铜，最后将其变为精铜。

为了让这一套做法经济可行，杰克林想建一家研磨厂，这家工厂必须每天处理 3000～5000 吨矿石，而不像同类工厂通常只有 300～500 吨的处理量。依靠增加研磨机的处理能力，同时又保持工厂的经常性支出不变，这种低品位矿石提炼后便可以产生利润。

从一开始，大家就意识到这一试验将耗资巨大。犹他铜业公司的股票每股卖价 10 美元。公司组织者认购大量股份，但仍无法让公众深感兴趣以获得足够的运营资本。正是此时，麦克内尔跟我谈了这个项目。

于是，我见了杰克林，一下子就觉得他挺招人喜欢的。他的那套设想在我看来似乎很合理，就是将刚刚出现的大规模生产理念应用于铜矿开采。我买了很多股份。

拿到手的资本有限，杰克林只好建了一家装有一套实验性研磨机和选矿机的工厂，以便确定将来更大规模地生产时需要采用的最为经济合理的计划方案。不出 1 年，工厂运转起来。我们急切地等待最后结果。这家小型工厂的试验结果显示可以获得营运利润。

杰克林想继续推进，建一家大型工厂。要是建大型工厂，先期投资就需要数百万美元。犹他铜业公司多方寻求建厂资金，1906 年古根海姆家族正好决定在铜业进行另一次尝试。

原来，在宾厄姆开采铜矿一事引起了古根海姆家族很大的兴趣，他们请约翰·海兹·哈蒙德（John Hays Hammond）对此进行调查。哈蒙德可以说是那个时代最为知名的矿业工程师，他的名声不仅建立在超强工程技术能力的基础上，也建立在善于处理公共关系的技巧上。

早在南非期间，哈蒙德就被布尔人逮捕，并被判处死刑。在美国参议院的请求下，他才从绞刑架下捡回一条命。此后，古根海姆家族和威廉·惠特尼让哈蒙德负责管理古根海姆矿石勘探公司。在墨西哥，哈蒙德一边在工程技术方面开展工作，一边辅以极其高超的外交手腕来对付波菲里奥·迪亚兹，协助古根海姆家族在墨西哥逐渐积累了商业利益。

哈蒙德派出席雷·穆德（Seeley W. Mudd）和切斯特·比蒂（A. Chester Beatty）两个有名望的工程师考察宾厄姆峡谷。他们的考察结果为宾厄姆峡谷引进了古根海姆家族的投资，带来了亟须投入的资本。这个风险项目后来让古根海姆家族对包括联合铜业在内的其他铜业公司确立了巨大的竞争优势。联合铜业公司，当时业界大型"托拉斯"企业，也像古根海姆家族一样派出聪明能干的工程师研究杰克林提出的宾厄姆项目，但联合铜业调查人员觉得杰克林的想法不切实际。现如今，我们国家提炼的铜，很多都采用杰克林的方法或根据其工艺改良的方法进行加工处理。

古根海姆家族在进入犹他铜业公司时，一波投机性浪潮正在开始聚集能量，而且资金流动比 1903 年金融恐慌以来任何时候都更加自由。实际上，犹他铜业公司的前景看起来非常诱人，支持该公司的人可以按每股 20 美元的价钱，从古根海姆家族那里获得起初卖价为每股 10 美元的股份。

杰克林在得到新资本后如获至宝，将其全部投入了工厂。然后，他一次又一次地提出需要资金。为满足他的需要，有人建议发行一笔 300 万美元的债券。

杰克林的资金支出大得惊人，公司里很多人都吓坏了，其中包括华尔上校，他可是第一个"吃螃蟹"的人——敢于在宾厄姆峡谷下注开发铜矿。华尔在公司多次召开的董事会上反对发行债券融资。董事会上的抗争失利之后，他辞去了董事职务，将斗争转向法庭。他得到法院下达的债券发行禁令，但事实证明这个障碍只不过暂时起到了作用。当禁令解除后，债券得以发行。

围绕禁令的争斗快要决出结果的时候，丹尼尔·古根海姆请我过去商讨发行 300 万美元债券一事。我提出按 5% 的费率承销债券。

我本来已确保很大一部分债券得到认购，这时，海登斯通公司的查尔斯·海登（Charles Hayden）找上门来，愿意按不足 1% 的费率承销债券，我从来没听说过承销费率还有这么低的。尽管我认为已从古根海姆家族那里赚到了一笔公平合理的承销费，但面对如此之低的承销费报价，我觉得不能仍然让古根海姆家族付出原先说定的费用。这笔债券获得超额认购，杰克林得到了为建成那些巨大研磨机所需的资金。

与此同时，我同意承销内华达联合公司发行的可转换债券，而这一有风险的发行项目也由海登斯通公司承担。查尔斯·海登展示了非常精明的一面，两个发行项目都紧紧地握在他自己的手中。事实证明内华达联合公司非常优秀，后来它为犹他铜业所吸收合并。

* * *

当初众人期待着杰克林的工厂于 1906 年年底之前投产运营。由于工厂建设方面存在一些障碍，直到 1907 年春季，工厂的机器才运转起来。当齿轮转动之时，杰克林已耗资 800 万美元。

1907 年 3 月，纽交所的股票出现了一次深幅调整。精明的人开始收帆减速。不过，谁也没预计到真的会发生金融恐慌，哪怕是摩根也未曾料到。

时至夏季，杰克林的工厂加快了生产节奏，但整个金融形势变得越来越不稳定。10 月，尼克尔伯克尔信托公司（Knickerbocker Trust Company）破产倒闭，公司董事长自杀身亡。这一事件引发储户挤兑纽约的多家银行，在我的记忆中，挤兑之疯狂是纽约市从未经历过的。恐慌蔓延至证券交易所的交易大厅，整个国家的信用结构也随之崩溃。我们突然发现自己身处南北内战以来最为危急的金融形势之中。

摩根当时 71 岁，他如何运用沙皇般的力量遏止这次危机，在此已是无须重提的故事。不过，我忍不住还是要叙述一番我个人与摩根所做的事有关的一次经历。

为拯救市场，摩根创立了一只特别基金，当时各种金融机构都在捐献钱款给这只基金。有天晚上，我躺在床上无法入睡，想了很长时间之后决定为这只基金做出一个令人印象深刻的表态。

我要去摩根的办公室，走近那位老先生的办公桌，对他说希望为他牵头建立的基金捐款。当摩根先生问我打算注入多少钱时，我就说给他提供 150 万美元，全部用现款。我完全有理由相信，除非摩根自己捐出这么多，否则这笔钱很可能将是基金收到的最大一笔个人捐献。

然而，在第二天上午去市中心的路上，我发现自己实在不忍心照原来的计划行事。于是，我去了曼哈顿银行，告诉行长斯蒂芬·贝克尔（Stephen

Baker），不管他们银行将捐出多少，从我的账户中添加 150 万美元一道捐过去。捐款就这样以曼哈顿银行的名义而非我个人的名义到了摩根的基金中。

为什么又决定不直接去见摩根先生，我现在也无法解释。我这样说，并非过于谦虚。当时我也想给摩根先生留下深刻印象，让他知道我信赖他的领导力，也相信自己能够辨明国家经济基本上健全无忧，但我就是不能把计划坚持到底。

倘若我按最初的计划行事，后来我与摩根他们的关系可能会是另一番景象，比如当我收购大西洋沿岸铁路公司和投资得克萨斯湾硫黄公司时，情况也许会大不相同。可是话又说回来，倘若我在金融事务方面成了与摩根他们关系密切的人，伍德罗·威尔逊可能永远也不会给我机会，让我担任战时工业委员会主席从而为国家做出贡献。王国因缺少一颗马掌钉而消亡，但有时同样是这颗缺失的马掌钉会给骑马的将军带来可能永远也不属于他的经历。⊖

正当 1907 年金融恐慌最为严重并且谁也无法预见摩根先生能否成功拯救市场之际，我收到了一份紧急请求，请我借出 50 万美元现金支付犹他铜业公司的工资。这时铜价已从每磅 22 美分跌到 12 美分，犹他铜业公司的股价也由 39 美元跌至 13 美元。但是，杰克林为了让公司免于分崩离析，即使铜在铁路轨道边堆积成山也得继续生产。

看起来可能有些奇怪，古根海姆家族和海登斯通公司支持的一家公司，竟然不得不来找一个与银行没有特殊关系的证券市场独立运作者借入 50 万美元。更让人奇怪的是，我居然在恐慌如此蔓延之际还能用现款交付这样一笔资金。不过，解释起来也很简单。

⊖ 英文中有个最早出现于 1390 年教育小孩思考行为递进关系的"连珠"谚语：少了一颗掌钉，丢了一只马掌；丢了一只马掌，倒下一匹战马；倒下一匹战马，失去一个将军；失去一个将军，输了一场战争；输了一场战争，亡了一个王国。这一切的一切，都是因为少了一颗马掌钉。——译者注

在此之前，我像其他很多人一样已做好准备，为的是应付一个银根收紧的金融局面，但不是为了对付一场金融恐慌。我在曼哈顿银行增加了现金余额，而且我告诉贝克尔行长任何时候都可以动用现金。

"你会拿到的，"他向我保证，"我们向来都把客户照顾得很好。"

当我接到犹他铜业公司董事长麦克内尔的电报时，我认定摇摆不定的经济形势迟早会摆回正常状态。另外，在某种更好的替代品能够发现之前，经济发展也一直需要铜。于是，我去找贝克尔，对他说要 50 万美元现金。这笔钱正是麦克内尔需要的东西——塞进工资信封的现钞。这个时候，即使麦克内尔能够获得信贷，也起不了实际作用。

贝克尔先生派人进保险库取钱，现钞点清后装进一个箱子里，通过特快专递运往盐湖城。

这一天，市场资金贷款利率为 150%。我告诉麦克内尔，付给我 6% 就足够了，而且什么时候还都行。他寄回他们公司的借据，在上面注明 20% 的借贷利率。这次交易之后，我进入股市，买进很多犹他铜业公司的股票，买入价都是当时普遍偏低的报价。

犹他铜业公司安然度过恐慌，第一年的经营业绩超过杰克林的预测。这之后的 30 年里，犹他铜业公司给股东分配了 2.5 亿美元以上的红利。那个世界上最大的铜矿工作区，杰克林于 1903 年开始在宾厄姆地下挖掘的那个大坑，现在仍然是地球表面人工开凿的最大洞穴之一。

有些人想知道究竟是什么因素成就了一项良好投资，对此，犹他铜业公司能挺过 1907 年金融恐慌一事值得一提。一项投资的价值好比一个人自身具备的品质。优良投资的价值更能经受逆境的考验，而且能更容易、更迅速地战胜逆境。杰克林在不断完善低品位矿石采炼工艺的过程中，毫无疑问为先前价值备受怀疑的工厂增添了一份全新的价值。如果全新的价值通过这种方式创造出来，那么它们甚至连金融恐慌也可以挨过。一次金融恐慌可能引发一项投资的市场价格暂时暴跌，但如果公司真正满足经济需求，并得到良好的经营管理，其股票必然会收复失地。

犹他铜业公司的成功还证明了个人主观能动性和个人品质有多么重要。杰克林年仅 35 岁便提出让世界铜产量翻一番的宏大设想。他费时 5 年才找到出资人，又经过 4 年的拼搏最终证明那些出资人没有白白地信任他。

第一次世界大战期间，当人们极度怀疑可以建立无烟火药厂时，杰克林为政府成功建起一家工厂，他因此而被授予杰出贡献勋章。杜邦家族本来已设定建设这家工厂的条件，但军方觉得那些条件过于苛刻。有一次，当为解决这一问题而举行的一上午的会议结束时，我说我知道有个人能做好这个工作，并推荐了杰克林。战争部长贝克尔说他会跟总统商量一下提议。

当天下午，我打电话给在旧金山宾馆的杰克林，告诉他："不知道他们会不会接受你，但不管怎样，我还是希望你能先过来。"几天之后，贝克尔部长请我找到杰克林，我说："他已到这儿了，我带他进来。"

在杰克林进去前，我给他支了一招。"不要让他们给你穿上军装，"我告诉他，"记着，军阶高你一级的人叫你向左你就得向左、叫你向右你就得向右。"杰克林一直没穿上军装，他像跳吉格舞一样风风火火地按时建成了工厂。

1933 年，美国矿业、机械、电气和民用工程协会联合会授予杰克林约翰·福瑞兹奖章，这是一个美国工程师能够获得的最高荣誉。

不过，除了获得极大成功之外，杰克林也遭遇过一些失败。

第一次世界大战期间，他建了一台导向磨铣器，这种机器显示钢铁公司在高品位的梅萨比岭（Mesabi）铁矿石采掘枯竭之后，可以对梅萨比岭矿脉的低品位角岩铁矿石加以利用。然后，他又第三次进行尝试，这回是开采阿拉斯加的低品位金矿，但失败了——不仅他自己有损失，我也有损失。

* * *

阿拉斯加朱诺黄金公司这一风险项目——可以说是我投资的还没从地下挖出一分钱来就已扔进去最多钱的一个项目。公司的主要资产是一处露天矿山，位于朱诺城[⊖]以南加斯蒂诺海峡对面的一座山旁边。弗雷德·布拉德利、麦肯兹（J. H. Mackenzie）、赫伯特·胡佛的好友马克·雷夸（Mark Requa）是采掘业出类拔萃的人物，他们让我注意到了这座矿山。实际上，胡佛一度对这座金矿很感兴趣，但我们抢先了一步——我们后来深感懊悔。

杰克林此前已北上阿拉斯加，提交了一份充满溢美之词的报告，说毗邻阿拉斯加朱诺黄金矿的阿拉斯加黄金矿公司（Alaska Gold Mine Company）拥有极为诱人的发展前景。因为深信杰克林的判断力，我决定加入阿拉斯加朱诺。1915 年春季，矿石报告显示黄金含量令人欣喜，于是，阿拉斯加朱诺发行 40 万股股票，每股 10 美元，发行文件中载有如下文字："未被公众认购的所有股份将由小尤金·梅耶尔和 B. M. 巴鲁克认购。"

在此之前——并且在此之后，我的名字从未因一次股票发行而被公开使用。股票发行得到了 5 倍超额认购。不出几天，股价猛涨至 15 美元。

可是，过了不久，人们得知杰克林在阿拉斯加黄金矿公司的矿石中发现的黄金含量低得出人意料。这一发现也给阿拉斯加朱诺的未来蒙上一层阴影。公司股票开始下跌。

最后，杰克林只好放弃，阿拉斯加黄金矿公司决定关门歇业，但布拉德利拒绝放弃阿拉斯加朱诺。既然我的名字已被用作阿拉斯加朱诺的保荐人，我感到在布拉德利放弃之前自己有不言放弃的义务。其他几个人也同样看待

⊖ 朱诺在 1959 年成为美国阿拉斯加州首府；曾是世界上主要的黄金开采区之一，20 世纪 40 年代，黄金开采成本高于所采的黄金价值，随着 1944 年阿拉斯加朱诺黄金公司倒闭，黄金采掘业趋于没落。——译者注

此事。募集的股本用光了，公众也对阿拉斯加朱诺失去信心，威廉·柯罗克尔（W. H. Croker）、达利阿斯·米尔斯（他的儿子在赫伯特·胡佛任总统期间担任其财政部长）、布拉德利、尤金·梅耶尔和我自己共同出资 300 万美元继续开展工作。

1916 年，阿拉斯加朱诺年终收盘价为 7¾ 美元，1917 年是 2 美元，1920 年 1⅛ 美元，而在 1921 年经济萧条时期，股价跌至 5/8 美元。公司债券持有人因债券本息无法偿付准备取消债券抵押品赎回权，这时一线希望之光又映入人们眼帘。1921 年 9 月，公司实现 24 000 美元的营运利润。毋庸置疑，这肯定不足以支付固定费用，但为扩大经营规模奠定了基础，而经营规模的扩大将会覆盖固定费用。

布拉德利逐步改进生产方法，增加产出量，甚至在公司每吨矿石只能产出价值 80 美分的黄金时，也能加工矿石获得利润。要是在 10 年前，谁会想到能对付这种低品位矿石，会被人骂作疯子的。到 1930 年，公司债务已全部偿还，1931 年第一次宣布发放红利。公司能够发放红利，应归功于布拉德利不屈不挠务求成功的决心。

当富兰克林·罗斯福总统让美元贬值、提高黄金价格时，阿拉斯加朱诺当然从中受益了。然而，像当时的《华盛顿邮报》出版人尤金·梅耶尔一样，我反对罗斯福的做法，哪怕我们两人都持有大量金矿股份。

在后来数年中，随着成本上升和矿石黄金含量下降，阿拉斯加朱诺再次陷入经营困境。最后，矿山只好关闭，尽管电力工厂现在仍然在使用。

* * *

从这些低品位矿开采试验中学到的东西，对于我们的国家安全具有相当重要的意义。我们在对外经济政策中持续面临的一个冲突源于这样的问题：

我们应该从何处获得所需的原材料——如果成本较高，是从本国内获取，还是从成本可能较低的外国获取？

在这一冲突中，我从未完全站在所谓"自由贸易者"一边，也从未完全支持贸易保护主义者。两次世界大战的情形清楚表明，能够使用国内矿石和矿物是国家防务的一大优势。

杰克林开发了矿石采炼工艺，后来的工程师逐渐对其工艺进行改进和完善。倘若没有这些工艺，我们在第二次世界大战中使用的铜本来多数得从国外进口；这反过来又会消耗相当多的海运能力，而这些海运能力又不得不从其他战争用途中转移出来——这样势必造成生产成本上升，或者战斗力下降。

正因如此，我始终觉得我们应该鼓励为更经济合理地利用品位更低矿体而进行的方法改进试验。不过，从我在阿拉斯加朱诺公司中所认识到的看来，要明智地做到这一点，还是存在一些限制因素。

我们需要做到的就是在两种选择中找到平衡，不仅要继续从最廉价的国外来源进口我们需要的原材料，还要继续提高自身能力，以改善和利用国内资源。

我不赞成像希特勒全面发动第二次世界大战之前那样不惜一切代价试图实现自给自足，但我也不认为我们应该牺牲较高程度的自给自足的供应体系——仅仅为了增加对外贸易量，北美大陆也必须保持这种体系。

试图对待这一影响深远的问题，好像通过宣称某个信条或某个一成不变的方案真实可信便能解决，这似乎也并不明智。技术新发展可以给数年前可能还毫无价值的领域带来新的用途。

关于那些于我们国防至关重要的所有原材料，我们应该对我们的需求和可能的供应来源进行动态记录。国内生产和国外进口之间达成的平衡，应该既能反映经济成本，也能反映每一个确定供应来源对我们国家安全的相对贡献。

第 18 章

J.P.摩根谢绝赌一把

　　显而易见，因为谈话时措辞不当，我便丧失了一次与年长的J.P.摩根合作共事的机会。我们几乎要成为合伙人的那个开发项目，后来证明是我赚钱生涯中最有利可图的一家企业。这家企业还使得美国在世界硫黄市场上保持了主导地位。不过，我过去对摩根先生退出这一风险投资总是感到遗憾，因为那不仅让他的银行付出了失去巨额利润的代价，也让我失去了一次与我们国家有史以来最伟大的金融天才合作的经历。

　　摩根先生的银行本来可以赚到那些钱，但没有那些钱，摩根先生照样可以过得挺好。其实，对于占有金钱，他不怎么在乎。他努力想成就的，是国家经济达到整体协调和稳定。从我的经济、产业和社会观点来看，我更倾向于支持西奥多·罗斯福的政策。但我当时把摩根视为大师和导师，在他手下效劳原本可以成为一次不可多得的阅历。

　　我以前从未与长者摩根真正熟稔过，至今仍然觉得这是一件憾事。年轻时我在华尔街做跑腿儿的小职员，有好几次送证券和市场报告给摩根先生本人。有一回，我还在位于Lower East Side社区圣乔治教堂的小伙子俱乐部看见过他。我本来一直在西69大街小伙子俱乐部上夜校健身课，这回正在本市其他地方的小伙子俱乐部转转，看看它们都有些什么活动。我记得摩根先生当时全神贯注地站在一个男孩身旁，俯身看着男孩从一只雪茄盒子上剪下一个智力拼图。

在为阿瑟·豪斯曼工作期间，我曾送一份报告给摩根先生，报告上有一些密尔沃基电气公司的债券报价。摩根先生问我有什么想法。我以为他问的是总体金融形势，就回答说：我觉得我们即将面临一场恐慌。

摩根先生那双著名的眼睛紧紧地盯了我一会儿，然后他质问道："年轻人，你知道什么叫恐慌吗？"

我不知该如何作答。

直到 1909 年，这是我与摩根先生仅有过的一次谈话，这一年摩根银行的查尔斯·斯蒂尔（Charles Steele）请我调查一处硫罩现象，地点大约在得克萨斯州加尔维斯顿市西南 40 英里处的布拉佐里亚县。我深感惊讶，摩根他们竟然找到了我。我们达成协议：如果硫矿开采前景看好，摩根他们提供资金，我来做具体工作，利润按六四分成。

我第一步要做的当然是找到一个很够资格的矿业工程师。为此我求助于西雷·穆德，他在古根海姆矿石勘探公司为哈蒙德工作过。穆德又雇请了一个名叫斯宾塞·布朗的年轻助手。

我们南下得克萨斯，组织一帮钻井工人，开始试探着钻一些孔。

日复一日，我坐在过去被称为布赖恩山冈的那个地方，看着钻井人员将一个个竖井安置下去，再把要检测硫含量的结实土块运上来。夜复一夜，在布拉佐里亚县城的那座小旅馆里，我一边拍打恼人的蚊子，一边研究世界硫贸易的事实和数据，以确定要是此处开发前景看好我们可能在这种贸易中扮演什么样的角色。

最后，穆德认定，布赖恩山冈硫含量达到实现盈利开采的可能性大概为五五开。

返回纽约后，我跟摩根先生汇报情况，向他说明我们可以直接把那块地方买下来，包括缴纳矿产资源使用费，总共需花费 50 万美元；我又说自己愿意出一半资金"赌一把"。

说"赌一把"，措辞实在是太糟糕了，我本应说"投资"的。

"我从来不赌。"摩根先生一边回答，一边做了个手势，表示面谈到此结束——对他而言这个风险项目就此终结。

在一起谈话才几分钟，我就这样被轻慢地打发了。他甚至不给我机会，让我陈述一下我在布拉佐里亚的旅馆里研究世界硫贸易所得出的一些结论。我做的研究显示，当时"正是"美国硫生产量需急剧扩大的大好时机，其中一个理由是，美国工业增长当前增加了对纯硫的需求，纯硫是生产硫酸的原料，而硫酸此时可以说是所有化学品中最为重要的产品。

而且，硫矿开采技术已发展到美国生产商可以摆脱依赖进口硫的阶段。

时至 1900 年，纯硫生产主要由意大利垄断，西西里岛占了世界 95% 的产量。早在 1870 年左右，路易斯安那州西部发现一处分布广泛的硫矿，但早期对这些硫资源的开采并未成功，因为硫矿上覆满流沙，并且硫矿赋存有毒气体。流沙和有毒气体这两大障碍对赫尔曼·弗拉施（Herman Frasch）的发明天才带来挑战，他本是一位成功的石油工程师，曾到路易斯安那州勘探石油。经过多年实验，弗拉施于 1891 年完善了一套开采硫矿的新工艺，这套新工艺以弗拉施法而闻名于世。

按照弗拉施的新工艺，先自地表钻一个孔，将直径大约为 10 英寸的一根金属圆管放入孔中，形成采硫井，在采硫井中再置入三根同心套管。过热水从三根套管的一根中压入地下，熔融地下硫矿。然后，再通过另一根管子将压缩空气压入地下，迫使已熔融的液态硫自第三根管子上升。一旦升至地表，液态硫便输入大型冷却储藏箱，形成固态硫。

为开采路易斯安那州硫矿而成立的联合硫矿公司，使用弗拉施法开采自然硫，成了一家盈利极为丰厚的企业。但是，随着美国工业的发展，事实表明联合硫矿公司的产量不能满足国内需求，因此国内需求者高度重视其他供给来源。

1908 年，弗拉施法的基本专利权利到期终止。这样，得克萨斯州布拉佐里亚县，或者开采问题与路易斯安那州相似的其他任何地方，都可以使用这一开采工艺。我本来打算向摩根先生推荐使用弗拉施法，但他突然打断我的话，拒绝参与这一项目。

摩根先生的态度一时间让我深感气愤和尴尬，我决定继续推进自己的硫矿开采事业。

* * *

我和穆德待在得克萨斯的时候，很多探矿人、发起人以及其他希望获得成功的人过来找我们，描述各种关于含硫地区的故事，或是主动报价，出让含硫地块。有些地方我们当时很快看了一遍。当摩根先生不再参与布拉佐里亚县的项目之后，我们继续进行相关调查。

穆德认为得克萨斯州有一处地方很有开发前途，那地方位于马塔戈达县，名叫大穹顶。在此之前，爱因斯坦（A. C. Einstein）让我们注意到那个地方，他与圣路易斯市的一家公用事业公司有业务联系。一次矿体测试表明穆德的观点非常正确，于是我组建海湾硫矿公司（Gulf Sulphur Company），开始在马塔戈达县收购更多的地产。

与此同时，先前让摩根注意到布赖恩山冈的那群人当中，有一些也开始以自由港硫矿公司的名义开发布赖恩山冈的硫矿。这里的开采很快就表明可以赚到钱。第一次世界大战爆发后，硫的需求大大上升，自由港硫矿公司的利润因此逐渐增长。可是，有了联合硫矿公司和自由港硫矿公司生产硫，市场上看来不存在第三家公司的发展空间。

我们所能做的就是等待将来的新发展。爱因斯坦建议我们在马塔戈达县再收购一些地块。我授权他照此办理，同时建议他邀请那些地块的产权人和我们一起开采。不过，没一个业主参与进来。所有这些地块的收购都由我提供资金。

到1916年时，由于战时硫需求旺盛，自由港硫矿公司已对股东投资大致产生了200%的回报。穆德觉得，时机已成熟，可以动手开发我们自己的硫矿了。为了实现富有成效的开采，我们还需要一些资本。长者J.P.摩根在3年前去世。考虑到几年前摩根银行对硫矿开采有过兴趣，我认为可以看看他们是否愿意共同出资来开发海湾硫矿公司拥有的那些地块。

我去找亨利·戴维森商谈此事，他又将事情交托摩根的另一位合伙人托马斯·拉蒙特（Thomas W. Lamont）负责。拉蒙特请威廉·鲍埃斯·汤普森（William Boyce Thompson）来帮忙；汤普森是纽蒙特矿业公司的发起人，他的公司最终成了世界上规模最大的矿产和石油投资公司之一。

汤普森在研究我们的开采提议之后，建议摩根银行出资共同开采。他们大约拿了60%的股份。我们的开发尚未取得很大进展，摩根银行便将持有的股份全部转手给汤普森，只获得了很小的赚头。股份转让的事并未征询我的意见。我认为这一行动有失公允，并如实告诉了摩根银行。

股份首先应该回售给我，而不是给汤普森。倘若有人如此对待摩根银行，他们绝不会原谅。倘若他们一直持有我当初以每股10美元的价钱配置给他们的那些股份，那些股份本来可以让他们获得很多很多倍的回报。截至20世纪20年代后期，他们最初的360万美元投资本来会价值4500万美元。另外，他们本来还可以得到近2500万美元的现金股利。

* * *

在此期间，随着我们参与第一次世界大战，威尔逊总统指定我进入战时工业委员会，最后又任命我为委员会主席。鉴于担任公职的责任，我觉得自己理应放弃纽交所的会员席位，并抛空自己持有的可能从政府合同或政府采购中得益的任何企业的股票和债券。

我抛出的股票中就有像费希博德公司（Fisher Body）这样的一些股票，要是我一直持有下来，几年后这些股票每只都会带来一大笔财富。不过，我还是应该补充一句，我过去从未因卖出股票而感到悔恨。我需要的钱，都已拥有了；况且，无论财富价值有多么大，也不可能给予我因为国家做出贡献而获得的满足感。

有几只股票我不得不留在手上，因为没在证券交易所上市，无法脱手。那些股票中有我自己开办的硫矿公司的股票和加利福尼亚州一处钨矿的股权。对于这些股份，我指示自己的秘书玛丽·鲍埃尔，此后只要有红利发放，所有红利均转给红十字会或其他爱国机构。这些事情我都给威尔逊总统做了说明，他也非常赞赏我的做法。

那座钨矿的确产生了一笔笔可观的红利，所有红利都捐给了慈善事业。不过，得克萨斯海湾硫矿公司（名称已由海湾硫矿公司做出变更）直至战争结束才投产运营。

我在成为战时工业委员会主席之前，联邦矿业局敦请生产稀缺战争物资的厂家增加各自的产量并新增产能。得克萨斯海湾硫矿也是矿业局接洽的公司之一，公司得到承诺，可以获得通融优先得到建筑材料和设备。

一天，在华盛顿战时工业委员会办公楼的走廊上，我碰见得克萨斯海湾硫矿公司的总裁沃尔特·艾尔德里奇（Walter Aldridge）。我问他怎么出现在那儿，他回答说来询问优先订单的事。

我此时已完全退出得克萨斯海湾硫矿公司的管理层，我还是第一次得知政府正在考虑给予优先权以提供开发马塔戈达硫矿的设备。我立即告知战争部长牛顿·贝克尔（Newton Baker）我在这家公司持有股份。我还请时任得克萨斯海湾硫矿公司董事的老同学迪克·莱登务必坚持一点：不但要按成本价出售公司生产的硫，而且若成本不比价格最低的竞争厂商的售价低，便以亏本价出售。

实际上，我预先采取的措施后来证明是多此一举，因为战争结束四个月之后得克萨斯海湾硫矿公司才开始生产。

参加巴黎和会返回后，我又在得克萨斯海湾硫矿公司积极参与了一段时间的经营管理。当时，这个行业有很多事情需要理顺，有很多问题需要解决。战事突然终止让另外两个硫矿公司——联合硫矿和自由港硫矿遇到了麻烦，数百万吨硫露天堆放，市场无法立即消化这些东西。

另外，三家生产硫的公司之间也存在敌意。联合硫矿战争结束前已控告自由港硫矿，声称弗拉施工艺的专利权受到侵犯。联合硫矿输了官司，因为专利权的保护本来已到期了。这很可能让我们免了一场类似的诉讼，我们也在使用弗拉施工艺。

不过，联合硫矿还是从另一个角度对我们展开攻击。他们有些矿区与我们连在一起，于是以我们的矿井从他们的矿床中抽干了硫为由打起官司。这场官司虽是庭外和解了，但在解决前双方已发生大量争执，闹得极不愉快。

联合硫矿有一位股东是弗拉施家族的成员，他做得太过分，甚至指控我在任战时工业委员会主席时索要极大一笔佣金，否则我不愿让联合硫矿按政府合同提供产品。他声称，这项指控赫尔曼·弗拉施先前就表达过，而实际情况是，赫尔曼·弗拉施 1914 年去世，那时第一次世界大战还没打响呢。我当庭指出这一事实，让控告我的人好好回忆回忆。

20 世纪 20 年代初出现的经济萧条，使得全世界范围内的矿物和金属销量大为减少。一方面美国迫切需要国外市场吸纳日益累积的产品，另一方面国外又存在一些卡塔尔垄断组织，这两个因素促使美国国会通过 *Web-Pomerene Act*，该法案鼓励美国厂商联合行动，处理出口销售。对硫矿公司来说，这是天降及时雨的一大幸事。

联合硫矿、自由港硫矿和得克萨斯海湾硫矿三家公司共同组建了硫品出口股份公司。之后不久，硫品出口股份公司与西西里岛达成协议，共同解决美国之外的国际市场需求问题。

在接下来的 5 年里，美国硫产业内部发生了急剧的变化。就销量吨位而言，得克萨斯海湾硫矿公司获得了大发展，与联合硫矿公司享有的地位大致相当，而自由港硫矿公司则滑向第三位。然后，联合硫矿公司在路易斯安那州的硫矿储量开采枯竭，无奈之下工厂宣告关闭。自由港硫矿公司发现新收购的那些矿区盈利能力大大低于预计水平，他们本来对那些矿区寄予了厚望。如此一来，得克萨斯海湾硫矿公司便成为全世界规模最大、成本最低的硫生产商。

此后一直到 1929 年，得克萨斯海湾硫矿公司的发展取得了巨大成功。公司成立伊始的股份每股只需花费 10 美元，后来的交易价每股相当于 320 美元。不过，在股价达到这一最高峰之前，我已抛出自己持有的 121 000 股。当时朋友都问我为何要卖股票，我给他们解释说，在我看来股价似乎已攀升得过高了，我也建议这些朋友卖出股票。

然而，多数朋友并不在意我提的建议。当时公司股票还在大幅上升，很多问我问题的人暗示说，我抛售股票的举动说明我信心不足应付不了新形势，是个过气落伍的人。但在 1929 年大崩盘到来之前，我还是抛空了硫矿公司的股票。

我在股市操作中，一次又一次当股票尚在上升途中便抛出它们——这也是我一直能守住财富的一个原因。太多的时候，倘若继续持有某只股票，我本来可能挣到多得多的钱，不过话又说回来，当某只股票崩盘时，我本来也会恰逢不幸，惨遭巨亏。如果说由于这种习惯做法我错失了一些赚钱机会，那么我同时也避免了陷入破产的境地，而我看到其他很多人正是因此而不名一文。

　　有些人自吹自擂，说什么可以逃顶抄底——我绝不相信谁能做到这一点，除非他们是当今的曼丘森⊖。**东西看起来价钱足够便宜，我就买入，看起来价钱足够高，我便卖出。正因为如此行动，我才成功避免被市场波动中出现的极端狂野的情形冲昏头脑，才不至于随波动的大潮一道颠簸起伏而葬身水底。事实证明，极端狂热和极端悲观的氛围必将招致灾难。**

*　*　*

　　在 1929 年股市崩盘之前，市场上出现了狂热的不计后果的投机行为，我们究竟为什么会成为这种疯狂表现的牺牲品呢？我相信，这种疯狂表现在很大程度上反映了人类历史上一次又一次展现出的非同寻常的大众心理。

　　约翰·戴特尔（John Dater）是《纽约先驱论坛报》老刊的一名财经记者，正是他第一次引起我对这种奇怪群体行为进行的思考。20 世纪初，我从欧洲旅行返回的途中，戴特尔在乘坐的轮船上采访我。当我们谈起金融恐慌时，戴特尔极力劝我阅读他偶尔碰到的一本书，书名叫《非同寻常的大众幻想与全民疯狂》，作者是查尔斯·麦基（Charles Mackay）。我和戴特尔四处寻找，逛了很多二手书店，最后才发现一本。

　　麦基的书于 1841 年首次出版，1932 年由 L. C. Page 公司重印，这本书极为精彩地记录了数个世纪以来令人类疯魔得不可思议的投机狂潮。自此书出版后，没有任何国家对这些病态狂热具有免疫力。如果说一般认为不易激动的荷兰人因郁金香球茎热而难以自持，那么易动情感的法国人则制造了他们的密西西比泡沫，而轻易不改变主意的英国人也吹胀了自己的南海泡沫。

⊖　曼丘森（Munchausen）原是 18 世纪一个擅长讲故事的德国人，他讲的自己作为士兵和猎手的历险故事均荒唐透顶。现在有曼丘森综合征一说，指假性心理疾病或欺诈性心理疾病。——译者注

　　我当时在读着对这些疯狂行为的描述时，忍不住大叫："不可能有这样的事！"然而，在此后的人生中，我亲眼看到了类似的狂热表现，例如 20 世纪 20 年代佛罗里达州出现的地产繁荣和导致 1929 年崩盘的股市投机。同样的群体狂热对希特勒在德国政坛的崛起至少负有部分责任。

　　这些群体性疯狂行为在人类历史上一再重现，发生的频率如此之繁，说明它们反映了人类的天性中一定具有某种根深蒂固的特质。或许，正是这种同样的力量驱使鸟类长途迁徙或者各种海鳗进行群体活动，这些活动中似乎存在一种周期性交替变化的特征。比如，一次牛市行情会不断兴风作浪向上推升，随后便会有什么事发生——或者微不足道，或者至关重要。于是，起先会有人卖出股票，接着其他人也抛出股票，人们想着价格继续走高的思维连续性被突然折断。

　　"思维连续性"——这实在是个恰到好处的表达。这不是我首创的。我第一次听到这种说法的时候，在操作一只 J. P. 摩根正力图收集的钢铁股票，那时整个市场都在上涨。然后，当这一切还在不断向上推进时，洛克岛的那只股票突然暴跌。我当时正巧和米德尔顿·斯库布雷德·巴里尔在一起，他说："那只股票的崩盘将使牛市的思维连续性被折断。"我此前从未听说过这种说法，但我立即就明白了巴里尔所言非常正确，因此即使美国钢铁公司的股票正得到摩根他们的护盘，我还是卖出股票落袋为安。

　　这些群体性疯狂行为还有令人奇怪的一面，无论受过的教育多么高，也无论职位多么高，都不能让人获得不受这种"病毒"传染的免疫力。麦基撰写的书中满篇都是例证，说明国王和亲王以及商人和教授如何抵挡不住诱惑而最终屈服于这类狂潮。在我们自己所处的时代，1927～1929 年的股市投机风潮就席卷了整个社会的各个阶层。

　　我还能记起那时自己的所思所想。从 1928 年以后，我便感觉股票价格水平很不安稳。放眼观察世界事务，我可以看到：我们若能在哪里解决战败国赔款和战时债务的问题——这一问题当时像海老人骑着水手辛巴达一样正在让世界贸易举步维艰，哪里便可能会出现新一波经济繁荣。另外，在1927年联邦储备委员会实行放松银根的政策时，我对这一政策产生的后续影响深感不安。

实际上，当1928年我多次卖出股票时，觉得行情突发逆转就迫在眼前，结果却发现市场继续攀升。

1929年8月，我去苏格兰猎松鸡。其间，我从国内接到消息说，有人提议用若干只老铁路公司的股票来交换新组建的两家控股公司的股票。这种交换很有可能将相关公司的股票提升至极高的价位。

我发电报给三个关系密切的人，问他们对时下行情做何判断。其中两位给我的答复模棱两可，但第三位（此人当时在美国金融界占有极高的职位）给我回的一份电报，在描述整体工商业形势时，说它"就像风向标，表明将会出现一阵狂风似的繁荣发展"。我知道此人对他电报中所说的话深信不疑，因为在股市大崩盘中他赔光了所有的钱。

我缩短了在逗留苏格兰的时间，决定乘船返回国内。在伦敦等着上船时，我好几次给纽约的经纪人打电报，下单买入股票，结果第二天又紧跟着发出卖单。在回国的船上，碰巧有一个证券经纪事务所，事务所由一个招人喜欢的年轻人经营，他向我兜售经纪业务，恳求我照顾他的生意。我给他报了几次卖单。在纽约上岸不久，我决定卖出一切能卖出的股票。

在此后多年的黑暗岁月里，我重读麦基，发现他阐述的故事很奇怪地也有鼓舞人心的一面。如果说他的书表明了人类因怀有希望而陷入各种非理性狂热的乐观情绪毫无根据，那么他的书也表明了不抱任何希望的悲观情绪同样毫无道理。在过去，无论前景看来多么黯淡，后来的情况总会变得更好。

　　人们无论试图做成哪件事，似乎总会被驱动着做过了头。所以，当希望高涨之时，我总是再次告诫自己："二加二仍然等于四，谁也不曾发明过什么方法，可以做到没有任何付出却可以有所收获。"而当展望前景陷入悲观之际，我又会提醒自己："二加二依然等于四，谁也不能让人类长期消沉下去。"

第 19 章

我的投资哲学

欧内斯特·卡斯尔（Ernest Cassell）爵士是爱德华国王的私人银行家，我听说有段话是他说的，真希望那段话是由我最先想到的。

"当我作为默默无闻的年轻人开始获得成功时，我被人称作赌徒，"卡斯尔爵士说，"我的交易范围和交易量不断扩大，然后，我以投机者之名为人所知。我的交易活动继续拓展，现在我又以银行家而闻名。其实，我被称为银行家之前所做的与之后所做的始终是同一件事。"

这番言论尤其值得一些人深思，因为他们可能以为世界上存在着投资肯定会成功这样的好事。当我说"赌一把"这个词时，年长的 J. P. 摩根听了就像是吃到苍蝇。然而，真实情况是，根本不存在投资而不牵涉一些风险的事情，因而投资必然颇有几分赌一把的意味。

我们在生活中都得冒险，而且，倘若无人愿意承担赢面极小的风险，今天的人类生存状况肯定会糟糕得多。哥伦布出海探寻通往印度的新航路，正是冒着同时代人很少愿意冒的风险。在我们自己所处的时代，当亨利·福特开始制造第一辆 T 型车时，他正在实施人类有史以来最大的投机行为之一。

对于表面看来毫无希望的事情，人类内心也具有战而胜之的意愿，倘若试图杜绝这种意愿，即使能够杜绝（实际上不可能）我们这样做也是愚蠢之举。或许我们可以勉力而为的是，无论从事何事，都要对如何减少其中蕴含的风险因素获得更多了解。或者换一种说法，**我们需解决的问题是，如何保持恰到好处的冒险精神和试验态度，同时又不至于自我愚弄，将自己变成了傻瓜——这不仅适用于赚钱，也适用于处理政府事务。**

我在前面曾经指出，**一个真正意义上的投机者会观察那些预示未来前景的当前事实，并在未来情况出现之前即采取行动。**他必须像外科医生那样，能够在一团复杂的肉体组织和相互抵触的细节中搜寻出有重要意义的事实。然后，他还得像外科医生那样，必须能够以自己眼前的事实为依据，冷静、思路清晰、技巧娴熟地进行操作。

寻找事实的工作非常困难，之所以如此，是因为在股票市场中，当任何形势的相关事实来到我们面前时，都是透过了一重人类情感的帷幕。**驱动股票价格上涨或下跌的因素，并非没有人情参与的经济力量或不断变化的事件，而是人类对这些发生的事情做出的种种反应。股票投机者或分析者始终要面对一个问题：就像解开盘缠错杂的绳结一样，需要分清哪些是冷冰冰的确凿的事实，哪些是人们面对这些事实时展现出的热烈情感。**

相形之下，没多少事情做起来比这更为棘手。不过，主要障碍还在于能否让我们自己从深陷其中的情感中摆脱出来。

在我认识的人中，有些人能够看穿其他人的行为动机，表现得仿佛是个天眼通，结果对于自己的错误却完全失明。

实际上，我也曾是其中一员。

下面我叙述两个交易实例，说明**一个人专注于他人的错误，有时可以表现得具有多么犀利的洞察力，而当我们观察自身时，看到的景象又像隔着层层雾气变得多么模糊不清。**

* * *

作为喜爱研究人性的人，我总是认为一个优秀的投机者应该在一个人用钱做成何事之前就能说清楚他会做成什么。1906 年 12 月的一天下午，威廉·柯罗克尔（他的父亲是位于加州的中央太平洋铁路的建筑商之一）突然来到我的办公室，这一信念由此得到了一次检验。

柯罗克尔具有迷人的个性。他身姿挺拔，对外表细节总是十分注意，似乎从未见过他有一丝头发凌乱，就是短而尖的连鬓胡子也留得整整齐齐。他口齿稍微有些结巴，我觉得这非常有趣，但他的心中和头脑中没有任何磕绊。他是那种处境不利也不会抛弃客户的银行家。无论形势多么令人担忧，他从未丧失过良好心态，也从未丧失过勇气。

柯罗克尔这次一道带来了内华达州参议员乔治·尼克松。柯罗克尔一向直来直去，谈话一开始便开门见山："尼克松需要 100 万美元，借给他不会有问题。"

尼克松此前买下了组合矿业公司（Combination Mines）的股权，该公司的工作区与他已有的金菲尔德联合矿业公司（Goldfield Consolidated Mines）的工作区相邻，他在买下组合矿业公司股权时承诺分三期付清 2 578 216 美元的股权收购款。首笔 100 万美元的现金账款过三个星期亟须支付。有人知道尼克松财务吃紧，所以金菲尔德联合矿业公司的股价一直在往下走。

经过一番短暂讨论，我同意借给尼克松 100 万美元，期限是一年。他签了一份借据，载明用金菲尔德联合矿业公司股票作为担保。

但这只不过让尼克松克服了第一个困难。在接下来的四个月里，他还得分两次等额付清 1 578 216 美元的余款，要么用现金支付，要么用金菲尔德联合矿业公司股票支付，选择哪种支付方式取决于组合矿业公司的股东。对尼克松来说，最理想的付款安排当然是组合矿业公司的股东接受金菲尔德联合矿业公司股票而不要现金。

我告诉柯罗克尔和尼克松，我有个计划可以让组合矿业公司的股东按照尼克松的意愿行事。我没说明自己心里怎么想，只是给了尼克松一张 100 万美元的保付支票，叫他完全按照我的指示去做。

"你去华尔道夫酒店，在那个咖啡屋找个位子坐下来，"我告诉他，"这时一定会有人问你目前还款情况进展如何。他们知道你缺钱。你把支票从口袋里掏出来，亮给他们看看。然后小心收好，什么也别说。如果有人主动提出买金菲尔德联合矿业公司股票，就说'这事得去问巴鲁克'。"

果然，尼克松在华尔道夫酒店男人咖啡屋刚坐下来，就有人问他财务吃紧的事。他掏出那张保付支票，把自己的角色扮演得很好。对于接下来问到的所有问题，他只是简单地回答一声"去问巴鲁克"，那语气让人听起来好像他所有的负担已从肩上卸了下来。

第二天，尼克松动身前往芝加哥，与组合矿业公司的债权人见面。他还是照我的指示行事，把保付支票背书后交给他们，对于余下的两次付款不置一词。

一位组合矿业公司的股东离开会面房间。很快，纽约场外交易所便出现抛售金菲尔德联合矿业公司股票的大笔卖单。先前我就预计到会有试探股票承接力的这类举动，已下了几笔吃进金菲尔德联合矿业公司股票的买单。股票不但没被打下去，反而坚守在一个点的波动范围内。这表明金菲尔德联合矿业公司股票在市场上很坚挺，此前没几个人会想到有这种可能。

我计划的其余部分也像预计的那样效果很好。100 万美元，加上金菲尔德联合矿业公司股票面对巨量抛售依然坚挺的交易气氛，所产生的心理影响使得组合矿业公司那些股份较多的股东改变了看法，他们要求用金菲尔德联合矿业公司股票而不是现金来支付尼克松剩下的欠款。他们当天就提出这一要求，不想等到后两笔支付到期。

筹资难题顺利解决，尼克松欢天喜地地返回纽约。他给了我 10 万股股票作为奖励，我欣然接受，因为我认为应得这笔报酬。

读者诸君先别忙着喝彩，说我拥有巫师般的奇才，你们应该再听听第二个故事。

我在前面已有描述，说我如何因倾听赫尔曼·西尔肯解释联合铜业公司发起人试图控制铜价的愚蠢之举而变得富有。实质上，整个联合铜业公司事件纯粹是对供求法则有效性的一次考验——即使面对最足智多谋的投机者的操纵也可以考验这一法则的有效性。你很可能想过，在经历这次事件之后，我绝不可能再犯下错误，试图智胜供求法则。然而，下面所述故事正是我后来做的事情。

1902 年，巴西圣保罗州颁布法令，五年内限制咖啡种植规模，这将会严重削减自 1907 年开始的咖啡收成。在咖啡交易方面，谁也不比西尔肯先生更熟悉。据他判断，因存在种植限制，加之天气很可能会非常不利，咖啡价格将会出现相当大的升幅。

1905 年年初，我开始买入咖啡，而且买入量很大。既然我是通过保证金账户买入，每磅咖啡出现几美分的价格上涨原本可以让我赚到一大笔钱。

但是，预计会出现的价格急剧上升并未发生。大自然不再顺从投机者的心意，反而威胁着要在 1902～1906 年实施的种植限制规定产生效果之前一年带来巨大的咖啡收成。

1905 年最后几个月，一年来始终维持在 8 美分左右的咖啡价格开始下跌。巴西政府在惊慌之下咨询了像西尔肯这样的权威后，制订了"稳定价格"计划，准备买入数百万袋咖啡，并让这些咖啡不再流入市场。西尔肯深信政府大量收购将会维持咖啡价格，建议我继续持有。收购咖啡需要融通资金，西尔肯牵线搭桥，为巴西政府拿到了几笔贷款。

但是，咖啡价格继续下跌，每次跌下去一点点，每跌一次我都要付出数千美元的代价。即使看着自己的账户余额逐渐减少、多年成功赚取的钱突然消失，我还是继续持有。

　　我本来应该做的当然是卖出咖啡，当 1906 年咖啡收成将超过预期的形势一明朗，我就该尽快抛出。要是那样做了，肯定会遭受一次损失，但在股票市场，最初的损失通常是最小的。有个最糟糕的错误任何人都可能犯，就是盲目地坚持持有，不肯承认自己已出现判断失误。

　　这一点我也知道，可我非但没有采取明智的行动，反而像任何受到市场压迫的业余投资者那样失去了理性判断力。

　　太多的新手总会卖出已产生利润的东西，为的是保护已发生损失的东西。既然好股票通常而言跌幅最小，或者甚至有可能产生了利润，那么抛出好股票在心理上就很容易接受。手握一只坏股票，有可能已遭受重大损失，心里会想着守住股票好让已造成的损失能补回来。

　　实际上，**我们应该采取的做法是，卖出坏股票并继续持有好股票**。股票价格高是因为它们是好股票，而股票价格低则是因为它们的价值令人怀疑。一般总是如此，很少出现例外。

　　所有这些我先前已通过亲身经历体会过，但我后来又是怎样做的呢？1903 年我买入大量加拿大太平洋铁路股票，股票已有相当大的涨幅，而且我确信还会再涨。然而，我卖出加拿大太平洋，就是为了给咖啡交易筹集更多的保证金！

　　很快，我手头所有的加拿大太平洋铁路股票都不见了，而咖啡价格还在不断下跌。我当时正在美国西部的旧金山市，我现在认为——正是此时我终于清醒过来，意识到自己最好还是卖出咖啡摆脱出来。

　　这次交易咖啡的经历让我亏了七八十万美元。我有几天都因紧张不安而消化不良。损失那么多钱带来的痛苦尚在其次，更让人难受的，是我本来精明敏锐得令人羡慕，现在这个信心却遭到了打击。我狠下决心，对于自己不了解的东西绝不再冒重大风险。

这件事过去之后，我看得很清楚，知道自己在各个方面都做错了。可能看起来奇怪，像赫尔曼·西尔肯这样的人，能清晰地看到其他人试图维持铜价时是多么愚蠢，居然也会在自己最熟悉的商品交易中犯下同样的错误。但事情常常就是这样，我们因渴望实现某个目的而忘乎所以，结果便忽视了实现这一目的的可行性。在这种情形下，关于某件事情你了解得越多——你拥有的内部信息越多，你可能就越发相信自己可以智胜供求法则。

即使是傻瓜都惧怕踏足的地方，专家也会迈步走进去。

* * *

我相信，上面两个故事揭示了不受情感影响而进行寻找事实的工作有多么重要，而且揭示了这有多么困难。通过叙述亲身经历的挫败，我希望其他人可以从我的错误中获得有益的启发。但我又必须坦白，对于我可以给出的任何建议会有多大效果，我还是有些怀疑。

我注意到，其他人犯下的错误常常只会让我们更加急切地想做同样的事情。这或许是因为在每个人心中，不仅燃烧着不满的神圣火花，而且会产生想显示自己比其他玩家技高一筹从而"赢得游戏"的强烈愿望。不管怎样，只有当我们自己也犯下同样的错误时，那些错误的教育意义才会充分显现出来。

由于对建议的有用性深感怀疑，我一直不太乐意阐明关于如何明智投资或投机的"规则"或"行动准则"。不过，有些认识是我从自身经历中慢慢领悟出来的，对于能够进行必要的自我约束的人来说，这些认识或许值得在此列示出来：

（1）不要投机，除非你可以把投机当作一份全职工作。

（2）谨防理发师、美容师、侍应生（实际上要谨防任何人）给你带来"内部"信息或"特别消息"这样的好东西。

（3）在买入某只证券之前，必须先弄清楚一切可以弄清楚的关于这只证券的公司、公司管理和公司竞争对手的情况，以及公司的盈利状况和未来发展前景。

（4）不要企图在底部买入、顶部卖出。谁也不可能做到这一点——除了骗子。

（5）学会如何迅速地接受损失、干净利落地处理损失。不要指望能做到一贯正确。如果已犯下错误，尽可能快速止损。

（6）不要买入太多不同的证券，最好仅持有几只可以持续关注的证券。

（7）定期重新评估所有投资，看看不断变化的情况是否已改变了这些投资的前景。

（8）研究自己的纳税情况，了解何时卖出证券可以获得最大的税收优势。

（9）始终以现金储备的形式保留一部分适量资本。永远不能将所有资金投资出去。

（10）不要试图做个万事通，什么投资都想做，要坚守自己最熟悉的领域。

这些认识主要反映了我的亲身经历教会自己的两大教训——在采取行动之前获得关于某个形势的事实至关重要；获得事实是需持之以恒地努力为之的工作，且需对事实随时保持警惕。

比如，我曾听说关于罗斯柴尔德家族某位成员的故事。他毫无疑问是他那个时代中最具才智的金融家之一；为了保障一个心爱的人的巨额钱款，他决定将其投资于奥地利和德国政府债券，也以高于平价的价格投资于英国康索尔债券和法国朗特公债。多年后，当有人告诉我这个故事时，这笔个人全部财产已大幅缩水，价值仅剩最初的1/5。奥地利和德国政府债券当然是一堆废纸，而其他债券也出现了相当大的贬值。

换句话说，**当我们做出一项投资时，不能想当然地以为这项投资的价值将保持不变**。正如人们的习惯发生变化和出现技术创新会改变一家公司的竞争地位，世界上迄今未开发地区产生的供给新来源也可能会改变一家公司的竞争地位。经常会出现这样的情况：某物的价值会缩水，其原因在于有了某个新发现，如石油和电力的发现之于煤炭的贬值；而另一个新情况，如煤炭在化学方面的新用途之类，会赋予此物新的经济寿命。

实际上，你只能举出几样东西，它们的价值在几个世纪以来抵制住了时间的侵蚀——而且即使在数个世纪中，它们的价值也并非没有波动。在这些东西中，我可以列出像金、银和铜这样的一些矿物，还有宝石、艺术品和生长作物的土地。

即便是这些东西，我们还必须加上"至少迄今为止"这一限制条件。比如，珍珠人工养殖的发展几乎已毁掉了珍珠的旧有价值。至于黄金，有些政府，包括我们国家的政府，已通过立法来确定拥有黄金为非法行为。

一项投资的价值绝不能指望绝对确定、恒定不变，这一事实正是我极力主张每个人需定期重新评估自己投资状况的一个原因。这一事实还说明为何你将资金分布于太多不同的证券并非明智之举。对一项投资要得出明智合理的判断，就需要投入时间和精力，而且跟踪研究影响一只证券价值的各种因素也需要投入时间和精力。虽然对于数只证券你能够了解所有可以了解到的情况，但对于一大批证券，你不可能知道所有你需要知道的信息。

 康索尔债券是英国对永久债券的称谓，即永无到期日、永久支付稳定票息的债券。法国朗特公债也具有永久债券的性质。——译者注

有一句古老的格言——知之较少是一件危险的事情，在投资领域比在其他任何领域都更为有效、更加正确。

在评估单个公司时，应仔细考察三个主要因素。

第一，一家公司的真实资产、手头所持现金占其负债的比例、物质财产价值几何。

第二，一家公司持有的经营业务的特许权，换个说法，就是公司制造某个产品或提供某种服务，人们是否想得到或必须拥有其产品或服务。

我常常认为，在整体经济触底之后，启动经济向上运行的最强力量在于一个简单的事实，即我们所有的人都必须找到生存下去的办法。即使沉入最黑暗的绝望之渊，我们也必须让自己有工作可做、有饭可吃、有衣可穿，这些活动会使经济之轮重新转动起来。如果人们要继续活着，确定他们必须拥有的东西并不是太难的事情。诸如此类的领域，通常会显现出可能在长期里保持价值的一些投资对象。

第三，也是最重要的一点，就是公司管理层的品格和智慧。我宁愿投资善于经营管理而资金较少的公司，也不愿去碰拥有大量资金而管理人员却很糟糕的公司。不善于经营管理的人，即便给他们提供出色的商业建议，他们也会毁了建议。在评价公司未来的增长前景时，管理层的品质显得尤为重要。管理层是否富有创造力？是否足智多谋？是否内心意志坚定要让自己在商业上保持朝气蓬勃的活力？他们是否抱着坐吃等死的态度？

我重申一遍，关于不同公司的这些基本经济事实，必须持续不断地加以检查、再检查。有时，我已犯下错误，但通过及时放弃自己的立场，仍然能够赚到利润，全身退出投资。

比如，1904 年年初，我听说 Soo Line 铁路公司正计划增加小麦运输量，办法是修建一条支线，从明尼苏达州的锡夫里弗福尔斯通向北达科他州的肯梅尔，向西全长大约 300 英里。我请亨利·戴维斯到西部去探究一下 Soo

Line 铁路公司的发展潜力。他从西部一返回，我们就埋头研究地图。从戴维斯带回的信息中，我得出结论认为，会有足量小麦通过这条新开辟的线路运输，因此 Soo Line 铁路公司的盈利将大大提高。

Soo Line 铁路公司股票当时的交易价为 60 或 65 美元，每股派发红利 4 美元，也就是说投资这只股票的收益率超过 6%。Soo Line 铁路公司拓展线路的工作正式启动，但过了不久，华尔街四处传言，拓展的支线要实现财务收入路途遥遥，而且最终能否实现收入还令人生疑。在此之前，我已领悟到，这种闲言碎语经常是有人放出来吓唬人的，以让人们远离出色的投资对象。因此，我又买入了一些 Soo Line 铁路公司的股票。

这时小麦意外迎来特大丰收，Soo Line 铁路公司的营运收入因此大约上升了 50%。这使得 Soo Line 铁路公司的股票飙升至 110 美元，比我开始买入的价格高出了近 2/3。那条拓展的支线甚至还未开通，就发生了这些事。

与此同时，我也另外采取了一些预防措施，以便再次检查关于 Soo Line 铁路延伸段未来前景的事实。我派了另一个人走遍美国西北部以及这些地区与加拿大毗邻的地方，目的就是要彻底弄清楚在各种实际和假想情况下谷物的所有运输路径。他带回多页数据资料，我把资料深入地研究了很长时间。

我得出的结论是，事实将证明 Soo Line 铁路公司延伸段的运营会令人失望，因为多数小麦将被运至五大湖区的最西端，然后由水路运往美国东部地区。既然这一结论与我最初据以进行股票操作的判断完全相反，我便开始卖出股票，大部分都卖给了 Soo Line 铁路公司的内部人。

我及时发现自己出了差错，据此成功地撤出战场，在股票暴跌之前赚了一大笔钱。我想强调一下，这次交易壮举，与其说是通过人们通常认为的属于投机家魔术般娴熟的技法完成的，还不如说是通过出色的调查研究成就的。

＊　＊　＊

在华尔街我以前的公司外面，过去总是有个老年乞丐在那里行乞，我经常给他点儿小钱。在 1929 年股市疯狂飙升期间，有一天他突然叫住我，说："我有个很好的内部消息要告诉你。"

要是乞丐、擦鞋童、理发师和美容师之类的人也能告诉你如何发财，这时你就该提醒自己，再也没有比相信毫无付出却能有所收获更加危险的幻想了。

毋庸置疑，在证券市场欣欣向荣时，内部消息传得最多。令人感到悲哀的是，在市场上升期间，至少会有一段时间无论谁提供的内部消息似乎都很起作用，这只会把人们拉进市场使人们陷得越来越深。

当人们将某些事情错解为内部消息时，出现的后果有时实在令人惊诧莫名。有一年冬天，我和妻子住在纽约的圣雷吉斯宾馆，我们请了很多朋友和亲戚过来吃晚饭。席间，有人喊我去接电话。我在电话中说的话有一部分听起来是这样的："联合煤气公司。对，对。挺好，挺好。对，对。好的。"

几周后，我来到南卡罗来纳州自己的种植园，发现那天晚上去圣雷吉斯宾馆做客的一位迷人的亲戚泪水涟涟。她赔掉了很多钱。

"可是你自己肯定也在联合煤气股票上亏了很多钱。"她抽泣着说。

"在联合煤气股票上亏了很多钱？"我大为吃惊，把她的话重说了一遍。

"是啊，"她说，"我是根据你的推荐买的。哦，你不知道自己当时在向我推荐股票。很抱歉，我一直感到内疚，偷听了你说话。可我听你在电话中说'联合煤气公司，挺好，挺好'后，就忍不住买了。"

其实，原来发生的事情是下面这样的。我怀疑联合煤气公司的股票会下跌，便委托他人替我弄清楚确切事实。这个人把电话打到圣雷吉斯宾馆，实际上是在向我报告有关情况，他调查出的事实证实了我的想法。我说"挺好，挺好"，只是在确认我先前的预期得到了证实。

结果，我已开始卖出这只股票，而那位亲戚却认为这是一条内部消息，买进了股票。

在投机过程中，我们的情感常常会给我们的理性思考能力设置一些陷阱。比如，知道在何时卖出某只股票较之在何时买入，通常会困难得多。人们发现，是赚了钱落袋为安，还是赔了钱接受损失，都同样难做决定。如果某只股票已经上涨，有人预期股票会进一步上扬，便想继续持有。要是某只股票已经下跌，他往往会捂住不放，直到股票出现反身向上好让自己至少可以保持不赚也不赔。

明智合理的行动应该是，在这只股票还在上涨时便卖出，或者，如果你已犯下错误，就立即承认失误，卖出股票接受损失。

有些人在卖出股票后，老想着"要是我那样做就好了"，把自己搞得苦恼不堪。如此表现不但愚蠢可笑，而且会让人意志消沉。任何投机者都不能做到一贯正确。实际上，要是某个投机者在一半时间里做到正确无误，他就已经达到很不错的平均水平了。十次中即便只有三四次正确，但如果对于已出现失误的投资具有快速止损的意识，那么他也能赚到很多钱。

我在年纪较轻的时候，听到一个人（不记得此人是谁）说："卖出一部分股票，直到能睡着。"这实在是难能可贵的智慧之语，仿佛一束纯净光线宁静地照亮担忧者的心头。我们忧心忡忡，那是因为潜意识在给我们不断发送警告信息。最智慧的做法就是卖出股票直到不再为股票忧心为止。

实际上，**我发现，定期将自己持有的多数股票转为现金并抽身离开市场休整一段时间，是非常明智的。没有任何将军会让自己的军队始终战斗不止，也没有任何将军会将部队全部投入战斗，而不留下一部分作为后备力量。我**年轻时最初所做的与此背道而驰，因而在遭到一些挫败之后便尽力做到在任何一次投机中都绝不能达到非自己能力所能及的地步——不能达到只要出现判断错误自己的财力便不堪承受的程度。由于保持大笔现金储备，我还可以在未预料到的机会展露之时，充分利用这些机会。

有些人还有另一种幻想，以为自己无所不能——买卖股票、涉足房地产、经营企业、从事政治活动全都同时能做。根据我自己的经历，没几个人可以同时做一件以上的事情——而且还都能做好。在任何领域内，一个娴熟的操作者会获得一种近乎本能的"感觉"，这种"感觉"能让他意识到很多东西，对于自己意识到的东西他甚至都无法解释。有几次我进行投机交易，比如投机咖啡，就因缺乏这种"感觉"，做得不尽如人意。

投机要取得成功，需要很多专门知识，就像在法律、医学或其他任何职业想获得成功需要很多专业知识一样。恐怕任何人压根儿也不会想到不经过前期训练或前期准备，便开设一家百货公司去与梅西百货（Macy's）或金宝百货（Gimbel's）进行竞争，也根本不会想到生产汽车去与福特公司或通用汽车公司展开竞争。然而，不会想到这些事的人会兴致勃勃地轻易把自己的积蓄扔进证券市场，而证券市场就像梅西百货和福特汽车在各自行业内那样是由专家占主导地位的。

那么，积蓄不太多的人，只是想让自己的积蓄获得公允收益，又不能全职研究投资，该怎么办呢？对于这类人，我的建议是，想办法找到某个值得信托的投资顾问。无利害关系且小心谨慎的投资分析师作为一个新生职业群体的出现，是半个世纪以来发生的较有建设意义也较为健康的新发展之一，这些投资分析师并不效忠于哪家公司，也不与哪家公司结成联盟，他们的工作只是依据某只证券自身的品质判断其优劣。

我初入华尔街时，人们得自己做自己的分析师。对于衡量证券价值需要了解的相关信息，也没什么证券交易委员会来要求披露。那个时候，保守秘密是通行的行事规则。过去流传过很多故事，说金融巨头如何不爱说话、不愿与人交流。有一家公司的头儿把自己公司的业务解释为"做加法、做除法、保持沉默"。有个故事说的是詹姆斯·斯蒂尔曼，常常有人提起他。他刚从欧洲回国，偶然碰到摩根的一位合伙人乔治·伯金斯。伯金斯说："我看见你回来了。"

斯蒂尔曼默不作声，伯金斯加上一句："哦，你不必证实我的说法。"

纽约证券交易所进行了长期而艰苦的斗争，力图使上市公司向股东发布更多有关公司事务的信息，斗争取得了成功。可是，在19世纪90年代和20世纪初，纽约证券交易所在这方面并未取得多少成就。交易所最初还得拿股票上市有什么好处来说服公司上市。只是在这种努力成功之后，交易所才能采取下一步骤，促使更多的信息向公众披露。

今昔对比，如果说有什么显著不同，就是现在可以获得的信息太多了。投资者需解决的问题，与其说是挖掘信息，还不说已变成如何将不相关的细节从核心事实中区分开来，并确定核心事实的意义何在。现在比以往任何时候都更需要明智合理的判断。

不过，由于存在一些影响因素，如今判断股票的价值比世纪之交时更加困难。其中有两个重要影响因素，即战争无时不在的威胁和持续存在的通货膨胀（通胀）问题。

这两个威胁因素（战争和通胀）造成的影响值得深入细致地加以研究，因为它们充分说明了驱使人们投资股票的动机相互冲突。有些人对某家企业的未来抱有希望和信心而去投资企业股票，而另外有些人之所以投资股票，则是因为惧怕自己的资本经历通货膨胀后会丧失价值。自第二次世界大战以来，股票市场多年的表现非同寻常，也令人困惑，主要原因就在于这两种动机同时都极为活跃。

很多工商企业的价值已有巨大增长，与此同时，我们也已感到如此长时间内拥有巨大影响力的政府通胀政策所产生的累积性效应。至少截至本书写作时，通货膨胀还未得到遏止。

* * *

1955 年冬季，股票价格开始普遍上扬，涨势惊人。很快，股市便触发一片惊慌，人们顿时担心 1929 年的情形即将重现，一波不健康的股市繁荣之后将接踵而来另一场灾难性崩盘。

参议院银行业货币委员会下令进行有关调查，经过数月的听证和研究，发布了调查报告。然而，等报告出来时，股市已恢复平静，委员会的调查几乎已完全被人忘却。

将来还会出现类似的短期投机风潮及相关调查。如果这些情形突然出现，最好记住以下两点。

首先，股票市场并不决定我们整体经济的运行状况。我想，主要是由于 1929 年出现的股市大崩盘，人们逐渐有了越来越深的印象，以为股票市场是导致经济繁荣与凋敝的根源。实际上，纽约证券交易所只不过是一个股票买家和卖家在此汇聚的交易场所。股票市场所做的一切，就是记录这些买家和卖家对工商业当前状况以及未来形势所做的判断。

简而言之，股票市场是体温计，而不是发不发热的身体状况。假如国家正在遭受通胀的不良影响，或者因政府信用削弱而遭遇困难，这些情况产生的效应就会在股票市场上显现出来，但问题的根源并不在于股票市场本身。

我重申一遍，将体温计与发热症状区分开来至关重要。如果体温计失灵，我们就会面临一种问题，但是，如果体温计表现不正常是由于股票市场正在记录（过于准确地记录）经济的种种困难和弊端，那么我们面临的就是截然不同的问题。

正巧证券投资界发生了若干结构性变化，这些变化值得进行细致研究。比如，投资信托和共同基金的发展引人注目，免税的养老基金和各类基金会也发展迅速。像寿险公司和储蓄银行这样的一些机构，随着规范其资产持有的法律发生变化，现在已经可以购买股票了。

由于存在资本利得税，很多投资者不愿卖掉自己持有的证券。很多行业的工厂扩建，都是通过自身盈利和税收减免所得进行融资，而不是通过外部资本提供资金。这些变化以及其他变化对股票市场的运行已产生多大影响，尚未得到真正全面的研究。

每种形式的税收豁免可能产生的所有后果，都应该重新加以审视。现在的税率如此之高，以至于商业决策越来越取决于公司或个人的纳税状况。这使得税收豁免对经济的影响比以往任何时候都更加广泛。

对这些新情况中可能出现的违法违规之举固然需要加以防范，但其必要性不应该与对整个经济更重要的政策问题混为一谈。如果我们的总体经济政策和国家防御明智合理、坚实可靠，那么股票市场自然会做出适应性调整，因此我们也就不必担忧股票市场可能会发生崩盘。如果我们不维护国家安全和国家信用，那么无论是何物都不可能具有持久价值。

第二个需加以防范的幻想是，认为通过监管人们可以得到保护从而免遭投机性损失。我并不反对在任何必要的方面对股票市场进行监管。在第一次世界大战之前，我任纽约证券交易所理事，总是力争施行更为严格的自律。在1929年股市大崩盘之后，因为各种舞弊行为逐渐显现，我又支持对股票市场加强监管。

无论何时，只要可能，都应该铲除违背诚信获取不义之财的人，而且我们甚至还可以努力做到保护弱者免受强者的欺凌，但任何法律也不能保护一个人免受自己所犯错误带来的伤害。在股票市场中，投机之所以会损失金钱，主要原因不在于华尔街不守诚信，而在于很多人坚持认为，不用辛勤付出也能赚取金钱，而证券交易所是可以产生这种奇迹的地方。

在对投机进行监管的过程中，我们实际上是在监管人性。当禁酒法令开始实施时，我表示支持，但不久便认识到还是存在一些限制性因素，在这些限制之外，我们无法成功地做到监管人性。只要一个人相信自己能够战胜规则以智胜其他对手，他就迟早会试图行动。

如果政府真正下定决心要保护大众的工作所得，应该从保护家庭的货币购买力开始做起。第二次世界大战期间，数以百万计的家庭接受劝告，投资美国储蓄债券，将之视为一种爱国行为。这些人现在已看到自己储蓄的价值因美元购买力下降而遭到大幅削减，而其他人没有理会那些爱国呼吁，倒是获得了好处。无论哪家在纽约证券交易所上市的公司，倘若曾参与同样的爱国金融交易，公司的董事一定会面临证券交易委员会的起诉。

| 第 20 章 |

世 外 仙 园

在这忙忙碌碌、充满令人分心之事的时代，我们所有人都需要不时地放下手头的事情，检视一番匆忙的世界和繁忙的自身事务正在将我们带往何处。即便坐在公园长椅上用一两个小时以冷静客观的态度沉思一下这个问题，也会很有意义。

像定期盘点存货一样，时常如此进行思考，是非常重要的，这是我投机生涯早期的诸多经历让我领会的最有价值的教训之一。我在前文中已有提及，每次在完成重大交易之后，我总会放松自己，抽身离开华尔街，到某个安静的地方，好让自己能够回顾所做的一切。如果交易赔了钱，我便想着要确保自己不再犯同样的错误；如果交易获得成功，离开嘀嘀嗒嗒快速转动的股票自动报价机会有助于我的头脑保持清醒，也有助于我恢复精力，我可以身心通泰地投入将来的行动。

既然已养成这个习惯，我自然便抓住了 1905 年巧遇的一个机会，在老家南卡罗来纳州买下一处宛若香格里拉的地方——著名的赫伯考男爵领地。这里有沙滩，有曾经是在美国打野鸭最理想的盐沼，有鱼类丰富的四条河和一条海湾，有一片片几近原始的大森林，但没有电话线。

多年里，只有从大约相隔 3 英里的乔治城通过水路才能进入我这处

17 000 英亩的种植园。1935 年，乔治城与北卡罗来纳州的威尔明顿之间建了一条带桥的公路，从此到赫伯考就容易了。但即便是这个时候，我还是让赫伯考保持遗世独立的状态。邮件和电报每天两次从乔治城送到赫伯考，这是我想要的自己和客人与外界的所有通信联系。

在进入公共事务领域后，我发现，拥有一片可以寻求庇护的宁静宜人之地，与自己在华尔街那些岁月里拥有它一样，非常有价值。尤其在第二次世界大战期间，我常常极力劝说难题缠身、劳累过度的华府官员，让他们暂时离开弥漫首都的激烈争斗的郁闷氛围。很多官员一心致力于赢得战争，睡觉时都会把铅笔和便签本放在身旁，吃完早餐不等擦去留在嘴边的蛋渍便急忙奔到各自的办公室。他们参加一个又一个会议，努力处理一个又一个危机，从来得不到思考的机会。

1945 年年底，时任陆军参谋长的乔治·马歇尔将军在赫伯考度周末，我对他说起，政府高层官员能越过眼前的种种压力，看到远处逐渐逼近的问题，该有多么重要。他使劲地点头表示赞同，并告诉我："战争初期，我命令被派到我参谋部的每一位军官每周离开华盛顿一两天。我可不想让疲惫不堪的头脑做出影响数百万士兵生命的决策。"

即使是富兰克林·罗斯福，面对难以承受的战争责任也会负担过重，体会到谁也不能忙得都不休息一下的感觉。1944 年 4 月，他旅行到赫伯考，最初打算待两个星期，最后却待了整整一个月。

据说，赫伯考在印第安语中是"两水之间"的意思。我的种植园叫赫伯考，是因为它包括一片位于沃卡莫河与大西洋之间的狭长地带。南卡罗来纳州的这片土地附近有波利斯岛，从我（大约 8 岁时）去见住在岛上的姨奶奶萨姆松那一天开始，它就深深地迷住了我。

我们先从卡姆登镇到查尔斯顿市，再乘坐艉外明轮船路易萨号北上乔治城。这是我第一次坐海船，当时又是狂风暴雨的天气！我的老保姆米纳娃跪求上帝立即带她上天堂。从这一天起，海洋的残暴和恐怖就驻留在了我心里。

我们从乔治城去姨奶奶家所在的 Pawleys 岛。正是在这个时候我认识了她的儿子纳特，他成了我童年时代的一个偶像。他是一艘在沿海活动的小船的船长，那艘船叫 Banshee——听起来很像海盗船的名字。他给我讲在大约 10 英里远的沃卡莫地带⊖发现火鸡、野鹿和野鸭的故事，故事精彩动人，我听得津津有味。我后来听说沃卡莫地带正在出售，这些记忆中的往事又浮上心头。

赫伯考历史丰富。它最初是英国国王乔治二世授予罗德·卡特雷特（Lord Carteret）男爵的领地，甚至在英国人将其变成殖民地之前，据说西班牙人曾在这里试图开拓居住地。英国殖民时期，从北卡罗来纳州的威尔明顿到南卡罗来纳州的查尔斯顿，沿海道路就经过赫伯考。经过赫伯考的这条路现在只是一条穿过丛林的小路，不过，至今仍然叫国王驰道（King's Highway）。

这些历史细节让罗斯福总统感到很有意思。得知赫伯考曾是威廉·艾尔斯顿（William Alston）拥有的土地，罗斯福总统大为惊奇（艾尔斯顿的儿子约瑟夫曾任南卡罗来纳州州长，娶了亚伦·布尔的女儿西奥多西亚）。有一天，我带罗斯福总统到 Winyah 海湾赫伯考的树林边，指给他看独立战争时期英国人所筑要塞的废墟。要塞废墟周围全是杂草丛生的英国士兵坟墓。我一直不允许开掘这些坟墓。

罗斯福总统听说自己是第二位来访赫伯考的总统也感到非常吃惊。格罗弗·克利夫兰是第一位到访的总统，而且为了表示对他的崇敬之意，有一处最好的打猎点就叫作"总统猎台"。总统猎台何以得名也是我最喜欢讲的一个故事。

⊖ 沃卡莫地带（Waccamaw Neck）就是指那块位于西边的沃卡莫河与东边的大西洋之间的狭长地带，走向由西南向东北，在东北方向与北美大陆接壤，在西南角有与大西洋相接的 Winyah 海湾。——译者注

这个故事是索内·凯因斯告诉我的，他是个精通打野鸭的猎手，当时给克利夫兰总统当向导。索内过去常说，他先划船带总统到沼泽地，用一棵矮棕榈树把小船藏起来，再按顺序摆好引诱鸭群的假鸭。然后，他护送总统到猎台。要到达猎台，必须走过小溪岸边一块淤积的泥地。

走在这样的淤泥里还真需要点儿技巧。你得轻轻地踩下去，得快速抬脚，这样就不会陷得太深。克利夫兰总统的体重达 250 余磅，可以想见接下来有多么不易。

索内正借力给克利夫兰总统以帮助他支撑庞大的身躯，这时总统的手臂突然从索内肩上滑脱，整个身体要陷入泥泞的沼泽。一想到美国总统陷进泥沼弄得满身泥污，索内立时爆发出超人般的能量。要稳稳地抱住总统圆滚滚的身体并非易事，但索内还是抱住了，奋力举起总统。

总统的齐腰长靴还陷在泥里，不过他本人倒是被高高举起，穿着袜子的双脚没被弄湿。这时索内几乎已深陷淤泥之中。他设法把自己拔出淤泥，拉着总统的手回到小船边，两人全身沾满了淤泥。洗好身子，他们换上干衣服，然后用索内老练的话来说又都"服了药"。

服下几颗硬邦邦的药粒，克利夫兰总统哈哈大笑，笑得浑身打战。索内说看到总统没事，自己一生中从未感到如此宽慰。索内在讲述故事时，脸上从没绽放出一丝笑容。对他来说，这始终是一件极其严肃的事情。

当时正值战时，罗斯福总统到访赫伯考的事被遮掩得很严实——至少一开始是这样的。他在复活节那个星期日正午到达，为了下车时不为人知，专列停靠在乔治城北郊。为避免穿过乔治城，特勤局驾车经一条僻静小路到赫伯考。车队在经过大门开进我的种植园时，一个家住种植园的黑人男孩一眼瞥见披着斗篷的罗斯福总统。"哇！"男孩惊呼道，"总统！"

但我这位到访客人的身份在乔治城并未保密多久。甚至在人们看到总统坐进敞篷车之前，城里很多人已在猜测出了什么大事，因为所有公路上都突然出现了一队队身穿迷彩服的海军陆战队士兵，还有 3 名白宫通信员在当地宾馆登记入住。总统专列也停在城里铁路的旁轨上。既然我不允许任何电话线架设到赫伯考，装备了一部电话的总统专列便作为与华府联系的通信中心。

当然，我的客人的身份也让大约 60 英里之外的查尔斯顿《新闻和信使报》知道了。该报主编是现已故去的威廉·波尔（William Ball）。波尔强烈仇视罗斯福总统推行的新政，极尽运用语言之能事，明确表达自己的反对立场。总统每天从早餐托盘中会拿到多份报纸，《新闻和信使报》是其中之一。总统到达赫伯考后不久，猛烈抨击他的社论开始每天在这家报纸上刊出。

看到总统对此颇为生气，我便去找波尔，告诉他我认为在总统逗留期间应该停止刊发此类社论。我跟他解释说，我的看法与他自由表达意见的权利无关，但这样对待在南卡罗来纳州做客的人并非什么优雅的做法。

尽管出现了这么一件令人心烦的事，总统待在这里还是很享受，甚至都乐不思蜀了。他来赫伯考时非常疲累，还患有感冒，但离开时已晒得黝黑，身体更加健康，据他的贴身医生海军上将罗斯·麦金泰尔（Ross McIntier）告诉我，他的健康状况在多年里都没这么好过。

4 月很可能是赫伯考最美的时候。房子周围所有的路上，盛开着杜鹃花，灌木丛的绿叶掩映在一簇簇红色、浅紫色、粉红色和白色的繁花之中。不过很遗憾，4 月不是钓鱼的好时节。为了找到让总统钓鱼的可能运气最好的地方，我提前叫人勘遍所有小溪和水湾。最后，我得知在城里经营一家大商店的拉尔夫·福特知道几英里远的大西洋上有一处绝佳的钓鱼点。他带总统去了。那里有只沉船的残骸，每当总统坐的船绕着那只沉船转圈，海里的鱼总会咬钩。

总统极力劝说我与他一起出海钓鱼，但我知道他一直以来多少有点儿喜欢恶作剧式的玩笑。我曾对他来自宾州的军事助手沃森将军说："他平时就知道我很容易晕船，可他还是要我出海，如果真去了，他肯定会命令船长把船开到最凶险的海面。"

总统在赫伯考期间处理了大量公务。有一天，他给我看一份空军报告，报告声称已击毁大批日本战机。"你数得过来吗？"他不无怀疑地问道，"如果报告属实，日本人现在不可能剩下很多战机了。"当然，在日本宣布投降日之后，我们得知日本空军那时的确几乎遭到全歼。

总统暂住赫伯考期间，海军部长弗兰克·诺克斯（Frank Knox）去世了。有一天吃午饭时，聊天话题转到谁是诺克斯的继任人选。有人提及后来受到任命的詹姆斯·佛勒斯托（James Forestal），总统说："他来自纽约州，而我们已经有3位内阁成员来自纽约州。伯尼，你不觉得太多了吗？"

"这人从哪儿来有什么影响？"我回答说，"我们现在是战时。人们身处战争之中，希望你任命最合适的人选。你得选用最了解情况的人，不能让谁从一无所知做起。"

很多重要人物来过赫伯考与总统一起开会。我听说某个VIP要到了，便去华盛顿或纽约，过几天再回来。我想让总统感到赫伯考仿佛就是他自己的家，他不必非得忍受我陪伴左右。有一天，我刚回来，我的男仆威廉·雷西激动地告诉我："您知道今天谁在这儿？马克·克拉克（Mark Clark）将军从意大利专程赶来了。"

虽然处理了很多公务，但总统在赫伯考比此前任何类似期间得到的休息都要多。我在房子的底层给他安排了有两个房间的套房，他住的地方可以与房子其他部分完全隔绝。他每天睡10～12个小时。到了下午，他会坐车去我女儿贝尔住的地方喝杯酒。晚上，他常玩单人纸牌。有一次，威廉·莱希（William E. Leahy）海军上将正等着与他探讨一些用电报送来的报告，总统偏要指示给我看他知道的可有很多变化的牌形。这一局他有两种打法我从未见过。

其他晚上，我和沃森将军、麦金泰尔海军上将、我的护士布兰茜·希金斯总会在起居室里玩金罗美纸牌。总统会自己转动轮椅进来，然后身体侧向一旁口授信函。他一边口述，一边竖起耳朵听大家随牌局的进展开着谁会赢谁会输的玩笑。总统时不时地随我们一起开怀大笑。

＊　＊　＊

罗斯福总统下榻的房子并非赫伯考最初的那座庄园大宅。当初的房子是非常宽大的木结构建筑，1929 年我们在举行一年一度的圣诞节聚会时被一场大火烧毁。当时，妻子和 3 个孩子与我在一起，还有迪克·莱登和内华达州参议员盖伊·皮特曼（Key Pittman）。

我们设法从火中抢出一些珍贵的东西，但毫无办法阻止火势蔓延整个房子。我们站在屋前的草坪上，看着熊熊升腾的烈焰，皮特曼参议员突然大声惊叫："天哪，伯尼！你有一桶上好的玉米酒留在地下室，要是火烧着了，会像炸弹一样爆炸。"

皮特曼参议员是担心有爆炸的危险，还是担心可能失去优质玉米酒，我不知道，但他和迪克·莱登把湿手帕系在脸上，冲进地下室，出来时面前滚着那桶酒。

第二年，我重建了这座房子。为杜绝再发生一场火灾的威胁，新房子全由钢筋混凝土和红色砖块建成，不过建筑风格是乔治王殖民地时期的。我们可以提供 10 间卧室，每间卧室都有独立浴室，还有独立壁炉，尽管整个房子有中央供热系统。

房子建在一处斜坡上，周围的环境就像公园，有木兰树、长满苔藓的橡树、少见的香樟树以及一丛丛山茶和杜鹃。有一天，银行家奥托·卡恩从房子里走出来，看见西班牙苔藓像披肩一样悬挂在一棵棵树上，不禁大声惊呼："我第一次真正明白，南方人对南方的感觉为什么就是不一样。"另一位客人，纽约《世界报》的发行人拉尔夫·普利策（Ralph Pulitzer），有一次突发灵感，写了一首关于赫伯考的诗。⊖尽管这首诗在我的文件夹中，但我还是要克制住自己，不在报章上刊登出来。

房子正面的门廊上立着 6 根两层高的柱子，如茵的草地从门廊一直缓缓地斜伸向 Winyah 海湾的水流中，桑皮特河、布莱克河、沃卡莫河和皮迪河这 4 条河流进 Winyah 海湾。正是沿着这几条河的两岸，曾种植过水稻，而这些水稻湿地后面较高的地方便种植有棉花。17 000 英亩的赫伯考土地一度有近 1/4 的面积专门用于种植这两种作物，但现在种植面积已不足 100 英亩。

从房子到乔治城公路开车需 4.5 小时，沿途全在种植园的地面上。顺着这条路，你会穿过一片怪异恐怖的大森林沼泽地，一个个形状古怪的"膝盖"从水中兀立突出。沿路也有大片大片的红松和天然森林，其中很多林木直到第二次世界大战时才被砍伐，因为战时生产局呼吁砍伐木材以缓解短缺之急。沿着这条路，还会穿过遗留下来的古老的黑人村落。我的种植园里曾经有 4 个独立的黑人村庄，但随着水稻和棉花种植逐渐废弃，几个村子就开始散了。等罗斯福总统来探访我们时，只剩下一个村子，这个村子后来也消失了。

我们通常在感恩节前后开放赫伯考，一直开放到 4 月，只有极少的时候会迟至 5 月。圣诞节那一周基本上总是全家团聚的时候。我们买下赫伯考后最初的数年里，多数来访客人当然都是我在华尔街认识的工商人士或朋友。后来，客人中有了政治人物和报业人士、武装部队的一些将官、作家、演员、戏剧制作人、教育家以及其他人。

有一回，马里兰州的几个政治头面人物过来度周末，其中包括已故的时任州长艾尔伯特·莱齐（Albert C. Ritchie）。我记得，当时热议的话题是谁有可能带领马里兰代表团参加民主党全国代表大会。时任布恩斯伯勒《太阳报》

⊖ 1926 年，在一次赫伯考聚会上，普利策为巴鲁克献上了一首诗：股市显果敢，农艺慨而慷；能干又善攒，经济兴国邦。——译者注

首席政论家的弗兰克·肯特（Frank Kent），背对熊熊燃烧的壁炉站着，铿锵有力地发表自己的看法。屋内每个人都颔首而笑，这种气氛鼓励着弗兰克更为热情地伸张自己的观点。弗兰克倏地跳离壁炉边，猛回头看了一眼。原来，在他畅所欲言的过程中，火烧着了裤子！

我想起另一个没那么激烈的政治讨论，讨论涉及为民主党筹集经费的问题。有位客人引证来自肯塔基州的已故参议员奥里·詹姆斯（Ollie James）的话来主张自己的观点（奥里有个习惯，谈话时喜欢使用赛马术语以增添趣味）。有人建议奥里尽量利用某个人筹集资金，他从鼻子里哼了一声，说："要是那样，我就是浪费时间。那家伙是分组赛中比同时到达终点的成绩还要接近的一匹马。"

温斯顿·丘吉尔和女儿戴安娜 1932 年来赫伯考做短暂逗留。他们此前一直在百慕大度假，戴安娜在百慕大学会 Calypso 早期唱过一首歌，在赫伯考反复哼唱着那个曲调。赫伯考当时的天气很糟糕。我邀请来很多有影响力的乔治城市民和其他南卡罗来纳州的著名人士。在后来的数年中，丘吉尔先生好几次向我问起在此认识的一些人。他已忘了他们叫什么名字，但总是问些"那个秃头小店主怎么样了"之类的问题。

非常遗憾，赫伯考的客人登记簿丢失了。不过，我还能想起另外一些客人：我哥哈迪的朋友杰克·伦敦、艾德娜·费博、蒂姆斯·泰勒、富兰克林·亚当斯、著名赛马训练师迈克斯·赫什、罗伯特·谢伍德、哈里·霍普金斯、鲍勃·卢瓦克、赫达·郝博、韦斯特布鲁克·佩格勒、海伍德·布劳恩。我问布劳恩是否打算跟我们一道去打野鸭，他幽默地反驳说："我躺在床上做梦时打野鸭。"摩纳哥亲王，现任王子雷尼尔（Rainier）的祖父，在赫伯考花了好几天追猎珍稀蝴蝶和不常见的鸟儿。

奥马尔·布莱德雷将军（Omar Bradley）尤其擅长射击。空军将军豪埃特·万登伯格和斯图沃特·斯明顿（Stuart Symington）南下到赫伯考时，我们在一起多次长谈空中力量的话题。1953 年年初，参议员罗伯特·塔夫特（Robert A. Taft）和哈里·拜尔德（Harry F. Bryd）在此度过了一个周末，或打猎，或畅谈政治。他们彼此极为尊重对方；我有时暗自思忖，倘若塔夫特没有突然被癌症击倒，我们国家的政治可能会发生什么样的转变。

其他朋友都是常客，几乎一年来一次，如《圣路易斯邮报》已故出版人约瑟夫·普利策、斯克里普斯霍华德报团（Scripps-Howard newspapers）的罗伊·霍华德和沃克尔·斯通、阿瑟·克罗克、戴维·斯诺夫、克莱尔·卢斯和亨利·卢斯、赫伯特·斯沃普，以及已故的约翰·汉考克和休伍·约翰逊将军。

当戏剧界人士如沃尔特·休斯敦、约翰·高尔登、迈克斯·高登或比利·罗斯等人来访时，我们常去黑人村庄走走。如果赶上星期六晚上，就在谷仓里举行舞会。要是星期天，我们可能会在刷了石灰的小教堂里做礼拜。

每年新年那一天，我们总会举办一场逐猎野鹿的大赛，南卡罗来纳州州长会过来主持仪式，比赛还引来体育界各类名人。这种赛会早在理查德·曼宁任州长期间便开始举办，持续了很多年。然而，我不喜欢猎杀野鹿，我的几个孩子也不喜欢，他们拒绝对野鹿扣动扳机。如今，赫伯考算得上非官方野鹿保护区。在这里坐马车走不远，你就会碰到野鹿几乎在你的马鼻子跟前跃过林间小路。

我曾到苏格兰、捷克斯洛伐克和加拿大打过猎，但在这些旅行中，我从未碰上一个地方可以与全盛时期的赫伯考相媲美，赫伯考的猎物数量庞大，品种繁多。我们的海湾和河流有大量的鳕鱼、鲻鱼、比目鱼、羊头鲷、牙鳕、蓝鱼和西鲱。在水道蜿蜒的稻田里，有很多鳟鱼；在沼泽中，有牡蛎、蛤蜊、螃蟹、水龟和大虾。

树林和田野里随处可见丘鹬、滨鹬、鹌鹑和火鸡。火鸡的数量一度众多，我经常不得不停下双轮小马车，好让大群的火鸡跑过小路。我尽力保护火鸡，不让数量日益增多的狐狸、袋貂、浣熊和野猪侵袭火鸡的窝穴，但未取得多大成效。野猪是被带到树林中的驯养猪的后代，要是受到骚扰，有时会极其危险。

我拥有这处地方的最初数年里，我们还逮到过野猫和水獭；也有几只野熊，但很久前就不见踪迹了。

* * *

最为重要的是，赫伯考过去以野鸭繁多而闻名。稻田是野鸭最理想的聚食地，20世纪早些时候，南卡罗来纳州沿海地带依然在种植水稻，我相信整个美国没有哪个地方比赫伯考更适合打野鸭了。南卡罗来纳州放弃水稻种植后，野鸭开始从赫伯考的盐沼里难觅踪影了。野鸭消失还有一个原因，它们在加拿大的孵育地受到侵袭，每年多达数百万只野鸭蛋被人拿走卖给了面包房。

赫伯考野鸭极多，导致大量偷猎，偷猎的事情几乎要了我的命。我买下赫伯考时，盐沼土地已租给费城的一家运动员俱乐部。这家持枪俱乐部此前一直与索内·凯因斯的几个兄弟因偷猎问题争执不断。凯因斯家族几代人都生活在赫伯考或附近，他们模模糊糊地声称拥有一些产权。

一天，波尔·凯因斯和兄弟哈克斯·凯因斯驾着一只小帆船到这家俱乐部一个会员正在打猎的地方。他们俩坐在船上，膝上摆着双筒前装式长枪，咒骂这个北方人，告诉他自己认为北方佬都是些什么东西。

我接下种植园后，凯因斯家的两个兄弟鲍勃和普拉蒂来给我当打猎向导。波尔和哈克斯继续偷猎。一天上午，我发现，哈克斯在我的地面上，离我站着的地方不到半英里。我逮住他，这时他已偷猎了166只野鸭。我当面严厉地指证他偷猎，不过最后还是问他是否愿意为我工作而不是在我这里偷猎。

但我始终无法让波尔不再偷猎。无论是威胁还是劝导，他软硬不吃。为了让他确信我是当真的，我做了一切可能做到的事情，在仁至义尽之后，他和另外一个偷猎者被拘捕起来，让他们坐了 9 个月牢。波尔待在监狱期间，我的律师照看他的妻子和几个孩子，但他被释放后，经常过来找麻烦。

一天，哈克斯和我正从"总统猎台"打野鸭往回走，他突然惊慌地对我说："伯尼先生，波尔在岸上。你最好小心点儿。"

哈克斯开始调转船头。我叫他再调回头，直接向岸边划过去，他照做了。我一边从船里爬上岸，波尔一边朝我破口大骂，发誓要把我的灵魂送进地狱。他把枪瞄着我。

我现在仿佛还看见那两根长筒。我当时觉得，自己跳进长筒中，都不会碰到筒壁。我吓得不知所措，只是机械地朝波尔走过去，问他是否清楚自己在干什么。

正在此时，我的一位雇员，吉姆·鲍威尔上尉跑过来，手上提着一只大大的六发手枪。我尽可能镇静地说："吉姆上尉过来了。"波尔转了一下身。我迅速抓住那两根长筒，把枪口推向天空。

这件事之后，偷猎的麻烦渐渐少了。吉姆成了我的总管，他身高 6 英尺 4 英寸，骨骼粗壮，无所畏惧。

仅仅因为偷猎野鸭，就把一个人投入监狱，这件事过去一直令我不安。野鸭本身并不重要，但我知道，要是波尔射杀野鸭，其他每个人也会的，我这里很快就会变成偷猎者云集的地方。不但偷猎者不会尊重我，其他任何人也不会尊重我。正如我父亲告诉我曼内斯·鲍姆的故事时所说的——如果你接受侮辱，在南卡罗来纳州就算完了。

我感到欣慰，自己不必使用这样的激烈措施对待哈克斯。哈克斯要说件事情，寥寥数语透着极强的幽默感。比如，当我为没射中一只野鸭而说出某个借口时，他会发表意见说："嗯，有个拙劣的借口总比没有好。"

再比如，禁酒时代早期，我在赫伯考接待过4位参议员客人——阿肯色州的乔·罗宾逊（Joe Robinson）、密苏里州的帕特·哈里森（Pat Harrison）、内华达州的凯伊·皮特曼和肯塔基州的斯坦利（A. O. Stanley）。我们一上午玩得很开心，坐上四轮平板马车正准备回家，这时我对我们的向导说："哈克斯，你知道这几位先生是在华盛顿制定法律的参议员吗？"

哈克斯的身子靠着马车的前轮，问道："他们真的是在华盛顿制定法律的先生？"

"对呀，哈克斯。"我回答他。

"嗯，"哈克斯说，"如果他们对其他事情不比对威士忌和野鸭了解得多，这个国家就死定了。"

哈克斯衷心拥护科尔·布里兹（Cole Blease），布里兹当时任南卡罗来纳州州长，后来做了参议员。布里兹自封为捍卫"平头百姓"权利的斗士。哈克斯始终无法明白自己崇拜的人为何对我强烈不满。布里兹每次来乔治城时，哈克斯总会为此找他辩个水落石出。不过，在哈克斯看来，布里兹谴责我只是布里兹唯一的缺陷。

"当别人讲话时，"哈克斯有一次告诉我，"大伙儿都鼓掌，可是，布里兹讲话时，人们会山呼哈利路亚⊖。人们听说他要发表讲话，你挤都挤不进那个地方。当万能的上帝和耶稣基督要造一个完美的人时，他们造出了科尔·布里兹。"

哈克斯还跟我讲过另外一位参议员的故事，这个人也来自南卡罗来纳州，投票赞成禁酒，但他还是个贪杯之人。哈克斯欣赏宪法第十八修正案，原因仅仅在于该修正案为他提供了非法私酿、销售酒类从而增加个人收入的机会。这位参议员就禁酒令发表了十分精彩的演讲。哈克斯为之倾倒，不由得起身

⊖ 哈利路亚，表示感谢、快乐或赞美上帝的感叹语。——译者注

问道："参议员，你讲得很好，可你究竟站在哪一边？"

哈克斯可以用嘴巴或口哨呼唤野鸭，学得惟妙惟肖，不管是猎手还是野鸭都无法辨出是否是真野鸭在叫唤。在这方面，只有我儿子伯纳德可以接近他的水平。我问哈克斯学野鸭叫学得那么出色有什么诀窍，他说："伯尼先生，这件事像其他所有的事一样，通过实践，慢慢就知道了。"

在早期岁月里，我们打野鸭的队伍在清晨 4 点或 4 点半就要动身。我们有时在黑暗中，有时又披星戴月把船划出去，周遭寂静无声，只有桨架嘎吱嘎吱作响、流水轻拍船身发出哗哗的声音，不时惊起野鸭发出嘎嘎的鸣叫，或是让惊恐的野鸭嗖嗖地快速飞过我们的头顶。有时月亮正在隐没下去，旭日冉冉升起。

当太阳升起时，面朝东方你可以看到数万只野鸭。它们偶尔像蜜蜂涌出一个巨大的瓶子一样出现在眼前，数量之多，你不得不眨巴着眼睛，心想自己是否产生了幻觉。当太阳徐徐升起在地平线上时，野鸭一群接一群从湿地和稻田里飞起，排成人字形飞向盐沼。当飞近盐沼或听到猎人的叫唤时，它们会在诱鸟[⊖]上空盘旋，然后飞落下来。我见过野鸭从一个个小溪飞起时鸭群在天空中勾勒出的小溪图案。

野鸭如此之多，我便定下一条规矩，不允许任何人在上午 11 点之后扣动扳机。只有在一些例外的时候，打野鸭可以拖到 11 点。在通常情况下，我们在 9 点钟就已结束打猎——准备 10 点半动身回家。

打了一天野鸭，被击中的野鸭躺在我们四周 120 码左右的范围内。猎犬在赫伯考的盐沼中不能使用，因为牡蛎壳会割伤它们的脚。我们试过各种办法，比如给猎犬的脚穿上靴子，但都不起作用。

不过，如果你记着自己射中的野鸭的数量，你的向导基本上会如数捡回

⊖　诱鸟此处是指诱鸭。——译者注

每一只野鸭。优秀的向导会记得每只被射中的野鸭落下去的位置。我曾看见哈克斯有一次几乎找回了所有被击落的野鸭，只有两三只没找着，当时猎获的野鸭接近 200 只。

有时在赫伯考一次猎获的野鸭真是多得让人难以置信。我从赫伯考回纽约或华盛顿后，常常跟人说起打野鸭的故事，有些朋友怎么也不肯相信。威尔逊总统在位时的总检察长托马斯·格雷格瑞（Thomas W. Gregory）会对罗斯福时期的商务部长和复兴金融公司董事长杰西·琼斯（Jesse Jones）说："杰西，静一静。我们坐好了，听听伯尼撒谎，看他怎么说野鸭的事。"

再回到 1912 年或 1913 年左右，惠特尼兄弟（哈里（Harry）和佩尼（Payne））驾着自家的游艇进 Winyah 海湾打野鸭度周末。在第一天打完猎吃中饭时，哈里说："伯尼，要是你想卖这地方，我付你 100 万美元。"他说话的口气很当真，但我不想卖，于是便转移了话题。

我在赫伯考见到的最出色的猎手很可能就是纽约商人罗伊·雷尼（Roy Rainey）了。哈克斯告诉我，有一次雷尼穿着一件厚重的大衣，受此影响，连续两只野鸭没打中。雷尼扔掉大衣，一边甩着膀子刺激血液循环，一边大声叫道："让所有的野鸭都来吧！"他抄起枪继续射击，弹无虚发，射杀了 96 只野鸭。

打鹌鹑在赫伯考是另外一项受人喜爱的户外运动。然而，随着树林长得越发茂密，要找到鹌鹑就更加困难。当你确实找到一些鹌鹑时，下层灌木丛通常太稠密，你也无法射击。我要打鹌鹑，多数时候是在大约 45 英里外南卡罗来纳州内陆靠近金斯特里的出租土地上进行。我目前在南卡罗来纳州度过的大部分时光都是在这里，而且我还继续打鹌鹑。

为保护我自己土地上的鹌鹑，我从不允许一群鹌鹑被射杀到不足 5 只（通常一群鹌鹑有 12～20 只）。射中的鹌鹑保持在这个数量上，对于增加下一季鹌鹑的产出量会产生最佳效果。

　　像其他猎物一样，鹌鹑只会去有良好觅食和栖息条件的地方。我在数年里都做出安排，让人仔细检查我们猎获的鹌鹑胃中的食物。我发现，鹌鹑偏爱吃鹧鸪豆或叫花虱⊖，这些通常都是野生的。我们在我的土地上学会采摘和播种这些植物。为了在我的土地上保有鹌鹑，我还采取了另一个办法，叫手下人用捕鸟夹猎捕"湿地"鸟儿（这些鸟儿都很难射中）然后把它们放在小山上。

＊　＊　＊

　　我过去认识的最为热情的猎手是阿肯色州参议员乔·罗宾逊。罗宾逊无论做什么都极其认真，全神贯注——正是这一点让他丢了性命。

　　作为参议院中民主党领袖，罗宾逊当时身负重任，竭力想让国会通过罗斯福总统提出的不得人心的重组最高法院的计划。数年来，罗宾逊一直在服用药物，防止心绞痛。他看过的医生都告诫他要放慢工作节奏，但他丝毫不予理会。1937 年正忙于为罗斯福在最高法院中安插亲信的计划而斗争时，罗宾逊有一天清晨被发现死在了自己的床边，一本《国会记录》摊开在他的身旁。

　　罗宾逊与人相处时令人愉快，饮食不加节制，总是精力充沛，身心两方面都拥有巨大勇气。我经常试图把他拉出华盛顿休息几天。有时周末刚开始的时候，我想到他工作辛苦，便在纽约给他打电话："乔，我计划明天南下赫伯考，列车晚上 7:45 经过华盛顿，车上会给你留座的。"

　　他的回答总是这几句话："抱歉得很，实在毫无机会。我离不开，哪怕走一天也不行。"

　　稍微聊一会儿，罗宾逊会说："你以前跟我说在那儿打猎怎么样来着？"我回答说："非常好。"

　　⊖　叫花虱，数种植物中的一种，果实很小，且布满细刺，容易粘上衣服或动物皮毛。——译者注

然后，他会说："你刚才说列车什么时候经过这儿？"他心里很清楚是晚上 7：45。最后他会说："我会尽力过来，不过现在还不知道如何做到。"通常第二天晚上我会在车上发现他。

罗宾逊把专心致志的工作劲头同样也带到了打猎当中，目标专一是他从事立法工作的特点。早晨太阳尚未升起，他就已出去找野鸭了，下午他打鹌鹑，晚上他会出去，走到湿地的边缘，坐在那儿等一只火鸡飞到一棵高树上的栖息处，一等就是好长时间。

有一次，罗宾逊正在独自思考，看到一只巨大的鸟儿轻盈地走在大约 100 码远的一根大树枝上。从鸟儿长长的须判断，罗宾逊知道那是一只雄火鸡。我不允许任何人射猎雌火鸡。罗宾逊蹑手蹑脚地慢慢走过去，举起枪，大声咕哝着说："我就在这里把休斯部长先生打下台。"

他进屋时手里提着那只重达 24.75 磅的鸟。很快我们就听到房子外面有几个黑人在说话。一个黑人说，罗宾逊先生真是好玩儿，把火鸡叫作"休斯部长"。

我们决定把这只火鸡送给沃伦·哈丁（Warren G. Harding）总统。罗宾逊返回纽约。多天过去，罗宾逊未收到总统的任何回执。然后，罗宾逊偶然遇到印第安纳州参议员吉姆·沃森（Jim Watson），沃森说："你送给总统的那只鸟的确不错。"

听到这句话，一向直言不讳的罗宾逊回答说："是不错，并且我还认为，总统也不写张条子请我们民主党人帮他一起吃，太不够意思了。"

这之后不久，我们所有的人便收到白宫措辞温文有礼的致歉信。尽管如此，我还是听到罗宾逊发誓说，下次再打到 24 磅重的火鸡，绝不会送给共和党人。

海军上将凯瑞·格雷森（Ary Grayson）曾是威尔逊总统的医生，与乔·罗宾逊一样热衷于打猎，不过作为猎手没他那么成功。凯瑞心地善良，彬彬有礼，我打心眼里喜欢他。他可以在树林里待上一整天，但用我的一位向导的话说，他可能只"带回家一根羽毛"。不过，凯瑞心胸开朗，从不感到失望。

一天，我做出安排，想让凯瑞回家时不只是带回一根羽毛。他正在林中穿行，突然他的向导拍拍他的肩，指出一棵树底下有只大火鸡。凯瑞举枪，击发，冲到树边查看战利品。他弯下身子，注意到火鸡拴在树上。火鸡脖子上系着一根线，线上连着一张卡片，上面写着："伯纳德·巴鲁克向您致意。"

凯瑞和我们一样很享受这个玩笑。事实上，正是他自己把这个玩笑告诉了卡尔文·柯立芝总统，总统又把笑话传遍了华府。要是凯瑞不讲这件事，事情可能永远也不会传出去，因为在赫伯考，客人的打猎成绩绝不会有人透露是个规矩。

凯瑞对我们的玩笑所做的反应，支持着我的一个信念，即没有任何运动像打猎那样会充分地显示出一个男人的个性。我不知道有哪项别的运动会如此迅速地将潜藏于一个男人内心的野性激发出来，也不知道有哪项别的运动会对一个男人施加如此压力，迫使他实话实说。

有一次，沃森将军和罗斯福总统的新闻秘书斯蒂夫·厄利（Steve Early）相互取笑，说谁能猎获最多的鸟儿。斯蒂夫先回来，这次猎获的数量创了他自己的最好成绩。沃森进来时，斯蒂夫满怀胜利的喜悦之情一个劲儿地问："你打了多少？"

有一会儿，我在想沃森是否会利用赫伯考的规矩，只见他咧着嘴笑着回答说："哦，有一定数量。"

赫伯考另外一个经常能考验出人性的"习俗"，是用袋子和灯笼打沙锥⊖。赫伯考多数的客人因经受住考验而被吸纳加入赫伯考猎捕沙锥俱乐部，但有

⊖　沙锥，嘴细长，居于水田、溪边、池畔等湿地的一种鸟，习惯在早晨、黄昏或夜间活动。——译者注

一位先生未能通过加入俱乐部的测试。

这位先生是乘坐莫泰默·西弗（Mortimer Schiff）的私人专列南下赫伯考一行人中的一员。其他同行的人包括中央联合信托公司的董事长詹姆斯·沃利斯（James Wallace）、先前是美孚石油公司的人而这时为洲际橡胶公司总裁的霍华德·佩吉、金融家奥克雷·索恩（Oakleigh Thorne）、华尔街的约翰·布莱克（John Black）、我哥哥哈迪以及我自己。

这位先生以前从未来过赫伯考，而且很明显，他对在赫伯考打猎的种种神奇之处颇为怀疑，有人在车上给他描述在此打猎有多么奇妙。我们认定猎捕沙锥俱乐部有了一位新候选人。

一天晚上，索恩一脸主教般庄严肃穆的表情，若有所思地捋着自己的小胡子，说：“伯尼，你干吗让我们打沙锥？”索恩接着往下解释说，他知道我不喜欢打沙锥，因为这不需要什么高超的打猎技巧；但他又辩称这是件很新奇的事，并认为我们所有的人都会立即从中得到乐趣。

我抗议说，这是一种很愚蠢的野外运动，看着一个男人一边手里提着袋子和灯笼一边吹着口哨吸引沙锥进入光线跳入袋中，非常愚蠢。最后，我被说服，同意只花一个晚上打沙锥，多不奉陪。

然后，客人们开始赌谁捕的沙锥会最多。不一会儿，我们的俱乐部会员候选人便上钩了。打沙锥听起来太容易，他不由得主动下注。我在纸上写下所有赌注数目，把纸传给桌边所有的人过目，逐一问过去他们的赌注是否正确无误。

第二天，我们还是有点儿不安。沙锥当然不会比其他任何鸟类更可能因为听见口哨或看到灯笼便飞进袋中，我们很担心这位参加打沙锥测试的候选人会发现这一点。整个白天，我们不断听到报告说我们这位候选人与一些仆人和打猎向导在讨论打沙锥的事，但没人把玩笑泄露出去。当我们的候选人问黑人男管家对打沙锥有什么想法时，管家回答说：“对于喜欢打沙锥的人来说，是很方便的。"

鲍勃·凯因斯接受任务，带候选人出去，教候选人如何正确地挥舞袋子和灯笼，如何吹口哨吸引沙锥。鲍勃回来时说："伯尼先生，我不想出去带他回来。他会把事情弄得一团糟。"

那些猎人助手大呼小叫地忙活着，据说弄出声响会惊起沙锥。我们能听见那位杰出银行家候选人按照原先教授的那套办法吹着口哨要把沙锥引到他的灯笼边。他吹的口哨声越响，我们笑得越厉害。很快，我们中有些人笑得在地上打起滚来，或把拳头塞进自己的嘴里，免得笑声太大。

不必有人去把候选人叫回来。不久，他自个儿进来了。我们看了一眼他脸上的表情，一下子止住大笑。

"这真不是人干的事！"他大喊大叫，"某某人知道多少打沙锥的事？"他质问道，指的是几乎与他同样出类拔萃的一家竞争对手信托公司的董事长。他说的还不只这些。

赫伯考猎捕沙锥俱乐部的勤务表，给诸如金融、工业、法律、文学和政治等各领域内著名人物都编了号，但我们那天晚上的候选人没有资格成为其中一员。

| 第 21 章 |

黑 人 进 步

　　我在南方安了第二个家，原因之一是母亲曾叫我不要与祖先生活过的土地失去联系。她还劝我尽力为南方复兴做出贡献，尤其"要为黑人做些事"。

　　母亲的劝告始终留在我心里。在南方从事的所有活动中，我一直努力改善那里的生活条件，并设法帮助改善黑人的命运。

　　卡姆登镇想在当地建一家医院请我捐款，我明确提出，要我支持可以，但必须满足一个条件——为黑人病患预留特定数量的病床。

　　当时，卡姆登镇都在谈论建这家医院需要 2 万美元。我对他们说，那么多钱还不够；如果他们也出一部分钱支持建医院，整个建筑成本由我来承担。他们表示同意。这家医院被大火烧毁后，我又提供资金建了一家建筑更好的医院和一家护理院。

　　我在给南卡罗来纳州的大学捐款时，黑人教育机构也得到了捐款。同样，我提供的奖学金既有给白人的，也有给黑人的。

　　有时候，你做事情，并非想做到什么程度就可能做到什么程度。有一次，我在乔治城买下一小块地皮，打算为黑人建一个现代化的运动场。附近一些居民抗议我的行动。我仍要继续下去，这时乔治城黑人学校校长贝克博士来找我。他来访时总是穿过厨房进来，但我又总是看到他由前门离开。

"伯尼先生，"他恳求说，"我希望你不要修运动场。我们在这里跟居民的关系都处得不错，不想惹麻烦。"

我只好另买一块地，把运动场建在那儿。

在这件事情上，贝克博士比我明智。在与黑人和白人的所有交往中，我一直努力做到待人处事比社会习俗要求的更宽大慷慨些，希望其他人可能效仿我的做法。但我深切体会到，要让榜样产生预期效果，你不能领先你想施加影响的人太多——这适用于一切人类事务。

那些想一夜之间重建世界的人对这个观点可能不会感到满意，那些想让情况保持原样的人可能也不会对这个观点感到满意。我相信变化是生活的一部分，但我喜欢不会导致弊多利少的变化步调。

平时回想起南卡罗来纳州的黑人在世纪之交的生存状况，看到黑人已取得何等显著的进步，我便感叹不已。我最早认识的黑人都是黑奴子女，他们单纯朴实、友善可爱，但从所做的事情看来，经常不负责任。晚至 20 世纪 20 年代，南卡罗来纳州的多数黑人还是收益分成的佃农。如今，住在我附近的很多黑人或是经商，或是从事专业工作。他们拥有属于自己的农场，跻身于本地区最可信赖的农场主之列。

最近，我向一位与黑人交往甚多的南方白人打听，问他黑人农场主面临农作物价格不断下跌的形势如何还守住了土地。"他们自己承担下来，"这位白人带着钦佩的口吻说，"一旦拥有一块土地，他们会不惜牺牲一切留住土地。"

我认识的另一个白人邻居想从一个黑人农场主手上买下 1 英亩湿地，但黑人农场主婉言谢绝了。为了考验他一下，那位邻居提出拿 500 美元交换这 1 英亩土地——这可是一笔天文数字。但黑人农场主回答说："对不起，上尉，我帮不了你。无论如何，我也不会和哪怕一寸土地分离的。"

我自己种植园的管理人常告诉我，黑人从土地中收获的与经营最有效率的白人农场主一样多，他们采用最新的农业技术也同样迅速。

*　*　*

看到这一变化，忆起最初买下赫伯考时黑人的生存条件，我感到无比高兴。那时候，要是谁在南方买下一个种植园，一定数量的黑人便会随土地留下来。那些黑人像自己的祖先一样出生于种植园。他们没在别处安过家。他们觉得，土地所有者有责任照看他们，有义务给他们工作。

一天，我充分认识到了这种情况。我的总管家哈里·道纳尔森告诉我，他想让一个黑人离开赫伯考，因为这个黑人非常懒惰。我通常喜欢让一个人全权处理事务，这样他就可以全面承担责任，但也有例外——除我本人之外，其他人不得让任何黑人离开赫伯考。

我决定听一听这个黑人他自己有什么要解释的。一个星期六下午，我妻子、她的继母和我一起走到谷仓，我派人去叫莫里斯。一个上了年纪、穿着灰色毛衣的黑人不一会儿就出现了。他手上拿着帽子，先对两位女士鞠了一躬，又对我鞠了一躬。

"莫里斯，"我说，"哈里上尉说你平时很懒惰，不愿干活儿。他说要把你赶走。"

"伯尼先生，"莫里斯回答说，"我生在这里，我不想走。"他就这么简单一说，丝毫不觉得羞愧。

莫里斯一边说话，一边在我们面前走来走去。"伯尼先生，在自由之前，我就出生在这个地方。我的母亲和父亲过去在稻田里干活。他们都埋在这儿。我记得最远的东西就是那些种植水稻的河岸。我从这么高就在那儿长大了。"他说着，用手比量小时候的身高。

"这双手臂的力气，这双腿的力气，这个老背的力气，伯尼先生，都是在你的稻田边生出来的。要不了多久，仁慈的上帝就会把可怜的老莫里斯剩下的力气都带走了。我这身子留下来也要和埋在种水稻的河岸边的那些手臂、那些腿脚、那些后背待在一起。不能啊，伯尼先生，你不能把年老的莫里斯赶出这个地方。"

"我遇到了大麻烦，"他接着说，这时转过身来对两位女士自说自话。他的妻子死了，丢下一个女儿要他抚养。他说生活很艰辛，白天整天要去稻田干活，还得始终盯着活蹦乱跳的女儿。说到处于求偶年龄段的年轻人多么不负责任，他声调低沉，几乎在喃喃低语，而他未说出口的话，比说出来的更能让人了解他的内心。

"这位女士能理解我。"他悄声对我妻子说。

莫里斯未完全明说的是一个见不得人但人们又熟知的事情——他女儿没有丈夫，却生了一个小女孩。莫里斯接着说起自己如何辛苦喂养这个外孙女、如何给她创造了一个家，如何对她保持着爱心。

"这位女士明白我的意思。"他反复说道，好像事情太微妙我理解不了。

"伯尼先生，我一直尽力要做个很好的黑人，"他最后说，"但如果有时我做得不好，那是因为上帝把我造成了那样。上帝把我造成什么样儿，你就要接受什么样儿。"

我曾听到很多人为一件事找借口或为自己争辩，但比起这位年老黑人的申诉，我从未听过如此令人动情的、更好地诉诸人类公正的辩解。他成了我们家特别关爱的一个人，深知世故人情的老人也知道这一点。

莫里斯也为我养过鸡，但那些鸡感染了流感病毒，我便放弃养鸡试验。我尽量教育莫里斯和其他一些黑人学习应用更科学的耕作方法，不过在最初的那些日子里，并没取得什么进展。

然而今天，我认识的黑人农场主与白人一样善于学习改良的耕作方法。比如埃利·威尔逊，他是一个人人尊重的人，在 200 英亩的农场上，自己选种，使用多种类型的肥料，并将蔬菜、棉花、烟草和玉米这些作物进行轮作。在应用科学农耕技术方面，他极为内行，不比任何邻居逊色。另外，在我们这个地方，他还以最佳捕鸟能手而知名。

再比如特洛伊·琼斯。他除了在自己 100 英亩的农场上耕作，还为我工作。他在买下农场时，很多土地未曾清理过。他和妻子把一棵棵树桩连根挖出来。现在，他们的农场已还清了债务。

特洛伊只有 35 岁。不过，当最早开始耕作时，他使用一头牛，然后得到一头骡子，几年前又买了一辆拖拉机。他过去用火烧清除杂草的地方，现在都使用犁头来翻土。

黑人取得的进步在其他每个方面都能看到类似情况。像赫伯考这样的大型滨海种植园，对于黑人来说，构成了一个几乎完全自给自足、自成系统的社会。赫伯考上的黑人差不多全都出生在这里。赫伯考之外更广阔的世界引不起他们的兴趣。有些黑人甚至从未走几英里路过沃卡莫河去乔治城。据我所知，当我接手赫伯考时，只有两个黑人去过查尔斯顿。

尽管黑人那时自称效忠共和党，但实际上对政治毫无兴趣。亚伯拉罕·肯尼迪品行纯良，木工活和瓦工活都得心应手。我有一次问他是否投票。

"不，先生，"他说，"我不掺和那种事。"

"你会投票给民主党吗？"我问他。

"不，先生，"亚伯拉罕回答说，"我小时候，妈妈每天晚上拿着亚伯拉罕·林肯的画像，叫我双膝跪下对着画像祷告，承诺除了投票给他不投给任何人。"

我接手时，赫伯考种植园破败不堪。作为恢复种植园整体计划的组成部分，所有小木屋都修缮得相当好。黑人自己有偿修葺这些房子。对于想工作的每一个黑人男子或妇女，按当时的工资水平，付出一天的劳力总是乐于接受的。他们还得到燃料供应和房子周围作为园子使用的小块土地。从物质享受方面来说，他们后来从未遇到什么困苦和匮乏。

对于年老残疾的黑人，我在乔治城的福特杂货店设立赊账购物，账单定期转给我。我想这或许可以称为一种养老制度吧。

我在买下赫伯考时，几乎没一个黑人会认字。我们建了一所学校，后来我女儿贝尔对这所学校尤其感到自豪。她每天都把 4 个村庄的孩子聚到一起。有一天，两个 17 岁的男孩没来学校。贝尔和一个朋友骑上马去找这两个男孩，结果发现他们藏在一片湿地中。贝尔无法骑马进入湿地，便下马入水中，朋友大为惊恐。当贝尔再次出现时，一手拎着一个男孩的耳朵。

难得有黑人接受很多学校教育。但还是在这儿，现在新一代黑人与老一代已迥然不同了。我的种植园里有一个人几乎从没上过学，但他设法让两个孩子读完大学，现在两个孩子都做了教师。

我最初认识的黑人，像我的保姆米纳娃一样满脑子迷信观念。在他们看来，树林、小溪、空气和天空都充满了"幽灵"。新月出现的时候，走在树林里非常危险。黑人总是提着灯笼，你能听见，为了壮胆，他们一路唱歌，一路叫喊。

当时有一个可变幽灵，叫"盘子眼"。这幽灵能以巫婆的形象出现，进屋殴打老人，不过通常都长得像动物一样。它可能大如一头牛，也可能小似一只猫。多数时候，它的额头中间只有一只大眼睛。

你应该一直保持在盘子眼的一侧。最重要的是，千万不要让盘子眼跟着你在你两腿之间跑。有些胆量较大的黑人总会说自己踢过盘子眼，但都没什么结果。"你的两只脚照样走得好好的，你碰不到任何东西。"

悟性强一些的黑人很少见到幽灵，愚昧的黑人看到很多幽灵。但我怀疑，那时黑人当中会有人绝对肯定不存在幽灵。

一天晚上，我的客人正在餐桌边聊些鬼故事。侍立一旁的那个黑人男孩听着故事，眼睛睁得越来越大。晚饭后，一位客人——埃德·史密斯，请男孩出门走一小段路去捎个口信。男孩想逃避不去，最后还是上路了。我们能听见他一路吹着口哨、唱着歌到目的地小木屋。他开始返回时，仍然吹着口哨、唱着歌，这时埃德走出去，站到院子里的一棵树后。

男孩走近，埃德开始发出一声鬼叫："呜——呜——呜——！"

男孩停下脚步，伸长脖子。

"是你吗，埃德先生？"

"呜——呜——呜——！"

"埃德先生，"男孩声音颤抖，"我知道是你，不过我还是先跑吧。"

我们有时不也像这个男孩一样吗？

我还引进过一个新做法，定期为黑人提供医疗服务。我在赫伯考的一个村子里建了一个诊所。我的私人医生佩尔每周去一趟诊所，免费为需要看病的黑人治病。不过，很多黑人宁愿让"土医"给自己看些小毛病。黑人还相信土医拥有超自然的神力。许多黑人惧怕土医盯人时的"邪毒眼光"。我甚至听说过私奔的妻子或丈夫因惧怕土医施加魔力而返回的事情。

如今，乔治城周边还有一两个土医，但很少有人找他们，只有几个仍然相信他们的药剂和咒语的黑人才会成为他们的主顾。

* * *

对这些黑人影响最大的很可能还是他们信仰的宗教。布道者在种植园这样的社会中经常是最重要的人物。他们给人实施洗礼，主持婚礼和葬礼。我们称这些布道者为"大斧子"，因为他们通常并未被正式任命为牧师。尽管老一代大斧子布道者没几个人会读书看报，但他们无疑是信众的真正领袖。

宗教对黑人来说始终如此重要，我想一个原因是宗教替代了历史感。美国的黑人对他们古老的过去缺乏了解。世界上几乎每一个族群都对自己的文化渊源拥有认同感和自豪感，这些黑人却一直没有。

好几年前，这一想法突然出现在我的脑海中，当时我在读加尔布蕾丝·韦尔奇（Galbraith Welch）撰写的《北非历史序幕》（*North African Prelude*），她在书中提及古老非洲黑人国王和武士的英雄战绩。我觉得，这本书作为文化遗产的完整故事将成为各地黑人自豪和力量的源泉。我写信给韦尔奇小姐，敦促她在这方面展开研究。后来，利比里亚的威廉·杜伯曼总统（William Tubman）来美国，我找到他，建议他邀请韦尔奇小姐去利比里亚对此进行研究。他照做了。

我曾经考虑过雇请某个人对南卡罗来纳州偏僻乡间的黑人民俗进行系统调查，但一直感到很遗憾，没将这个想法付诸实施。当然，现在再做为时已晚，因为那些古老的风俗已渐渐逝去——而且是以令人愉快的方式消失的。

不过，在赫伯考，黑人的生活既有温情，也很丰富。没有哪个节日不庆祝就随随便便度过，出生、受洗和嫁娶总要举办适当的庆祝活动，充满一派喜庆气氛。星期六晚上，谷仓里会举行舞会；无论男女老少，我们都给舞跳得最好、着装最好的人颁发奖品。

后来所有在纽约、巴黎和伦敦深受欢迎的现代舞蹈，我最初在赫伯考差不多都见过。这些舞蹈中的"音乐"一部分由一只口琴发出，但大部分是由拍手和踏脚发出来的。有人告诉我，拍手和踏脚产生的节奏与非洲土著鼓手创造的节奏非常相像。

拍手和踏脚的节奏在教堂做礼拜时也使用。当我们在赫伯考建成一座更好的教堂来取代一个村子里的原木屋小教堂时，赫伯考年长的黑人请我为这座新建筑命名。我费了很大劲儿跟他们解释，为何我绝对不适合给他们的教堂命名。我们最后做出安排，请一位由教会任命的黑人牧师给教堂正式命了名。

这座刷了石灰的小教堂，在超过 1/4 世纪的时间里始终是黑人敬神礼拜的地方。我虽然不相信任何信条，但尊重所有宗教，而且我从未见过真正信奉某个宗教的人没有因自己拥有信仰而感到更加幸福。有时，我也会在赫伯考小教堂的粗陋长凳上坐下来，一起参加礼拜。纵然这些礼拜仪式非常原始，但它们都是真正美好的事情。礼拜仪式的多个环节和谐地衔接在一起，仿佛整个仪式就是一首神圣的赞美诗。

一次典型的礼拜仪式开始时，由一位平日在田里干活的长者和着拍手和踏脚的节奏领唱一首歌。这类歌曲有些历经数代创作而成，且为赫伯考本地所独有。领唱者唱一句，会众跟着唱一句，这样一唱就是很多节。

这首歌结束时戛然而止，另一位长者接着屈膝跪在圣台前，开始大声祷告，这时又是拍手和踏脚的声音隐隐约约地伴着祷告。祷告的长者祈祷作物丰收、牲畜兴旺，祈祷捕鱼和狩猎尽如人意，祈祷在赫伯考生活幸福所需的一切其他事物降临到他们身上。会众不时地在祷告过程中齐声插入"是的，主啊""阿门"。

祈祷之后，跟着又唱一首歌。随着敬神的情感体验逐渐充溢心间，领唱者跳起舞来。其他舞者也开始起步跳舞，拍手的声音随之越来越响。很快，1/3 的会众站起来，站满了过道和圣台前的地方。仍坐在原位的会众随着音乐节拍左右摆动身体。一盏盏煤油灯在钉于墙面的托架上震颤摇曳。

接下来便是布道。我最喜爱的布道者叫摩西·詹金斯，他的儿子普林斯仍在为我工作。以色列人逃脱奴役获得解放的故事尤其令摩西·詹金斯着迷。他对《出埃及记》的描述可谓布道典范之作。

他会扶正自己的金边眼镜（这副眼镜对会众来说象征着学问知识），然后，会捧起我妻子送给教堂的那本大部头《圣经》，宣读《出埃及记》中的精彩段落：

"上帝使者在一片燃烧的荆棘丛中向他呈现；他看着，他看到，荆棘丛中烈火熊熊，但荆棘丛并未烧毁。"

听到这里，会众发出低沉的嗡嗡声："荆—棘—丛—并—未—烧—毁。"

摩西·詹金斯接着宣读。

"当上帝看到他转身看向他处，从荆棘丛中召唤他：摩西、摩西。"

"摩西—摩西。"会众跟着重复一遍。

"他说，"布道者继续宣读，"我在这里。"

会众附和："我—在—这—里。"

摩西·詹金斯会接着讲述摩西觐见法老及这位统治者拒绝让希伯来人和平地离开埃及的经过。然后，便讲述在希伯来人中流行瘟疫的惨状，一直讲到法老说，犹太人可以走，但结果只会是为自己的离开而忏悔并将受到追杀。摩西·詹金斯将犹太人受到追杀的情景与现实高度结合。第一次世界大战后，他给自己的描述添加了一些现代气息，比如，他会说："步枪和机枪啪啪啪地猛烈响起！"

在通常情况下，摩西·詹金斯结束布道时会描述法老及其军队溺死于红海的情景，情景描述得让人既惊心动魄又心满意足。但有时候，要是状态好，他会突然跳过以色列人出逃埃及那一段，描述他们在到达流着奶和蜜的希望之乡前流浪荒野 40 年的经过。他大幅度简化这一叙述，为了有助于自己描述紧张不安得令人胸口憋闷的地方，会预先讲一点儿玛丽、约瑟、耶稣或圣徒保罗的故事。

摩西在西奈山麓搭起帐篷，准备登上西奈山接受上帝刻有诫命和律法的石匾，留下亚伦和另外两人负责管理族人。"你们三个家伙就待在山下，"摩西说（摩西·詹金斯这样描述），"我不在时，要始终睁大眼睛，密切注视一切。"

"但是，你们猜怎么着？"摩西·詹金斯质问道，"摩西返回后，却发现那三个犹太家伙正呼呼大睡。"

整个布道自始至终伴有拍手和踏脚的声音，随着布道者抑扬顿挫的动情叙述，拍手和踏脚的乐声时而宛如涨潮渐渐增强，时而恰似退潮渐渐隐去。布道之后，还会唱几首歌，做几次祈祷。这样的礼拜仪式经常持续到深夜 1 点。仪式结束后，会众排成一列走到漆黑一片的教堂外，他们絮絮低语，欢笑着成群散去，返回四个村庄各自的家中。

当然，对于黑人，宗教让他们抱有一个希望，即未来会拥有今生不属于他们的平等。有一件事情令我印象深刻，就是黑人幸运地拥有天赋，能让自己信仰的宗教与切身需要相融合，他们或接受或摒弃，直到发现适合自己的一套宗教信仰模式。有时，他们的叙述，见解准确又与现实世界紧密相连，这使他们难免心生疑窦从而变成怀疑论者。我的朋友凯瑞·格雷森海军上将过去经常说起一个故事，故事典型地说明了这种务实地对待天国之事的做法。

故事说，一个渐渐老去的黑人渴望入教，得到教会的安全感。他向教堂执事提出申请，执事说：

"亚伯拉罕，你必须有信仰才能加入教会，得到教会的安全感。你相信《圣经》上写的一切吗？"

"相信，先生。"亚伯拉罕回答。

"你相信约拿和鲸鱼的故事吗？"

"相信，先生。"

"你相信丹尼尔和那些狮子的故事吗？那些饥肠辘辘的什么也没得吃的非洲雄狮？你知道，丹尼尔直接走进狮子的窝穴，扇狮子耳光，那些狮子对他什么也没做。"

"饥肠辘辘的非洲雄狮，他还扇它们耳光？"

"《圣经》上是这样说的。"执事语气肯定。

"那我相信。"

"你相信希伯来儿童在火红的熔炉中那个故事吗？希伯来儿童走进熔炉，脚踩炽热的煤火，全身没入烈焰之中，他们的身体一点儿也没烧焦。"

"一点儿都没烧焦？是平常那种火吗？"

"对。他们连身体都没烧焦。"

亚伯拉罕摇了摇头。"执事，"他说，"这个我不信。"

"那你就不能加入教会。"

亚伯拉罕拿起帽子，开始慢慢走出教堂。走到门口，他停了一下，回头看着。

"对了，执事，"他说，"关于丹尼尔和那些狮子的故事，我也不信。"

*　*　*

在赫伯考这么多年的岁月里，我们只有一次因为黑人而碰到了大麻烦。赫伯考的白人小孩很少，没理由专门为他们办一所学校，于是，一位年轻女教师受雇给哈克斯·凯因斯的两个女儿讲授课程。一天——当时我和家人都在北方，这位教师和由她负责的两个小女孩正坐着双轮小马车经过松树林。突然，一个黑人从灌木丛中跳出来，把教师拖下马车。

两个孩子大声尖叫，教师顽强抵抗。最后，她几乎已精疲力竭了，却镇定地大声尖叫："啊，感谢上帝，哈克斯先生来了！"

计策奏效。那个黑人丢开她，蹿跳着奔回林中。

性侵犯未遂的消息好像非洲击鼓报信一样迅速传遍乡间。乔治城的一些男人坐船赶过来，其他人从赫伯考北部很远的地方骑着马、挎着猎枪和来复枪赶来。树林、湿地、沼泽和水道很快就布满一队队民防团⊖的队员。

通过排查，逃犯身份得到确认，是一名外地黑人。我们在赫伯考极少雇用"新来的"黑人，也不鼓励外乡黑人待在这儿。

经过数个小时的搜捕，罪犯终于被抓住，带进我们房子的院子里。在县

⊖　民防团，指美国过去由县治安官召集的帮助抓捕罪犯的组织。——译者注

治安官、我的总管家哈里·道纳尔森和吉姆·鲍威尔上尉的身边，围着一大群人。人们强烈要求立即就地吊死罪犯。有个人将一根绳子抛过垂挂苔藓、荫蔽屋前草坪的一棵橡树的大枝上。

吉姆设法阻止用私刑绞死罪犯，他大步走进激动不已的人群，要求他们听他说话。

"不要在这个院子里用私刑绞死他，"他恳求道，"要是这样，安妮小姐（指我妻子）和贝尔小姐、蕾妮小姐（指我两个女儿）就永远不会再回赫伯考了。这会永远毁了她们这个地方。让我们把他带到赫伯考北边去。"

接下来是一片混乱，治安官揪住黑人罪犯，急匆匆地把他推上船，不等人群反应过来，就已将罪犯押上去乔治城的路上。在乔治城，罪犯被安全地关进牢中。强奸和强奸未遂在南卡罗来纳州可以判处死刑。上诉法庭审判时，罪犯在陪审团前受到审判和定罪，最后他被处以绞刑。

绝大多数南方人憎恨用私刑绞死罪犯这一残留于南方的污点，县治安官和吉姆上尉的行为正代表了他们的意愿。我曾主动提供资助，务必让任何用私刑绞死他人的人受到拘捕和起诉，其他一些与我有同感的人也以各自的方式为根除这种私刑而努力。

岁月流逝，赫伯考上的黑人村庄开始解散。我当时很高兴看到村庄逐渐解体。我也想念经年累月逐渐熟稔的那些黑人，但我知道这些村庄渐渐破败正说明黑人在取得进步。

离开赫伯考的黑人走出去寻找更加广泛的新机会。战争期间，很多黑人应征入伍，这让他们获得了新的生活观念。从陆军或海军退伍返回的黑人身上，我注意到他们普遍体格变得更加强健，在为人处世方面也更加遵纪守法。

黑人迁离这片土地，奔向北方和南方正在发展的城市——在政府农作物价格支持计划下的田亩耕种限制政策加速了这一过程。

回首过去的岁月，在我看来，教育和经济发展似乎是黑人不仅在南方也在北方取得进步的关键因素。我在纽约市立学院读到毕业班时，班上只有一名黑人学生，他是辩论好手，也很有学问。毕业数年后，我碰巧在街上遇见他。我问他为何不来参加同学聚会。

"我本以为能提升本种族的地位，"他告诉我，"但我一直无法做到。"

如今，我怀疑有哪个黑人大学毕业生还会说出这样的话。黑人人口中已有很大一部分接受到越来越高的教育，在经济状况上也越来越好。像拉尔夫·布恩奇和杰西·罗宾森（我只举出两位）不但作为黑人，而且作为与其他所有美国人竞争的个人，已获得成功，在美国社会生活中赢得了自己的位置。

像我们所有人一样，黑人现在正身处变化的滚滚河流之中。河流汹涌奔腾，不可能再回到过去。前方河道隐约显出危险的迹象。但想到我们已经跋涉了如此之远，我便满怀信心，深信未来的困难必将一一克服。

第 22 章

未 来 岁 月

有些人在生活早期便已知道自己将来想成为什么样的人,他们的人生变成梦想如何成真的故事。坦率地说,我的一生不是这样的。我在个人志向方面经常为相互冲突的渴望所困扰。我的生活中发生的那些重大转折都是由突然出现的事件确定的。

尽管我最初身临华尔街时没意识到,但实际上这时我们国家正处在一个时代结束、一个新时代开始的历史关头。当时拥有支配力量的金融人物(摩根、哈里曼、瑞恩、希尔、杜克和洛克菲勒)正处于权力和影响力的巅峰阶段。

注视着他们,听说他们取得的辉煌成就,我暗自思忖:"如果他们能做到,那么我为什么不能?"我竭力效仿他们,尤其是效仿哈里曼,在我看来,他似乎是富有魅力和充满自信的典范。作为牧师的儿子,哈里曼从一无所有开始起步,我也是从零做起;他赌赛马,赌职业拳击赛,赌竞选赢家——这些也是我热衷的事情。

我在研究铁路公司时,曾兴奋不已,因为看到哈里曼收购联合太平洋铁路公司,那不过是两道锈迹斑斑的弯曲条痕,他居然使它发生了天翻地覆的变化,将它变成美国最优良的铁路之一。关于哈里曼,我最喜欢的故事是,有一次，国民城市银行的詹姆斯·斯蒂尔曼问他最喜欢做什么。哈里曼回答说："就是被告知某件事无法办成，我全身心投入进去办成此事。"

但是，我从未成为第二个哈里曼。或许，我根本就不是那样的人，但我现在认为，有些作者称之为"强盗大王"或"创世之神"的那些金融巨头得以存在的历史条件那时正在悄然逝去。1898 年 7 月 4 日，我充分利用美西战争即将结束的消息在证券市场大获成功，或许我当时并未意识到这件事所具有的象征意义：在美国作为一个世界强国开始崭露头角的那些年里，美国金融界不受约束的个人主义时代也攀上了顶峰。

其中一个原因是，进入新世纪，金融竞技场变得过于宏大，任何一个个人或个人集团再也无法对之施加控制。如果说 1907 年像摩根之类的人尚且可以阻遏一场金融恐慌，那么当 1929 年的洪水决堤而出时，谁也无法阻挡洪水一泻千里。

我们可以从股票市场本身看到两个时代的演变。1898 年，在纽约证券交易所上市的股票估计有 60% 是铁路股。这种情况当然反映了一个事实：南北内战后，美国一段时期的主要事业就是在地理上跨越和征服北美大陆。时至 1914 年，铁路股在纽约证券交易所的上市公司中所占数目比例已不足 40%，而到 1925 年大约只占 17%，到 1957 年便只剩下 13%。

第一次世界大战前，外国政府在我们国家融资很少，几乎只有英国在布尔战争期间以及日本为准备日俄战争时进行了融资。当然，如今美国已是外来融资最重要的中心。

两个时代发生演变的另一个因素在于两代人也发生了变化。摩根和洛克菲勒比我年长 30 多岁，哈里曼比我大 22 岁，瑞恩大我 19 岁。我们这一代不太满足于只是赚钱。就我本人的情况而言，我父亲的榜样一直在我面前，始终让我的心灵为一个问题所困扰："既然现在有钱了，你会拿钱做些什么呢？"

时间流转，整个国家也正在唤起社会责任感。那些创造了巨大财富的金融巨头已开始捐赠钱财回馈社会——他们常发现捐献金钱比赚取金钱更难做到明智。更为重要的是，已经出现了诸多社会变化和情感洪流，这些社会变化和情感洪流在西奥多·罗斯福和伍德罗·威尔逊的进步观念中都得到了相应表达。

正如前面所述，我掌握一套政治哲学往往非常缓慢。我第一次参加总统选举投票是在 1892 年投给了格罗弗·克利夫兰。1896 年总统选举时，我思想混乱，以至于现在都想不起当时把票投给了谁。威廉·詹宁斯·布赖恩（William Jennings Bryan）来纽约拉选票，我去听他的演讲，他雄辩的口才让我激动得情不自禁，可当我离开他演讲的麦迪逊广场花园后，他的声音离我越远，影响也就消退得越多。

我差不多已下定决心投票支持麦金利，这时，曾在博雷加德将军手下做电报员的舅公费什尔·科恩，开始跟我谈起"败局命定论"⊖和战后重建。他告诉我，要是在共和党人的选票上留下痕迹，我的手臂就会烂掉。我很可能把选票投给了约翰·帕尔默（John M. Palmer），他是民主党人，我父亲也支持他。

然而，当西奥多·罗斯福竞选总统时，我投票支持他是因为他反对"土匪联盟"⊖。我记得，交易所收市后，我常常感到焦虑不安，感到并不满足。从办公室窗边俯瞰华尔街和三一教堂，我经常想起格雷的《墓地挽歌》，不知自己没有成为一名医生是否应该。

⊖ "败局命定论"是美国南北内战后南方形成的一种社会思潮，认为南方邦联从战争一开始便注定遭遇失败的厄运，因为他们面对的北方联盟"在军力和后勤上具有压倒性优势"，但他们仍然为维护南方各州利益这一事业进行了不屈不挠的英雄般的战斗。"败局命定论"为南方退伍军人协会和南方邦联女儿会等纪念性组织所吸收，有助于南方度过战后政治、社会和经济巨变。——译者注

⊖ "土匪联盟"（plunderbund）是指商业、政治和金融等利益集团结成的剥削、劫掠普通大众的一种联盟。——译者注

那时候，格雷特·盖瑞特（Garet Garret）下午四五点钟经常来看我，他当时在《纽约晚间邮报》工作，后来成了《纽约论坛报》和《纽约星期六晚间邮报》的主编。他总是在证券交易所收市后走进我的办公室，听我边想边说出自己的各种看法。他起身离去时会说："巴鲁克，你不属于华尔街，你应该在华盛顿。"

*　*　*

但是，我的思考（对美国工商人士的全面思考）真正地发生转折是在第一次世界大战期间。战争迫使国家暂时搁置历史悠久的自由放任传统，迫使政府身不由己地承担起全新的角色。在第一次世界大战期间，政府的作为后来从未被完全遗忘。此后，每当出现危急情况，无论是像大萧条那样的国内危机还是再次发生世界大战，国家无不转入第一次世界大战时期政府逐渐形成的行为模式。

当然，我是经历了国家思维和政府角色发生革命性变化的人之一。这并非因为我特别富有远见。当第一次世界大战爆发时，我显然不是一个从全球角度思考问题的人。那时，军事战略对我来说没多大意义，或者说毫无意义；我也不了解为全面投入战争而动员国家经济需要做到什么。

但随着战争轰轰烈烈地进行，我的确开始思考，如果美国被拖入战争，我们必须如何作为。我生平第一次造访白宫，是财政部部长威廉·麦卡杜（William G. McAdoo）安排我向威尔逊总统解释我为国家防御动员经济资源而起草的一份计划书。

当国防委员会下属咨询委员会成立时，我成了一名委员，为备战计划承担起务必获得原材料的职责。既然原材料最终会进入制造一切的生产过程，我不禁发现自己在关注每个经济部门。我很快就领悟到，交给我的任务若像平常处理交易那样被对待便无法完成。

我必须采用一套全新的处理办法，必须将每一间工厂和所有原材料、每个工商领袖和工人纳入一只庞大的产业军队。

我自己所领会的东西，要想方设法传递给其他工商人士。这绝非轻而易举可以完成的工作。在我最初与工商人士举行的那些会谈中，每当一位工会领导人开口表达意见时，我发现他总会被咨询委员会中的工商业委员打断话头。我经常情不自禁地说："请让某某先生把话讲完，我想听听他的意见。"

在这只新的产业军队中，金融界或工商界原先的将军级人物经常要扮演尉级军官和军士的角色。很多工商界领袖已习惯于我行我素、独断专行，不容忍政府或其他任何人干预他们如何经营工厂。向这类人解释他们为何必须抛开极端个人主义的做法而接受政府指令或与其竞争对手合作，并非易事。

要让这些工商领袖从国家利益这一更广阔的视野考虑问题，我也并不总能成功。比如亨利·福特。我去他在华盛顿入住的宾馆看他，跟他解释，既然用于生产车辆的钢材需为战争服务，为什么将必须削减民用轿车的生产。

福特坚持认为，自己可以同时做到既生产轿车又制造军火。他声称："你只告诉我想要什么就行了，我能办到。"

尽管我给他解释为何就是没有足够的钢材既用于战争同时又用于民用轿车生产，但他还是不肯相信。

其他一些人虽然与福特一样具有极为强烈的个人主义作风，但他们看到了更加广阔的画面。有一天，我邀请詹姆斯·杜克共进午餐，跟他讨论我们对烟草行业制订的计划。杜克抗议说，我们在做的事情全都不正确。我叫来委员会中负责烟草行业的那位委员，对他说："杜克先生现在让烟草业动起来了。"杜克表示反对，我说："你不喜欢我们现在做事的方式，那你就告诉我们应该怎么做。这是我们肯定要解决的问题。"

杜克提出了一些很有价值的建议。尽管他在政治上反对威尔逊，但还是成了我们最有力的支持者之一。

大体上，上面就是我处理所有面临的战争资源动员问题的方法。战争在继续，没有足够的时间让每一位工商业领袖转换观念。但在每个行业中，我总能找到一个或多个可以信赖的人告诉我们解决问题的最佳途径。

我已叙述过丹尼尔·古根海姆如何协助我们将铜价降低一半以上。后来，我们面临一个新问题，必须决定政府收购用于造船的钢板的价格。我去找弗里克（H. C. Frick）。他在自己著名的图书馆里接待了我。我问他政府应支付什么样的价格。

"你问我这个问题不公平，"弗里克抗议说，"我是美国钢铁财务委员会主席。"

"我不是把你当作钢铁业人士才来见你，"我告诉他，"我是把你当作一名爱国公民。"

"每磅 2.5 美分。"他怒气冲冲地回答。

当时一些钢铁公司的发言人在向政府索要用于造船的钢板 4.25 美分的价钱，而黑市交易价更是高达 18.5 美分。

其他很多工商界人士都像弗里克和古根海姆一样做出积极回应，如安德鲁·梅隆（Andrew Mellon）、克利夫兰一家钢铁公司的普莱斯·麦金尼（Price McKinney）、圣约瑟铅矿公司的克林顿·克雷恩（Clinton H. Crane）、新泽西美孚石油公司的艾尔弗雷德·贝特福德（Alfred C. Bedford）、新泽西锌矿公司的埃德加·帕尔默（Edgar Palmer），人数众多，无法一一列举。

倘若我没在华尔街干过那么多年，我真不敢相信能够克服困难完成自己的战时职责。我从事的很多金融交易，使我对很多工商业领袖的个性有了深入的了解。我知道哪些人会对直截了当的爱国主义诉求做出积极回应。对于另外一些人，我也知道，如若我们必须得到他们的合作，我们就得提供事实向他们证明政府强于任何个人。

当真的需要这样摊牌时，我发觉自己非常幸运，因为我此前在华尔街作为一个独立操作者已赚到了钱。倘若我的财富此时依赖于在某个特定产业持有的股份，我可能会屈服于正得罪其商业利益的人所施加的压力。比如，当确定钢材价格的问题提出来时，我们价格控制委员会的一个委员说，那些大型钢铁公司可以摧垮他持有股份的一家公司，办法就是拿走这家公司的业务。

我告诉他我来直接处理这个问题，跟他解释说："他们伤害不到我。"

我在华尔街的诸多经历还在其他许多方面使我能很好地履行自己的职责。实际上，我常常感到非常吃惊，我发现竟然有那么多战争资源动员问题适合采用我在投机活动中使用过的同样的方法。

比如，我很快便领悟到，很多物资短缺问题都是心理因素造成的。制造商害怕可能得不到自己需要的物资，就会过度采购；或者，供应商以为价格必然急剧蹿升，便会囤积材料而不愿出售。

我在股票市场操作中懂得，一旦市场上涨趋势背后的思维连续性被折断，一次牛市行情反转起来就会有多么迅速。我们已进入战争，需要削减重要战争物资的价格，在这个过程中，我们的一个目标就是打破以为价格必将上涨、上涨、再上涨的普遍心理预期。

在华尔街，我还体会到，制订一次成功的金融交易计划与制订一次军事行动计划非常相似。在采取行动之前，你得知道对立双方的各种优缺点。

我们经常对那些不乐意合作的人，着力于其弱点施加压力，从而赢得合作。在国内，我们用过威胁手段，如果某制造商不愿合作，我们便威胁要征用其燃料或切断其铁路运输。对于外国，我们采用的策略不一样，但其原则完全相同。

例如，第一次世界大战期间，英国代表坚持认为，他们无法控制加尔各答的黄麻纤维价格，因为印度是一个独立政府。我去找麦卡杜部长，请他再扣留一些运输白银的船只，印度需要这些白银来稳定币值。我们此前已向伦敦派出了一个外交使团，由利兰德·萨默斯（Leland Summers）率领，他告诉英国政府官员，即使孟买和加尔各答的交易所被迫关闭，我们也会坚持扣留船只的立场。英国人很快便找到办法控制黄麻纤维价格。

我们在整个战争期间遭遇的至关重要的供应问题很可能是硝酸盐。生产肥料和制造炸弹都需要使用硝酸盐，当时任何可能的生产能力均不能满足硝酸盐的需求。直到战争结束，这一短缺仍然很严重。每次冒死长途运输硝酸盐的轮船被击沉，都是一次沉重打击。

美国宣战后，硝酸盐价格几乎一夜之间猛涨了1/3，不出3个星期，便翻了一番。硝酸盐价格急速上涨，触发了更加疯狂的抢夺硝酸盐的情况，投机者企图控制大量可以获得的硝酸盐，使其脱离市场，以便迫使价格进一步上涨。

大约此时，威尔逊总统召见我，让我放下其他一切事务，专心处理这一问题。我绞尽脑汁，想找到解决问题的办法——但未获成功。一个由军火制造商组成的代表团来到华盛顿，询问如何才能弄到履行合同所需的硝酸盐。我让他们放心，硝酸盐会有供应的。

会谈散场后，负责化学品部门的查尔斯·麦克道威尔（Charles MacDowell）问我："头儿，你怎样兑现那个诺言呢？"

"我也不知道，麦克，"我如实相告，"但我们总不能让他们从这儿走出去时想着政府也无能为力吧。"

接下来的几天是我迄今为止最受折磨的时光之一。我寝食俱废，就连喝水，也会噎着。我相信这是我有生以来遇到的最恐慌的一次经历，我差不多都要被这恐慌击垮了。有一天早晨，我对镜穿衣，看着镜中自己苍白耷拉的苦脸，大声说道："怎么了，你这窝囊废。振作起来，要像个男人。"

接下来发生的事让我疑惑，心想是否有某种特别的天意在眷顾我。我强迫自己吃早餐，强迫自己走进办公室。我在办公室没待多久，一位海军情报处军官带着几份被截获的电报进来；电报揭示，智利政府把黄金储备放在德国，一直要让德国政府释放这些黄金储备，但毫无结果。

我终于有办法可想了。几天之后，智利大使来见我。他开始时抱怨说，由于多种物资短缺和控制通胀的困难，他们国家正在遭受很多困扰。我知道智利大约有 20 万吨属于德国的硝酸盐，但一直运不出智利。我向智利大使提议，如果智利没收属于德国的硝酸盐，我愿意按每磅 4.25 美分的价格全部吃进，并在和平条约签署之后的 6 个月中用黄金支付。智利大使一离开我的办公室，我就做出安排，将必要数量的船只派往智利，这样拿到硝酸盐就不会浪费任何时间了。

奇怪的是，外交部的一些官员以违反《对敌贸易法》为由，反对这一交易。对他们提出的反对意见，我感到大为震惊。"你们意思是说，"我质问道，"我不能买德国的硝酸盐造炸弹炸德国人？"

这一问题上报给威尔逊总统决定，他支持我的行动。整个事情的结局是，我们达成令人满意的交易协议，协议使我们得到了十分急需的硝酸盐，也帮助智利政府克服了国内困难。不过，倘若我们不知道智利政府的需要，并运用这一需要作为讨价还价的基础，达成协议是不可能的。

满足双方的共同需要现在仍然是国家间达成一切协议的最佳基础。尽管这看起来像是不言而喻的道理，但第二次世界大战结束以来的事实表明，我们尚未学会如何将这一道理运用于我们与盟国的交往之中。我们一直过于倚重条约的正式文字表述，却忽视了要做到需要做到的事情来加强与盟国的共同利益结构，其实，仅仅做到加强共同利益结构，便可以维持长期的同盟关系。

你无法用金钱购买其他国家的友谊，靠这种方式获得的"朋友"在任何事情上都会说翻脸就翻脸。然而，如果真正存在共同利益基础，那么国家间会相互原谅各自未做到的事情，也会忽略各自的短处。

除了满足共同利益，应该在与盟国交往中遵守诚实公平的原则。"己所欲，施于人"的黄金法则不妨稍做改动，改为——"己所不欲，勿施于人"，这可以应用于处理同盟国之间的关系上。

正是伍德罗·威尔逊首次代表美国阐明了这一原则。他坚持认为，无论我们为战争购买了何种物资，我们都应该以自己支付的相同价格让我们的盟国使用。

在对这一原则发生争执的期间，我第一次在温斯顿·丘吉尔身上看到了他后来之所以成为如此激励人心的战争领袖的伟大品质。我们提议，英国在美国购买任何东西支付的价格与我们在本国购买的完全相同，而美国在英国内购买的任何东西也应该支付与英国在其本国内购买的完全相同的价格。英国有些商界巨头对此提议持反对意见。当这一问题被告知时任英国军需品部长的丘吉尔时，他表示同意这种安排，并认为这是盟国之间交往唯一的公平之道。

我们在分配从智利购买的硝酸盐时，就是根据这种一视同仁的原则行事的。我拒绝接受有些人提出的利用我们对这批硝酸盐的控制为美国带来商业好处的所有建议。我们反而同意通过设立一个国际硝酸盐执行委员会这样的机构在所有盟国间公平分配这些硝酸盐。后来的事实证明，这个执行委员会成了联合理事会的示范机构，联合理事会得以成立正是为了第二次世界大战期间在所有盟国中配置稀缺物资。

我提名丘吉尔担任国际硝酸盐执行委员会主席。他后来经常开玩笑，提到是我让他成了"世界硝酸盐之王"。

与丘吉尔成为朋友的 40 余年来，我从未见他在对美关系中做出过一次刻薄或不光彩的提议。对于捍卫英国的利益，他向来行动迅捷，但同时他也始终谅解美国的利益，令人感到温暖。在第二次世界大战期间，当我们面临需要从英国调用日常必需品的问题时，我听见他断然表示反对，对富兰克林·罗斯福说："我们的人现在生活苦不堪言，已经达到了极限，他们的食品供应无法削减。"我也听见他强烈抗议其他英国人对美国及美国领导人的诽谤中伤。

有一次，他在伦敦为我举行晚宴，一些讨厌罗斯福及其新政的托利党人也在场。一位先生决定逗同伴开心，让我猜一个谜语——罗斯福和哥伦布为何非常相似？他给出的谜底是，罗斯福像哥伦布一样不知道自己在走向何处，等到达了也不知道身在何处，而返回后还不知道曾去过何处。

我站起来说："或许罗斯福和哥伦布的确有相似之处，因为他们两位都探索了新领域，开拓了新视野，他们两位都让一个新世界诞生，从而平息了旧世界的纷纷扰扰。"丘吉尔梆梆梆地拍着桌子，大声赞同地说："你们听听，你们听听！"

* * *

第一次世界大战结束后，美国人尤其是从事工商业的人普遍努力回到战争爆发前的生活状态。我没有这样做。我现在想，没有这样做的主要原因是我已发现从事公共服务较之赚钱更能让我感到心满意足。不过，当时我也能看到，战争遗留下来的很多问题无法通过"顺其自然"的处世哲学得以解决。

于是，我的很多同事都在竭力复兴自由放任的传统，而我却继续努力解决政府在现代生活中应扮演何种角色的问题。威尔逊总统召我去巴黎担任顾问，协助他起草《凡尔赛和约》中涉及经济问题的条款。我还和他一起为美国进入国际联盟而战斗。此后，我又奋力为农场主在国民收入中获得更大的份额而斗争；我甚至还想出一些计划，以重组国家铁路，打破战争赔款和战争债务方面形成的僵局。

忆起这些及其他很多我们必须绞尽脑汁予以解决的问题——从大萧条和第二次世界大战的问题一直到与苏联冷战的问题，我常常感叹这些问题多数均围绕着一个关键的相互关系——战争与和平之间的关系。至少自 1914 年以来，我们国家（以及世界上其他国家）不是已进入战争状态，就是正在从战争中走出来。我们一直坚持认为，和平时期的经济规则和社会规则应该会符合我们的需要。然而，自 1914 年至今，几乎没有任何一年可以真正被视为不受战争及其余殃的影响。

我们遇到的多数经济问题，从农业生产过剩到国家债务融资，其根源正在于战争所造成的种种干扰和破坏。有生以来，我们已两次被迫将整个国家经济翻个底朝天，以满足战争需要，然后又返回和平的道路。

同时，我们纵观历史也会看到战争的一个作用，无论战争爆发之前有什么样的变化在促成之中，战争爆发之后这些变化均会得到强调并加速发展。例如，倘若我们未因惧怕敌人首先完成原子裂变，我们可能到现在都尚未实现这一突破。

在政府治理能力方面，我们从未真正完全解决两次世界大战引发的种种问题。无论我们做了什么，总有问题悬而未决，仿佛我们在追赶似乎永远也无法赶上的列车。

我打算在回忆录第二卷尽力细加检视战争与和平之间这种至关重要的相互关系，从我的亲身经历中总结所有可以汲取的教训。或许我应该在本书余下的数页内容中探讨一些思考，阐明我们所面临危机的性质以及我们每个人如何能更好地理解其中包含的意义。

我们必须将现在面临的考验从实质上视为对自我治理能力的考验。我们不缺乏任何物质资源。人类现在可以运用的力量，无论是建设性的还是破坏性的，都已达到前所未有的水平。我们所缺乏的，是控制和引导这种力量的能力，以及控制和引导丰富的生产性资源的能力。

对自我治理能力的考验实际上是三重考验。

第一，这是对价值观的考验，即考验我们为其他事物获得安全而应放弃哪些事物。

第二，这是对我们理性能力的考验，即考验我们是否具有通盘考虑问题以求有效解决的智慧。

第三，这是对自我约束能力的考验，即考验我们是否能坚守价值观从而无论个人代价有多大也贯彻执行政策的能力。

我们的国防开支应该多大的问题，可以很好地说明这一考验所涉及的三个方面。有些人断言"我们的经济只能承受这么多"，但在两次世界大战期间，我们已用事实证明，在争取和平的斗争中，我们的经济可以支持比任何人的提议都繁重千百倍的任务。我绝不会承认我们无法为捍卫自由而付出与任何将来想破坏这些自由的敌人所付出的同样多的努力。

我们愿意约束和组织自己去做到的，才是我们的经济所能承受的极限。我们可能无法同时办到既拥有所需要的国防又拥有其他所追求的一切，但只要我们愿意削减与做出某种努力相冲突的不切实际的需要，我们需要做出多大努力，便能拥有做出这种努力所需要的资源。

我们最应该重视什么？对这一问题的选择，现在被应该如何在人口的主要部分中分摊国防成本的激烈斗争弄得模糊不清。来自每个人口主要部分的压力集团都在竭力将国防负担转移至他人肩上。这种"控制他人但别管我"的态度正是两次世界大战和朝鲜战争期间发生通胀的主要原因，这种态度现在依然是让我们在冷战中深受困扰的通胀的主要原因。

就解决国防成本而言，我们这个民主社会未能设计出（或者未能采纳在其他社会出现的）迫使我们每个人将自身利益置于国家利益之后的约束技术。

　　我们也未能通盘考虑为求生存政府在冷战中应扮演何种适当角色的问题。有些人只想到减税，但并未意识到，只是凭借征税，我们便能为自己珍惜的一切动员必要的国防力量。然而，有些人不断提出联邦政府应该大规模开支的新计划，却没意识到征税权力在一个民主社会中的种种局限。

　　税收负担越重，便越难以做到负担在人口所有部分之间的公平分担。我们已经体会到，在战争中，人人公平承担为国家而牺牲的义务，对于维持全国斗志至关重要。我们还体会到，有些事情必须暂缓，才能让更关键的需要得到满足。我们现在似乎并未认识到冷战的存在要求我们做出类似考虑。

　　如果征税权力因其他不太重要的计划而使用至极限，或者，如果我们的税收和通胀制度允许对某些公民施加不公平的负担，那么公众对即使最为重要的政策的支持也会削弱。我们不能用和平时期的经济标准和公众道德标准打一场冷战。

　　我对支付较高税款从来没有怨言。虽然我认为政府支出中有很多可以消除的浪费，但我恐怕不赞成减税，除非我们的国防已变得安全，政府信用已变得稳固。我不妨强调一下，稳固的政府信用对于安全的国防体系极为重要。没有稳固的信用，政府在应对任何可能出现的危机状况时对国家的管理都会受到削弱。

　　目前，我们能听到很多关于发展一种新式"终极"武器的议论，很多人相信这种武器可以解决我们的安全需要。洲际弹道导弹一旦研制出来，可能的确会给战争技巧带来革命性变化。然而，即使洲际弹道导弹的制造在完善以后，我们仍然要面临自我治理能力的考验——考验我们能否通盘考虑问题并自我约束以优先解决最重要问题的能力。

　　在 87 年的人生途中，我见证了一连串的技术革命，但是没有哪一项技术革命革除了对个人品格或思考能力的需要。

*　　*　　*

谈论约束和思考的必要性可能听起来像老派的布道词。不屑于理会古老真理的倾向，是给社会带来困扰的另一个原因。我们中的很多人会倾听这些真理，对其中包含的原则也会点头认可，但就是不采取行动将真理付诸实践。既然我们不认真思考应用这些古老真理需要做到什么，那么它们依然只是停留在口头上。

令人悲哀的是，教育中的一些主要趋势似乎正在强化这种忽视行为。太多的学校非但不教导年轻人如何思考，反而认为如果让学生保持兴趣，自身的任务便告完成。课程是丰富了，囊括每一个能想到的科目，而训练方法却让人不敢苟同。专业化学校设法培养出技术专家，随之而来便使人们产生一种错觉，以为只是积累了大量信息就表明接受了良好教育。

但是，获得信息并不能有效地取代思考。我引用一个经历来说明这一问题，这个经历离现在不远，我们多数人都会记忆犹新。当第二次世界大战接近尾声时，很多经济学家和统计学家预测，战争的终结将会造成 1000 万名以上的工人失业。这一大难临头的预测当时有一堆令人印象深刻的统计数据支持。

战争动员局局长詹姆斯·拜耳尼斯请我和我忠实的同事约翰·汉考克拟订我们由战争转向和平的指导性计划。战事一结束，我们并未看到大规模的失业现象。与之相反，我们的报告倒是预测会出现无与伦比的"冒进式繁荣"。报告于 1944 年 2 月发布后不久，我进而断言战争结束之后，无论如何都将会出现至少 5～7 年不间断的经济繁荣。

这一预测的根据何在？我们没有对购买力做任何统计研究，没有对"消费者态度"做任何统计研究，没有对经济占卜师猜测未来时强调的任何其他指数做任何统计研究。我的判断主要基于战争结束后半个世界将处于一片废墟之中这一事实。我深信什么也无法阻挡世界重建。正如我当时告诉同事的，"男人和女人，民族和政府，将会乞讨、借贷，如有必要将会偷窃"，但他们总会找到办法来重建家园，来满足战争期间无法满足的需要。

我想说明的要点是，不加判断和思考的信息几乎没什么价值。

要想做出明智合理的判断，我们必须聚焦于整个形势，着眼于全局。较为优秀的教育者现在逐渐认识到，受教育者需要的并非熟知专门细节，而是能够将不同问题看作相互关联的整体。在我们所处的世界，几乎没有任何事物独立存在，一切事物往往都与其他所有事物互有交集。如果希望使某个层面的行动切实有效，通常需要在一些支持性层面做出大量行动。

第二次世界大战期间，争取采用总体解决方法而非逐个解决方法的斗争正是长期努力预防通货膨胀的核心问题，很遗憾，斗争没有获得成功。国会和执行机构的多数官员辩称，只要控制货币总量便足以预防通货膨胀，或者辩称，仅有少数物价必须加以控制，而工资和农产品价格基本上可以顺其自然。我反对这种零敲碎打的预防通胀做法，警告说需要在整个国家经济层面采取一系列完整的行动，将这些行动作为同步动员我们所有资源这一总体行动的一个个相互联系的部分。

第二次世界大战结束之后，我又为争取从总体角度解决问题而奋力抗争——这次与缔造和平有关。就在我们制定出要赢得战争的全球战略时，我竭力主张应该制定与此战略对应的总体战略，以囊括为争取和平而进行的每一方面的斗争，如此一来，我们便能让自身力量发挥出最大优势。很多官员发表讲话，强调采取"总体外交"的必要性。但是，将一个统一的全球战略的诸多相互关联部分整合在一起的艰巨任务至今尚未完成。

这一失败的原因之一在于我们渴望得到快速而易行的解决办法。美国公众颇费时日才领悟到要实现世界和平没有捷径可走。防止第三次世界大战的任务将会使我们以及我们的后代终身为之努力。

对于提出的每一项行动，我们最好不仅要自问这一行动预期可以实现到何种程度，而且要自问这一行动无法做到的究竟是什么。

同样重要的是，我们要确保付出的努力必须针对具有决定性意义的核心问题，而不是令人分心的次要问题。我们面对的困难越复杂，铭记这一点便越重要，因为试图逃避我们难以处理的问题是人性之必然。

人们在面临最严峻的危机时，会忙于争吵无关紧要的琐事，我们常常为此深感触动。我对这种为细枝末节而争吵的行为反映了对某种形势的严峻性缺乏清醒认识表示怀疑。相反，我认为这种行为反映了或许可以称之为"分心定律"的规律所起的作用——当人们发现自己受困于某个问题并遭遇挫折时，人们便会创造某个分心之物来追求。

人类始终设法以能量来替代理性，仿佛奔跑得更快会让人获得更好的方向感。我们应该不时地停下脚步自问，我们付出的努力是否专注于问题的症结所在——若要得到可以控制的结果则必须解决的事情，或者自问，我们是否在次要问题上耗费了自己的精力，而这些问题无论结果如何都不会产生决定性影响。

毫无疑问，在寻求和平的斗争中，分清主次问题极其重要。我相信，在缔造和平的过程中，有两个问题使其他所有问题都显得无足轻重。除非这两个问题得以解决，否则持久和平的基础不可能存在。

第一个问题是处于分裂状态的德国以及德国如何再次统一的问题。只要德国保持一分为二的状态，每个国家都必须谨防将来哪天用武力实现统一的企图。这一巨大的危险是需要北约快速反应部队（NATO）存在的主要原因。也可能会发生这样的情况：德国的某些集团利用内部"革命"或军事政变作为武力"统一"德国的手段。

要想防止第三次世界大战的爆发，必须在东欧西边驻扎可以让西德阻挡上述企图的军队。这些军队必须能随时快速投入军事行动，而不是停留在纸面讨论之上。

即便达成协议，根据协议，苏联军队撤出东欧而美国军队撤离西德，北约组织仍然需要存在。在美苏双方获得比目前多得多的相互信任之前，从东西德撤军也只能算是有所提防的解决方案。

只要德国问题一直不解决，我们就很难看到如何才能出现真正意义上的裁军。

要实现持久和平，第二个必不可少的条件是建立一种万无一失的机制来检查和控制各种形式的核能，只要有违背协议的举动，便严惩不贷。一旦达成这种协议，应该不允许任何一方将来宣布协议无效。

我有幸曾代表美国政府向联合国陈述的国际核能控制计划，并未假定美国将永远保持核能的垄断地位。我们当时很清楚，我们迟早会看到其他国家发展出核武器。然而，是 1 个国家还是 61 个国家占有核武器，并不会改变一个事实：任何国家都无法对核毁灭拥有有效保险，除非存在一个确保可以防止核能转向军事用途的国际机制。

如果说现在有什么不同，那么控制核能的必要性将随着拥有核武器的国家增多而上升。即使是苏联人也将逐渐认清这一点。时任苏联驻联合国代表的安德烈·维辛斯基（Andrey Vishinsky）在离世前几天，邀请我出席在苏联驻纽约领事馆举行的招待酒会。酒会进行当中有一会儿，我们俩发现身边没人，我告诉他，我认为他们政府反对有效控制核武器实在不明智。

"现在制造原子弹越来越容易了，"我提醒他说，"很快其他国家就会拥有核武器，甚至连你们的卫星国也会拥有核武器。那时你们怎么办？"

我接着又对他说，在美国西部边疆有一句流传已久的格言——男人有了史密斯威森左轮手枪，便可以做到人人平等。"一旦较小的国家拥有核武器，它们甚至可以威胁最强大的国家。"

我最后对他说："控制问题现在还相对容易，因为目前只有两个国家拥有这种武器。等以后其他国家也拥有了，你们可能会想要一个控制机制，但那时已太晚了。"

这次酒会之后，在与苏联高级官员——安德烈·葛罗米柯、雅各布·马里科、德米特里·谢比洛夫举行的其他会议上，我重申了同样的观点。我不知道这一观点是否被他们充分理解了，但在 1956 年和 1957 年的裁军谈判中，与这种观点相似的考虑可能对苏联人表现出的态度产生了影响。

无论苏联人所持态度背后的真实想法如何，世界面临的选择依然未变——要么真正实施控制，要么毫无控制。禁止核武器试验不会解决这一问题。即使这些试验被中止，核攻击的致命危险也仍然存在。我们不能指望较小的国家永远接受目前只有大国才拥有这种武器的形势，除非较小的国家受到保护，可以免于遭受核攻击，否则它们将继续寻求获得自有核武器的办法，而这又必然要求它们试验这类武器。

如果在所有核武器上可以建立有效控制，那么令人担忧的放射性尘埃的危险会随之消失，也不再需要任何试验，全世界的科学家将共同努力以扩展原子能的和平利用。

科学家以及其他人可以更好地利用他们的影响来真正地有效控制所有核武器，而不只是更好地限制核试验。

同样的道理，旨在扩大核能和平利用范围的任何措施，如艾森豪威尔总统做出的建立国际原子库的提议，都值得赞赏。但是，无论不同的国家将什么交托给一个核能和平利用机构负责，它们仍然会隐瞒较大一部分开发核武器的可裂变材料。核攻击的危险不会减弱。

如果核战争的威胁不能锁定，那么我们睁大眼睛面对威胁，较之受某种无意义的协议欺骗而产生虚假的安全感要好得多。

我们绝不应该放弃寻求某种有效控制的手段，我们应该始终倾听并研究任何国家做出的有关提案。但是，我们不应该让自己对和平的深切希望或对另一场战争的恐惧心理蒙蔽我们的双眼。否则，如果我们想维护我们的自由，并想拥有世界上每个国家（包括苏联在内）都能享有的真正和平，我们便看不到必须直面的事实。

几年前，我给一些大学生发表了一次演讲，在演讲中我总结了一直以来指引我的行动准则。

我特别指出，战争与和平、繁荣与衰退、奴役与自由的周期性交替循环是人类历史的一大特征。每次大破坏之后，总会出现重建，而重建也总是让人类的成就提升到新的高度——至少从物质标准来看是如此的。

然而，今天我们怀疑我们的文明是否能经受另一次周期性大破坏。我们不希望由来已久的崩溃和重建的往复循环再次出现，我们渴望建立某种持续进步的体系。我相信，这正是我们这个时代居于主导地位的强烈意愿。

要打破这种破坏和建设的循环周期，我们必须让自己摆脱从一个极端摆向另一个极端的倾向。我们必须找到一条自我约束的理性之路，以避免哑然的屈从和盲目的反抗。

我之所以相信理性，并非由于人类过往的历史已展示的智慧，而是因为理性依然是人类进行自我治理的最佳工具。每当某种疯狂席卷社会时，理性首先沦为牺牲品的可能性并非微乎其微。无论是完美还是乌托邦，都不在人类的掌控之中。但是，如果说过度狂热的希望永远无法实现，那么我们也可以避免陷入过度恐慌的绝望——如果我们学会全面思考问题，学会认清我们最珍视的事物，并且学会作为个人和一个国家来组织自己以便务必做到凡事应有轻重缓急。

父亲和母亲是一对佳偶。家里用的《圣经》上有一行字记录了母亲的出生，这行字是"上帝赐福予她"。我乐于认为这行字预示着母亲与父亲将来会缔结婚姻，因为"巴鲁克"这个名字在希伯来文中就是"得到赐福"的意思。

孩提时代，我既腼腆又敏感，是一个颇为依恋母亲的男孩。我脸上长着雀斑，身材相对矮小——并且，我发现我很难控制得住自己的脾气。

22岁时，我热衷于拳击。在拳击台上，我学会了自我控制，这令我终身受益。

35岁时，我已是久经历练的投机家，也是一个百万富翁了，但我常常想，要是早年没有放弃学医的打算，那该多好啊！

只是瞥了一眼，我就对身材高而苗条的
安妮·格里芬产生了好感，但在 7 年之后，
我们才最终结为伉俪。

母亲和父亲为四个儿子感到骄傲，并立即接纳了我的妻子安妮。

我在商界的活动给我带来了很多朋友，克莱伦斯·麦凯便是其中之一，他在美国交通运输业的发展中发挥过重要作用。

早期汽车价格昂贵，性能不稳，但我热衷于飙车，还经常把车运到国外疯玩。

你在哪儿也听不到像托马斯·莱恩那样轻柔、缓慢、文雅的南方嗓音，但他行动起来快如闪电，他是我认识的最为足智多谋的人之一。

丹尼尔·古根海姆成了声名显赫的古根海姆家族的领袖，凝聚力是家族做大做强的首要动力。他们创造了财富，也善于运用财富，将之用于支持学术、艺术、音乐和科学。

我平常见到衣着华丽的人，无不想起"钻石吉姆"布拉迪。不过，尽管那么嗜好炫耀自己，他可是个和蔼可亲的人，与朋友相处也会让人极为愉快。

由 *Brown Brothers* 提供

威廉·柯罗克尔是那种在处境艰难时也不抛弃客户的银行家。他总是非常注意细节，他是我认识的人中最富有个性魅力的人之一。

华尔街"上交角"就是老华尔道夫酒店。坐在中间桌子旁从左至
右分别是阿瑟·豪斯曼、詹姆斯·基恩和雅克·菲尔德;独自一人坐
在画面右边的是"赌 100 万"盖茨。他们都属于"华尔道夫那群人"。

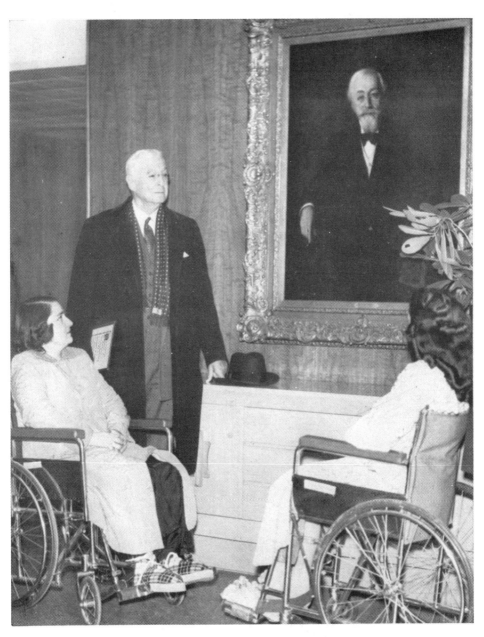

父亲在物理医学与康复治疗方面从事的开创性工作，启发我帮助贝勒福医院建立了物理医学与康复研究所。该研究所现已成为全世界同一领域的模范机构。

爱德华·哈里曼身材瘦小，但拥有
巨人般的能量，且富有想象力。他是我
初入华尔街时竭力效仿的人。

很遗憾，因为谈话时有一个词选择
不当，我便失去了与年长的 J. P. 摩根合
伙进行风险投资的机会。摩根显然是他
那个时代居于支配地位的金融人物。

　　第一次世界大战把我拉出华尔街,带进公共事务领域。卸任战时工业委员会主席
一职后,伍德鲁·威尔逊总统召我协助他起草和平条约。在巴黎和会上,我结识了法
国的路易斯·卢舍尔、温斯顿·丘吉尔和戴维·劳埃德·乔治。

1929 年，赫伯考那幢格局零乱的白色木结构大房子毁于一场大火，我在原地建起一座带柱廊的红色大砖房。这些是我赫伯考相册中的几张快照：凯因斯兄弟中的三人和我们的大厨查理，我的种植园总管吉姆·鲍威尔，正在打鹌鹑的我自己。

左图由 David Goodnow 提供

1917 年，父母在纽约 Sherry's 酒店举行的聚会上庆祝他们的金婚纪念日。

大师人生

书号	书名	定价
978-7-111-49362-4	巴菲特之道（原书第3版）	59.00
978-7-111-49646-5	查理·芒格的智慧：投资的格栅理论（原书第2版）	49.00
978-7-111-59832-9	沃伦·巴菲特如是说	59.00
978-7-111-60004-6	我如何从股市赚了200万(典藏版)	45.00
978-7-111-56618-2	证券投资心理学	49.00
978-7-111-54560-6	证券投机的艺术	59.00
978-7-111-51707-8	宽客人生：从物理学家到数量金融大师的传奇	59.00
978-7-111-54668-9	交易圣经	65.00
978-7-111-51743-6	在股市遇见凯恩斯："股神级"经济学家的投资智慧	45.00